Java 5: Der Einstieg in die Programmierung

IT lernen

die Grundlagen | für die Praxis | Schritt für Schritt

Heide Balzert

UML 2 in 5 Tagen

Der schnelle Einstieg in die Objektorientierung

Helmut Balzert

HTML, XHTML & CSS für Einsteiger

Statische Websites systematisch erstellen

Helmut Balzert

JSP für Einsteiger

Dynamische Websites mit JavaServer Pages erstellen

Heide Balzert

Webdesign & Web-Ergonomie

Websites professionell gestalten

Peter Ziesche

Nebenläufige & verteilte Programmierung

Konzepte, UML 2-Modellierung, Realisierung mit Java 1.4 & Java 5

Ergänzend zu vielen dieser Bände gibt es »Quick Reference Maps« zum Nachschlagen und Wiederholen:
HTML & XHTML, CSS, JSP, SQL, UML 2.

Zu vielen dieser Bände gibt es »e-learning-Zertifikatskurse« unter `www.W3L.de`.

Helmut Balzert

Java 5: Der Einstieg in die Programmierung

Strukturiert & prozedural programmieren

W3L-Verlag | Herdecke | Bochum

Autor:
Prof. Dr. Helmut Balzert
E-Mail: hb@W3L.de
http://www.W3L.de

Bibliografische Information Der Deutschen Bibliothek:
Die Deutsche Bibliothek verzeichnet diese Publikation in der Deutschen Nationalbibliografie. Detaillierte bibliografische Daten sind im Internet über `http://dnb.ddb.de/` abrufbar.

Lektor: Dipl.-Ing. Doga Arinir, Bochum

Gesamtgestaltung: Prof. Dr. Heide Balzert, Herdecke

Herstellung: M.Sc. Kerstin Kohl, M.A. Andrea Krengel, Bochum

Satz: Das Buch wurde aus der e-learning-Plattform W3L automatisch generiert. Der Satz erfolgte aus der Lucida, Lucida sans und Lucida casual.

Druck und Verarbeitung: buch bücher dd ag, Birkach

Vorwort

Programmieren ist eine faszinierende Tätigkeit. Einem Computersystem vorzuschreiben, was es tun soll und anschließend zu sehen, dass es genau das tut, was man sich vorgestellt hat, ist ein tolles Gefühl.

Bei aller Begeisterung für das Programmieren darf jedoch nicht übersehen werden, dass Programmieren eine äußerst anstrengende Tätigkeit ist, die viel **Disziplin, Sorgfalt, Ausdauer** und **Systematik** erfordert. Ohne diese Fähigkeiten kommt man über kleine »Spiel-Programme« für die eigene Benutzung *nicht* hinaus.

Programmieren ist eine **konstruktive Tätigkeit**. Bevor man die Konstruktion jedoch beherrscht, muss man die jeweiligen Programmierkonzepte gut verstanden haben, sonst artet die Programmierung in »Versuch und Irrtum« aus.

Konzepte der Programmierung

Ziel dieses Buches ist es daher, Ihnen die **grundlegenden Konzepte der Programmierung** zu vermitteln. Diese grundlegenden Konzepte gelten für fast alle Programmiersprachen.

Theorie vs. Praxis

Konzepte kann man theoretisch verstehen. Richtig begreifen und verinnerlichen kann man sie jedoch nur durch die **praktische Erfahrung**. Für die Programmierung bedeutet dies, dass die Konzepte in Programmen einer konkreten Programmiersprache angewandt und am Computersystem ausprobiert werden.

Java 5

Als konkrete Programmiersprache wird in diesem Buch die am meisten verbreitete objektorientierte Programmiersprache Java in ihrer neuesten Version 5.0 vorgestellt und eingesetzt.

Voraus-
setzungen

Als Einführungsbuch in die Programmierung werden fast keine Voraussetzungen verlangt. Alle wichtigen Begriffe und grundlegendes Wissen werden behandelt. Sie sollten als Leserin und Leser jedoch über folgendes Wissen und folgende Fähigkeiten verfügen:

- Einen PC mit Tastatur und Maus bedienen können.
- Das Betriebssystem Windows (2000/XP) oder das Betriebssystem Linux in den Grundzügen bedienen können.
- Ordner und Dateien anlegen, löschen, verschieben und wiederfinden können.
- Mit einem Textsystem Texte erfassen und ändern können.
- Auf das Internet zugreifen können, um den e-learning-Kurs durcharbeiten zu können.

neue Didaktik

Um Ihnen als Leser das Lernen zu erleichtern, wurde für die Bücher der Buchreihe »IT lernen« eine neue Didaktik entwickelt. Anstelle umfangreicher Kapitel besteht das Buch aus kleineren Wissensbausteinen, von denen jeder ein abgeschlossenes Thema behandelt. Der Buchaufbau und die didaktischen Elemente sind auf der vorderen Buchinnenseite beschrieben.

kostenloser
e-learning-Kurs

Ergänzend zu diesem Buch gibt es den kostenlosen e-learning-Kurs »Java: Schnelleinstieg«, der zusätzlich zahlreiche Tests erhält, mit denen Sie Ihr Wissen überprüfen können. Hier finden Sie auch folgende Installationsanweisungen für die benötigten Java-Übersetzer und Java-Entwicklungsumgebungen:

- JDK-Installation unter Windows
- Path-Einstellungen
- JDK-Installation unter Linux
- Konsolenfenster
- Java-Entwicklungsumgebungen im Vergleich
- BlueJ-Installation und Projekte
- Java-Konsolenanwendung mit BlueJ

- BlueJ: Pakete anlegen

Diese Beschreibungen wurden *nicht* in das Buch übernommen, da es häufig Änderungen gibt. Im Online-Kurs werden die Beschreibungen auf dem neuesten Stand gehalten.

Außerdem können Sie in diesem Kurs **alle Programme**, die im Buch behandelt werden, auf Ihr Computersystem herunterladen, um die Programme auszuprobieren und weiter zu entwickeln.

Sie finden den Kurs auf der e-learning-Plattform `www.W3L.de`. Bitte wählen Sie auf dem Reiter »Online-Kurse« den Link »Zur TAN-Einlösung«. Registrieren Sie sich als neuer Benutzer und geben Sie anschließend folgende Transaktionsnummer (TAN) ein: `7190031315`.

aktuelle Informationen

Ein Buch enthält trotz aller Anstrengungen immer noch Fehler und Verbesserungsmöglichkeiten. Kritik und Anregungen sind daher jederzeit willkommen. Über Erfahrungsberichte meiner Leser und Leserinnen freue ich mich ganz besonders. Aktuelle Informationen und Korrekturen zu diesem Buch finden Sie im zugehörigen e-learning-Kurs (siehe oben). Über die Website `www.W3L.de` können Sie einen Newsletter abonnieren, wenn Sie regelmäßig über Neuerungen informiert werden möchten.

vom Lesen zum Zertifikat

Wenn Sie Ihren Lernerfolg überprüfen wollen, dann sollten Sie den kostenpflichtigen, gleichnamigen e-learning-Kurs (Nr. I-013 mit Tutor oder I-014 mit Mentor) auf `www.W3L.de` buchen. Tests und Aufgaben helfen Ihnen, Ihr Wissen zu vertiefen und zu festigen. Bei erfolgreichem Abschluss erhalten Sie ein Test- und ein Klausurzertifikat, mit dem Sie Ihren Erfolg dokumentieren können.

Danksagungen

Mein besonderer Dank gebührt meiner Frau, Prof. Dr. Heide Balzert, die viele wichtige Anregungen zur Gestaltung und zum Inhalt gegeben hat. Für die Durchsicht des Buches sowie für zahlreiche Hinweise danke ich meinen wissenschaftlichen Mitarbeitern Dipl.-Ing. Doga Arinir, der auch als Lektor für dieses Buch zuständig war, Dipl. Inform. Sandra Krüger, M.Sc. Kerstin Kohl sowie Dipl.-Ing. Kai Schmitz-Hofbauer.

Anja Schartl hat mit viel Geduld die zahlreichen Grafiken gezeichnet. Für die satztechnische Erstellung des Buchs war M.Sc. Kerstin Kohl verantwortlich. Die letzte Überprüfung der Programme hat Nils Schiller vorgenommen. Ihnen allen meinen herzlichen Dank.

Einige Abschnitte und Beispiele habe ich aus meinem »Lehrbuch Grundlagen der Informatik«, 2. Auflage, erschienen im Elsevier-Verlag, übernommen. Ich danke dem Verlag für die Genehmigung dazu.

ans Werk

Starten Sie jetzt mit Ihrem Einstieg in die Welt der Programmierung – der erste Baustein liegt vor Ihnen. Viel Spaß und Erfolg!

Ihr

Inhaltsverzeichnis

1 Aufbau und Gliederung *

ohne Vorkenntnissse

Eine Programmiersprache können Sie auf verschiedene Arten lernen. Wie leicht Sie das Programmieren lernen, hängt auch davon ab, welche Vorkenntnisse Sie bereits besitzen. Dieses Buch geht davon aus, dass Sie noch *keine* oder nur geringe Vorkenntnissse besitzen und Anfänger in der Programmierung und der Programmiersprache Java sind.

schrittweise, aufeinander aufbauend

Um Ihnen den Einstieg in die Welt der Programmierung und der Programmiersprache Java so einfach wie möglich zu machen, werden schrittweise und aufeinander aufbauend die **grundlegenden Konzepte der Programmierung** erklärt und veranschaulicht. Die Abb. 1.0-1 zeigt, dass zunächst die **Basiskonzepte** behandelt werden, die jeder Programmiersprache zu Grunde liegen. Anschließend wird auf die sogenannten **Kontrollstrukturen** – auch Steueranweisungen genannt – eingegangen. Im dritten Block werden **Felder** – auch Reihungen genannt – eingeführt. Den Abschluss bilden die Konzepte der **Prozeduren** und **Funktionen** – auch Methoden genannt.

Die hier vermittelten Konzepte sind in den meisten der heutigen Programmiersprachen zu finden. Nach dem Durcharbeiten dieses Buches können Sie einfache Programme nicht nur in der Programmiersprache Java erstellen, sondern – nach einer kurzen Einarbeitung – auch in anderen Programmiersprachen.

Programme werden in der Regel in Textform dargestellt. Zur Veranschaulichung und zur Modellierung eignen sich aber auch grafische Notationen. Industriestandard ist inzwischen die grafische Modellierungssprache **UML** *(Unified Modeling Language)*, die in diesem Buch an vielen Stellen eingeführt und verwendet wird.

Basistext

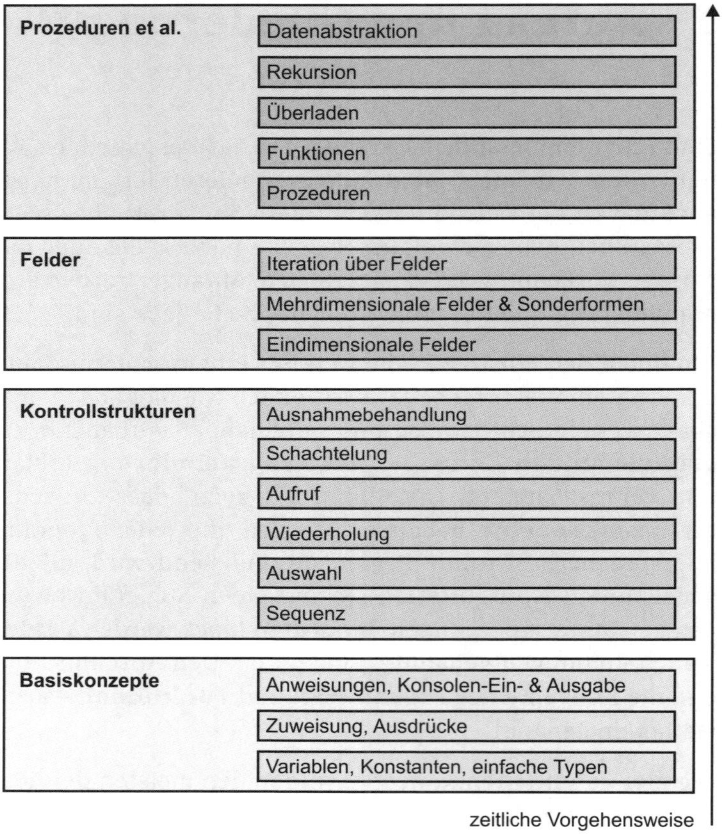

Abb. 1.0-1: Die Basiskonzepte der Programmierung.

praktische Arbeit mit dem Computer nötig *learning by doing*

Programmieren können Sie *nicht* allein theoretisch erlernen. Sie müssen immer an Ihrem Computersystem überprüfen, ob Ihr Programm das tut, was Sie sich gedacht haben. Dazu ist es erforderlich, dass Sie die Arbeit mit Ihrem Computersystem und den notwendigen Hilfsmitteln für die Programmierung beherrschen.

Basistext

Schnelleinstieg

Am Anfang dieses Buches steht ein sogenannter Schnelleinstieg, der Sie mit den wichtigsten Rahmenbedingungen vertraut macht, bevor Sie mit dem Programmieren beginnen können. Dazu gehört ein Überblick über Programme und ihre Übersetzer (Compiler), über Skriptsprachen und ihre Interpreter sowie über die Programmiersprache Java. Damit Sie Ihre Programme auf Ihrem Computersystem »laufen lassen« können, müssen Sie auf Ihrem Computersystem mindestens eine Java-Entwicklungsumgebung installiert haben. Wie dies geschieht wird in einem kostenlosen e-learning-Kurs erklärt, der zu diesem Buch gehört. Da sich die Installationsanleitungen und Versionen der Entwicklungsumgebungen oft ändern, wurde auf einen Abdruck im Buch verzichtet. Im e-learning-Kurs finden Sie immer die aktuellen Informationen. Am Ende des Schnelleinstiegs haben Sie Ihr erstes Programm geschrieben und auf Ihrem Computersystem zum Laufen gebracht.

Qualität Ihrer Programme

Sie haben sich sicher schon oft geärgert, wenn Programme, die Sie benutzen, nicht das tun, was sie erwartet haben, oder zu Fehlern führen oder einfach »abstürzen«. Wenn Sie nun selbst Programme schreiben, werden Sie feststellen, dass es gar nicht so einfach ist, fehlerfreie Programme zu entwickeln. Daher werden parallel zu den Programmierkonzepten Konzepte vermittelt, um Fehler von vornherein zu vermeiden und gemachte Fehler schnell zu finden. Neben der Erstellung gut lesbarer und kommentierter Programme gehören dazu das systematische Testen von Programmen sowie das defensive Programmieren.

learning by example

Beispiele erleichtern das Lernen. Daher finden Sie in der Regel in diesem Buch vollständige, ablauffähige Programme, die Sie auf Ihr Computersystem aus dem e-learning-Kurs herunterladen und ausprobieren können. Fangen Sie dann an, Änderungen an diesen Programmen vorzunehmen, um die Wirkung einzelner Konzepte selbst zu »erleben«.

Basistext

learning by analogy

Der nächste Schritt kann darin bestehen, ein vorhandenes Programm als Beispiel zu nehmen und durch Analogieschluss ein verwandtes Problem zu lösen. Beispielsweise nehmen Sie ein Programm, das Celsius-Grade in Fahrenheit-Grade umrechnet, als Vorbild und schreiben eine neues Programm, das Kilometer in Meilen umrechnet.

learning by exploration

Nicht alle möglichen Programmierkonzepte und insbesondere Java-Konzepte können vorgestellt werden. Sie werden jedoch in diesem Buch in die Lage versetzt, selbst im Internet zu recherchieren und sich die notwendigen Informationen zu besorgen.

Fallstudie

In der Praxis werden heute umfangreiche Programme geschrieben. Damit Sie ein Gefühl für größere und realistische Programme erhalten, wird in diesem Buch eine Fallstudie OptiTravel präsentiert, die schrittweise zu einem umfangreichen Programm führt.

e-learning-Kurs

Nach dem jeweiligen Kennenlernen eines neuen Konzepts müssen Sie durch Übungen selbst feststellen, ob Sie alles richtig verstanden haben. Im (kostenpflichtigen) e-learning-Kurs, den es zu diesem Buch gibt, werden Tests und Aufgaben gestellt, an Hand derer Sie prüfen können, ob Sie die Konzepte verstanden haben und beherrschen. Ein Mentor/Tutor hilft Ihnen bei Problemen und korrigiert Ihre Aufgaben. Zum Abschluss erhalten Sie – je nach gewählter Kursart – ein Testzertifikat und ein Klausurzertifikat, um Ihre Leistungen zu dokumentieren und nachzuweisen (siehe `www.W3L.de`).

umfassendes didaktisches Konzept

Dieses Buch bildet die **Basis** für eine **umfassende Ausbildung im Programmieren** und der Programmiersprache **Java**. Es werden die Basiskonzepte, das strukturierte und das prozedurale Programmieren vermittelt. Diese Konzepte sind in fast allen Programmiersprachen vorhanden, so dass

Sie das hier erworbene Wissen leicht auf andere Programmier- und Skriptsprachen übertragen können.

objektorientiert programmieren

Aufbauend auf diesen Basiskonzepten werden in dem Buch »Java 5: Objektorientiert programmieren – Vom objektorientierten Analysemodell bis zum objektorientierten Programm« die objektorientierten Konzepte vermittelt. Diese Konzepte bieten neue Möglichkeiten bei der Programmierung.

Anwendungen programmieren

Im Anschluss an die objektorientierten Konzepte lernen Sie in dem Buch »Java 5: Anwendungen programmieren – Von der GUI-Programmierung bis zur Datenbank-Anbindung« wie Sie grafische Benutzungsoberflächen programmieren und relationale Datenbanken anschließen, so dass Sie vollständige, einsatzfähige Anwendungen erstellen können.

Algorithmen und Datenstrukturen

Neben Programmierkonzepten gibt es auch allgemeine Konzepte für Algorithmen und sogenannte Datenstrukturen, z.B. Sortieralgorithmen. Diese muss man kennen und beherrschen, um optimale Programme schreiben zu können. In dem Buch »Java 5: Algorithmen und Datenstrukturen« lernen Sie die Grundlagen dazu.

didaktisches Schichtenmodell

Dieser Vorgehensweise liegt ein didaktisches Schichtenmodell zugrunde, das die Abb. 1.0-2 zeigt. Wenn Sie alle diese vier e-learning-Kurse erfolgreich absolviert haben, dann erhalten Sie das Zertifikat »**Junior-Programmierer(in) – Schwerpunkt Java**«. Denn dann sind Sie in der Lage, professionell effiziente Algorithmen und Programme problemgerecht zu entwickeln, zu analysieren, zu überprüfen, adäquat in der UML zu beschreiben und in Java zu transformieren, zu übersetzen, zu testen und auszuführen.

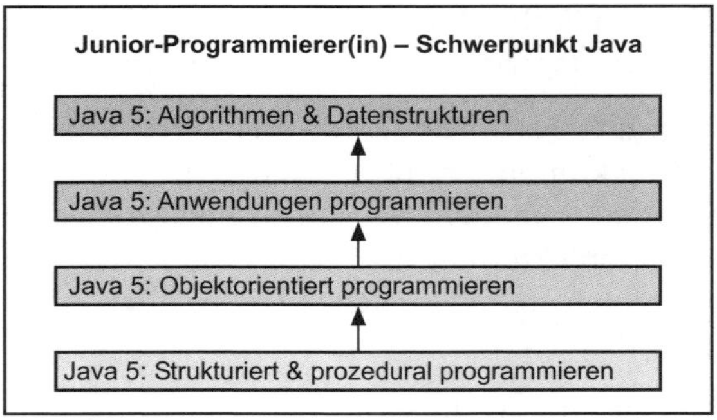

Abb. 1.0-2: Der Weg zum Junior-Programmierer(in) – Schwerpunkt Java.

an den Start

Und nun legen Sie los mit dem ersten Baustein auf dem Weg zum Java-Junior-Programmierer bzw. zur Java-Junior-Programmiererin.

2 Der Schnelleinstieg *

Eine Programmiersprache können Sie auf verschiedene Art und Weise lernen. Sie können sich zuerst mit den Konzepten befassen und anschließend mit der Praxis oder umgekehrt. Damit Sie zunächst ein »Gefühl« für das Programmieren bekommen, hat es sich bewährt, zunächst einige praktische Schritte zu tun, bevor die Konzepte erläutert werden.

Wie lernen?

Vorher ist es jedoch erforderlich, zu wissen, was eine problemorientierte Programmiersprache und eine maschinennahe Sprache sind und was in einem Computersystem abläuft:

Zuerst einige Grundlagen

- »Programmieren – Programme – Compiler« (S. 8)

Programme können auf unterschiedliche Art und Weise ausgeführt werden. Die Unterschiede zwischen compilierten und interpretierten Programmen lernen Sie hier kennen:

Compiler vs. Interpreter

- »Skriptsprachen und Interpreter« (S. 17)

Einiges Wissenswertes zur Programmiersprache Java finden Sie hier:

Java

- »Die Sprache Java« (S. 22)

Nach diesen Grundlagen kann es jetzt losgehen. Sie können das erste Java-Programm auf Ihrem Computersystem »zum Laufen bringen«:

1. Java-Programm

- »Das erste Java-Programm« (S. 25)

Die meisten Programmiersprachen besitzen ähnliche Grundkonzepte. Einige dieser Grundkonzepte werden zunächst vermittelt und dann ihre Realisierung in Java gezeigt:

Programmiergrundlagen

- »Konzepte der Programmierung« (S. 35)

Programmierumgebungen

Um komfortabel programmieren zu können, wird eine Programmierumgebung benötigt. Einen Überblick und den ersten Einsatz einer Java-Umgebung finden sie hier:

- »Java-Entwicklungsumgebungen« (S. 64)

Nach dem Durcharbeiten aller dieser Wissensbausteine haben Sie einen ersten Eindruck von der Programmierung in Java, haben Ihre ersten Erfahrungen mit dem Java-Compiler und einer Java-Entwicklungsumgebung gemacht und können einige kleinere Programme bereits selbst schreiben.

2.1 Programmieren – Programme – Compiler *

Ein Computersystem besteht im Kern aus einem Prozessor und einem Arbeitsspeicher. Programme und Daten befinden sich im Arbeitsspeicher. Der Prozessor führt schrittweise die Befehle eines Programms im Arbeitsspeicher aus und manipuliert dabei die Daten. Die von einem Prozessor ausführbaren Programme sind in einer Maschinensprache geschrieben, die auf die Eigenschaften des jeweiligen Prozessors zugeschnitten ist. Programmierer verwenden dagegen problemorientierte Programmiersprachen, die dem Abstraktionsniveau von Menschen angepasst sind. Übersetzer – genauer ausgedrückt Compiler – übersetzen problemorientierte Programme in Maschinenprogramme.

Programmieren ist faszinierend. Einem **Computersystem** zu sagen, was es zu tun hat, ist eine tolle Sache! Vinton G. Cerf, Miterfinder des Internets, hat dies einmal so ausgedrückt: »*Programming is like playing God. Within the scope of the program you can do anything.*«

Damit ein Computersystem das tut, was der Programmierer will, muss er ein Programm schreiben. Ein **Programm** ist dabei nichts anderes als eine Handlungsanleitung für ein Computersystem. Damit ein Computersystem ein Programm »versteht« – genauer gesagt, es Schritt für Schritt ausführen kann – muss es bestimmte Eigenschaften besitzen:

Ein Programm muss in einer genau festgelegten Schreibweise dem Computersystem eindeutig und detailliert durch Anweisungen vorschreiben, was es Schritt für Schritt tun soll.

Syntax & Semantik

Die Syntax, d.h. die Schreibweise der einzelnen Anweisungen, und die Semantik, d.h. die Bedeutung der einzelnen Anweisungen, wird für Programme in Programmiersprachen festgelegt.

problemorientiert vs. maschinenah

Es gibt problemorientierte Programmiersprachen (auch benutzernahe oder höhere Programmiersprachen genannt), maschinennahe Programmiersprachen und Maschinensprachen.

Problemorientierte Programmiersprachen wurden so konzipiert, dass es Menschen möglichst einfach haben, Programme zu schreiben.

Maschinennahe Programmiersprachen sind dagegen so aufgebaut, dass ihre Programme nahezu unverändert in Maschinensprachen transformiert werden können. Programme in einer Maschinensprache können direkt von Computersystemen ausgeführt werden.

Prozessor & Arbeitsspeicher

Ein Computersystem besteht – vereinfacht ausgedrückt – aus einem **Prozessor** und einem **Arbeitsspeicher**, beides zusammen wird als **Zentraleinheit** bezeichnet. Die Zentraleinheit kommuniziert über eine Ein-/Ausgabesteuerung mit

Eingabegeräten – wie Tastatur und Maus – Ausgabegeräten – wie Bildschirm, Lautsprecher und Drucker – externen Speichern – wie Festplatten, DVDs, CD-ROMs – und über Netze mit anderen Computersystemen (Abb. 2.1-1).

Abarbeitung eines Programms

Ein Maschinenprogramm – auch Objekt-Programm genannt – wird in den Arbeitsspeicher transportiert (geladen). Der Prozessor liest jede Anweisung – Befehl genannt – und führt ihn aus. Daten werden ebenfalls im Arbeitsspeicher aufbewahrt. Der Prozessor kann die Daten lesen, speichern und über die Ein-/Ausgabesteuerung einlesen und ausgeben.

Beispiel 1

Die Berechnung eines Warenwertes aus Einzelpreis mal Menge kann folgendermaßen aussehen:

In einer problemorientierten Programmiersprache sehen die Anweisungen zur Berechnung wie folgt aus (Quell-Programm genannt):

```
read(Menge);
read(PreisNetto);
read(MWST);
WarenwertNetto = Menge * PreisNetto;
WarenwertBrutto = WarenwertNetto * MWST / 100.0;
print(WarenwertBrutto);
```

In einer maschinennahen Programmiersprache sehen die Befehle zur Berechnung so aus:

```
INPUT Menge
INPUT PreisNetto
INPUT MWST
LOAD Menge
MUL   PreisNetto
STORE WarenwertNetto
LOAD WarenwertNetto
MUL MWST
DIV 100.0
STORE WarenwertBrutto
OUTPUT WarenwertBrutto
```

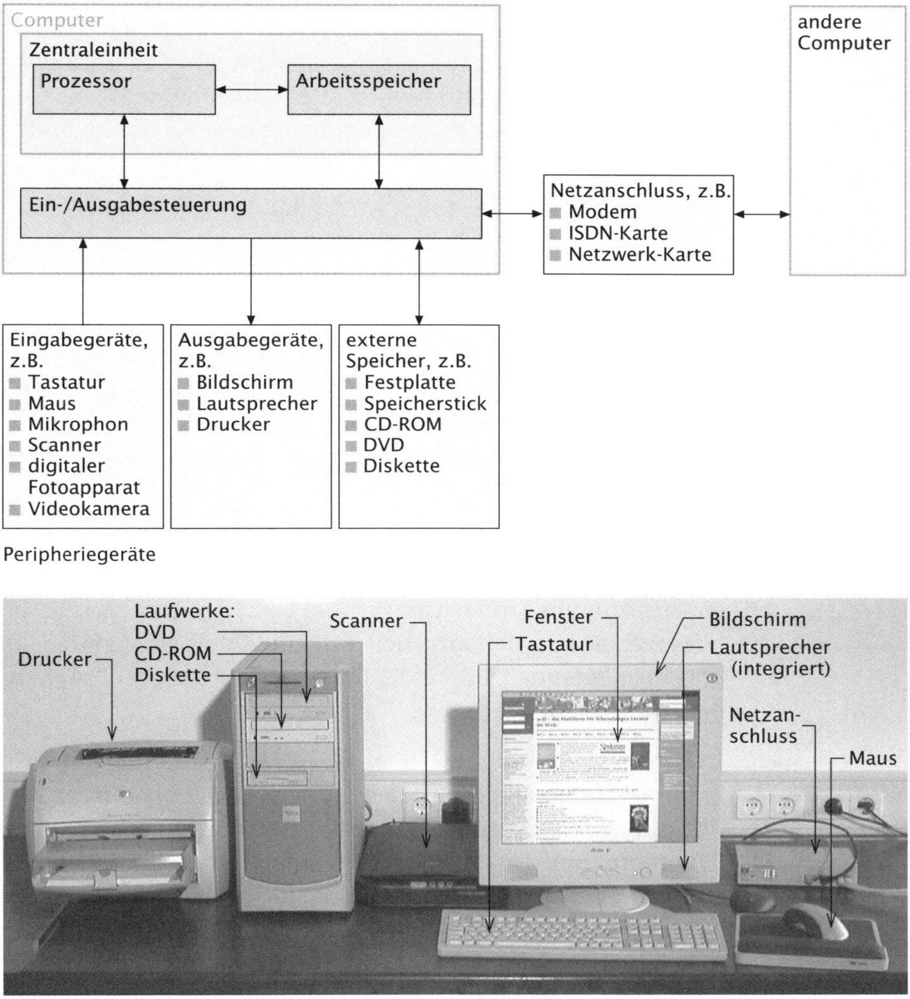

Abb. 2.1-1: So sieht der grundsätzliche Aufbau eines Computers mit seinen Komponenten aus.

Basistext

Vor der Ausführung im Prozessor wird ein maschinennahes Programm noch in ein Maschinenprogramm transformiert. Ein Maschinenprogramm wird in einem **Binärcode** dargestellt. Ein Binärcode kennt nur die beiden Zeichen 0 und 1 – Binärzeichen genannt. Das Wort Binärzeichen wird als **Bit** bezeichnet, von englisch *binary digit*.

Plattform

Maschinennahe Programmiersprachen und Maschinensprachen sind im Gegensatz zu problemorientierten Programmiersprachen immer auf eine Computer-**Plattform** zugeschnitten. Eine Plattform ist gekennzeichnet durch den jeweils verwendeten Prozessortyp – z.B. Intel Pentium 4 – und das eingesetzte **Betriebssystem**. Unterschiedliche Plattformen besitzen auch unterschiedliche maschinennahe Sprachen und Maschinensprachen.

Übersetzer

Damit ein Programmierer in einer problemorientierten Sprache programmieren kann, gibt es Übersetzer. Allgemein ist es die Aufgabe eines **Übersetzers** in der Informatik, alle Sätze einer Quellsprache, d.h. die Quell-Programme, in *gleichbedeutende* Sätze einer Zielsprache, die Ziel-Programme, zu transformieren.

Compiler *to compile* = zusammenstellen, sammeln

Ist das Quellprogamm in einer problemorientierten Programmiersprache geschrieben, dann bezeichnet man den Übersetzer als **Compiler**. Bei der Zielsprache kann es sich dabei um eine maschinennahe, eine »maschinennähere« Sprache oder eine Maschinensprache handeln. »Maschinennähere« Sprache bedeutet, dass die Sprache sich stärker am Aufbau eines Computersystems orientiert als die Sprache, aus der übersetzt wird.

Übersetzungsvorgang

Abb. 2.1-2 veranschaulicht den Übersetzungsvorgang.

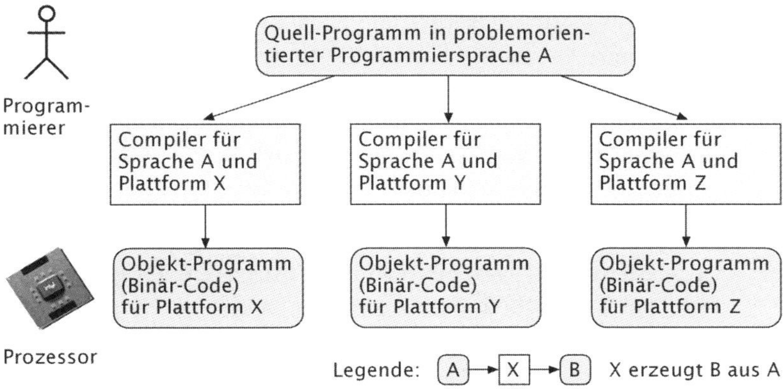

Abb. 2.1-2: Der Mensch schreibt Programme in einer problemorientierten Programmiersprache. Ein solches Programm wird von einem Compiler in ein maschinennahes Programm übersetzt. Nach der Transformation in ein Maschinenprogramm wird es vom jeweiligen Prozessor ausgeführt.

Beispiel 2

Ein Compiler übersetzt also die problemorientierte Programmdarstellung im Beispiel 1 in die darunter angegebene maschinennahe Form.

Der Einsatz eines Compilers hat folgende Vor- und Nachteile:

Vorteil

+ Die übersetzten Programme nutzen die jeweiligen Prozessor- bzw. Plattformeigenschaften optimal aus und erreichen dadurch eine hohe Abarbeitungsgeschwindigkeit.

Nachteile

– Für jeden Prozessortyp muss das Programm mit einem anderen Compiler neu übersetzt werden. Genau genommen unterscheiden sich die Compiler nicht nur bezüglich des Prozessortyps, sondern bezüglich der jeweiligen Computer-Plattform.

– Das übersetzte Programm läuft nur auf dem jeweiligen Prozessortyp bzw. der jeweiligen Plattform, d.h. das übersetzte Programm ist *nicht* plattformunabhängig.

- Oft gibt es für verschiedene Prozessortypen bzw. Plattformen nur Compiler unterschiedlicher Hersteller, die sich teilweise unterschiedlich verhalten.
- Programmiersprachen sind oft *nicht* plattformunabhängig definiert, so dass pro Prozessortyp bzw. Plattform die übersetzten Programme voneinander abweichen.

Vom Problem zum Programm

Programme sind in der Regel sehr umfangreich und komplex. Liegt fest, welches Problem durch ein Programm gelöst werden soll, dann werden Sie meist nicht sofort das fertige Programm hinschreiben. Oft wird die Problemlösung zunächst in Form eines **Algorithmus** hingeschrieben. Ein Algorithmus ist semiformal, d.h. er ist im Gegensatz zur Umgangssprache genauer beschrieben, aber noch nicht vollständig detailliert, wie dies eine Programmiersprache erfordert (Abb. 2.1-3).

Beispiel 3

Umgangssprachlich in Form eines Algorithmus würde das Beispiel 1 folgendermaßen aussehen:

```
1. Lese Menge, PreisNetto und MWST ein
2. Berechne: WarenwertNetto = Menge * PreisNetto
3. Berechne: WarenwertBrutto = WarenwertNetto * MWST / 100
4. Gebe WarenwertBrutto aus
```

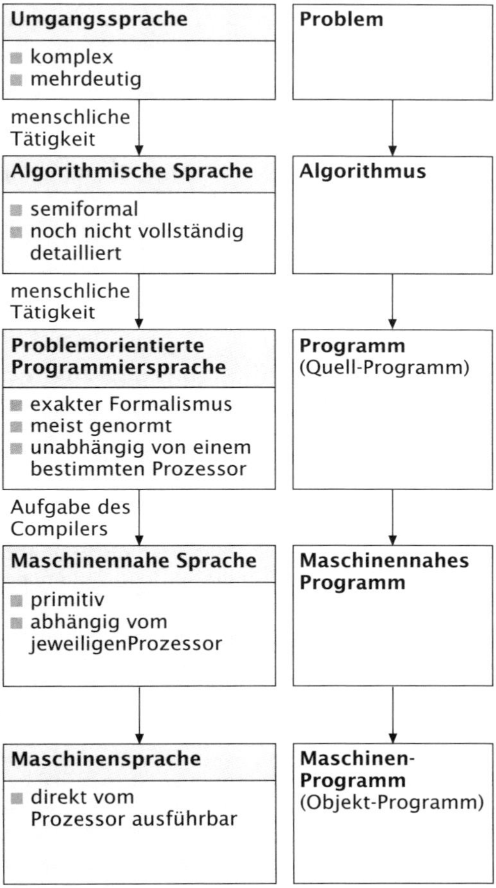

Abb. 2.1-3: Ausgangspunkt für ein Programm ist ein zu lösendes Problem bzw. eine zu lösende Aufgabe. Als erstes wird die Problemlösung umgangssprachlich als Algorithmus formuliert. Anschließend erfolgt die Umsetzung in den strengen Formalismus (Syntax) einer Programmiersprache. Ein Compiler übersetzt dann ein solches problemorientiertes Programm in ein Maschinenprogramm.

Basistext

Glossar

Algorithmus *(algorithm)* Intuitiv lässt sich der Begriff Algorithmus folgendermaßen definieren: Ein Algorithmus ist eine eindeutige, endliche Beschreibung eines allgemeinen, endlichen Verfahrens zur schrittweisen Ermittlung gesuchter Größen aus gegebenen Größen. Die Beschreibung erfolgt in einem Formalismus mit Hilfe von anderen Algorithmen und, letztlich, elementaren Algorithmen. Ein Algorithmus muss ausführbar sein, d.h. ein Prozessor, der den Formalismus kennt und die elementaren Algorithmen beherrscht, muss ihn abarbeiten können. Bei der Ausführung eines Algorithmus werden Objekte manipuliert, insbesondere erfolgt eine Ein- und Ausgabe von Objekten.

Arbeitsspeicher (*RAM*; random access memory) Medium zur kurzfristigen Aufbewahrung nicht zu umfangreicher Information in einem Computer; Bestandteil der Zentraleinheit.

Betriebssystem *(operating system)* Spezielles Programm eines Computersystems, das alle Komponenten eines Computersystems verwaltet und steuert sowie die Ausführung von Aufträgen veranlasst. Syn.: OS

Compiler *(compiler)* Ein kompliziertes Programm, das Quell-Programme, geschrieben in einer problemorientierten Programmiersprache, in Objekt-Programme (Sprachvorrat des automatischen Prozessors) umwandelt; Sonderfall eines Übersetzers.

Computersystem *(computer system)* 1 Computer (Hardware) und Programme (Software).
2 Einheit von Anwendungssoftware, Systemsoftware und Hardware.

Plattform *(platform)* Hardware-Architektur eines bestimmten Modells oder einer bestimmten Familie von Computersystemen, z.B. Windows-Plattform. Eine Plattform ist in der Regel eine Kombination aus Betriebssystem und Prozessortyp (Prozessor). Software wird in der Regel für eine Plattform entwickelt (siehe auch: Systemsoftware). Syn.: Computer-Plattform, computer platform

Problemorientierte Programmiersprache *(problem oriented programming language)* Programmiersprache, deren Sprachvorrat und Sprachkonstruktion problemnahe Formulierungen von Algorithmen ermöglicht; Programme müssen von einem Compiler in die Maschinensprache des jeweiligen Prozessors umgesetzt werden, damit eine automatische Abarbeitung möglich ist. Alternativ können Programme auch durch Interpreter analysiert und ausgeführt werden. Syn.: Höhere Programmiersprache, Benutzernahe Programmiersprache

Programm *(program)* 1 Streng formalisierte, eindeutige und detaillierte Handlungsanleitung bzw. Vorschrift, die maschinell ausgeführt werden kann.
2 Eine Folge von Anweisungen in einer Programmiersprache oder in einer Maschinensprache. Die Anweisungen werden von einem Prozessor abgearbeitet.

Prozessor (*processor*; central processing unit) 1 Allgemein: Eine Maschine, die die Anweisungen eines Programms abarbeiten kann

Basistext

2 Speziell: Der Teil der Zentraleinheit, der Programmanweisungen aus dem Arbeitsspeicher liest, ihre Ausführungen vornimmt, zu verarbeitende Informationen aus dem Arbeitsspeicher liest sowie Zwischenergebnisse und Ergebnisse im Arbeitsspeicher ablegt.

Zentraleinheit *(central unit)* Teil eines Computers, in der die eigentliche Informationsverarbeitung stattfindet; besteht aus Prozessor und Arbeitsspeicher.

2.2 Skriptsprachen, Zwischensprachen und ihre Interpreter *

Ein Programm, geschrieben in einer problemorientierten Programmiersprache, kann compiliert oder interpretiert werden. Ein Compiler kann ein Programm in eine maschinennahe Programmiersprache übersetzen oder in eine Zwischensprache, die dann interpretiert wird. Ein Programm kann auch direkt durch einen Interpreter ausgeführt werden.

Programmiersprachen lassen sich in drei Gruppen gliedern, in Abhängigkeit von der Art und Weise wie ihre Programme ausgeführt werden:

- Programmiersprachen, deren Programme durch einen **Compiler** in eine maschinennahe Sprache bzw. eine Maschinensprache übersetzt und dann ausgeführt werden. Zu dieser Gruppe gehört z.B. die Sprache **C++**.

compilierte Programme

- Programmiersprachen, deren Programme **Anweisung** für Anweisung interpretiert und – wenn die jeweilige Anweisung syntaktisch korrekt ist – sofort ausgeführt werden. Es erfolgt *keine* Übersetzung in eine maschinennahe Sprache oder eine Maschinensprache. Solche Sprachen heißen **Skriptsprachen**. **Interpreter** analysieren die Anweisun-

interpretierte Programme

gen und führen sie aus. Zu dieser Gruppe gehören Sprachen wie **JavaScript**, **JScript**, **VBScript** und Basic.

compilierte & interpretierte Programme

- Programmiersprachen, deren Programme in einen Zwischencode *(intermediate language)* übersetzt werden. Die Anweisungen dieses Zwischencodes werden dann von einem Interpreter analysiert und ausgeführt, oder von einem *Just-in-Time*-Compiler (siehe unten) schrittweise übersetzt. Zu dieser Gruppe gehören die Sprachen **Java** und **C#**.

  Der von einem Java-Programm erzeugte Zwischencode heißt **Bytecode**. Der Interpreter, der den Bytecode analysiert und ausführt heißt **JVM** *(Java virtual machine)* – kurz auch VM genannt. Der Interpreter verdeckt also die Eigenschaften der jeweiligen Plattform und bietet eine höhere »Abstraktionsschicht«. Da man sich diese Abstraktionsschicht als eine gedachte Plattform bzw. als einen gedachten Prozessor vorstellen kann, spricht man von einer virtuellen Maschine.

  Der von einem C#-Programm erzeugte Zwischencode heißt **MSIL** *(Microsoft Intermediate Language)* – kurz IL genannt. Für die Ausführung von Programmen ist die **.Net**-Laufzeitumgebung (.Net gesprochen Dot-Net), die sogenannte *Common Language Runtime* (CLR) zuständig, die als virtuelle Maschine läuft. Sie ist vergleichbar mit der JVM.

  Diese Gruppe von Programmiersprachen steht zwischen den beiden anderen Gruppen, nutzt deren Vorteile und reduziert deren Nachteile. Die erste Programmiersprache, die diese Technik benutzt hat, war die Sprache Pascal (1971), der Zwischencode heißt P-Code.

Die Abb. 2.2-1 veranschaulicht die Funktionsweise dieser drei Gruppen.

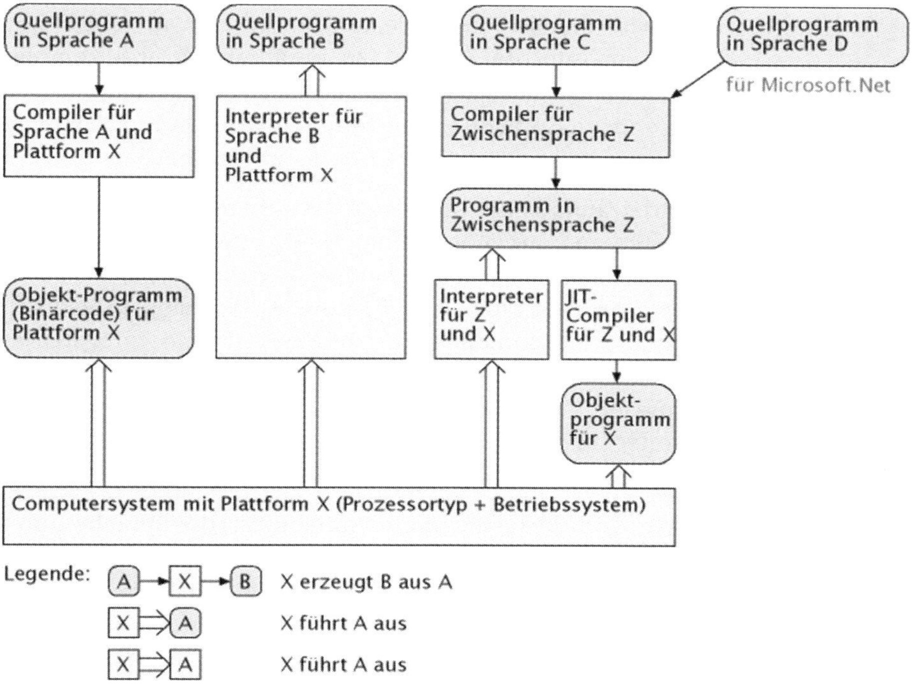

Abb. 2.2-1: Interpreter sind sozusagen »virtuelle« Prozessoren auf einer höheren Abstraktionsebene, die den realen Prozessor gegenüber der Programmiersprache »verdecken«.

Compiler

Ein Prozessor kann nur Programme ausführen, die in seiner Maschinensprache vorliegen. Compiler übersetzen Programme in der Regel in die jeweilige Maschinensprache, so dass sie direkt vom Prozessor ausgeführt werden können.

Interpreter

Interpreter sind selbst Programme, die in der Maschinensprache des jeweiligen Prozessors vorliegen und von ihm ausgeführt werden. Ein Interpreter analysiert jeweils eine **Anweisung** *(statement)* eines Programms, prüft sie auf korrekte Syntax und führt diese Anweisung dann aus. Anschließend wird die nächste Anweisung entsprechend verarbeitet. Damit ein Interpreter *nicht* zu umfangreich und komplex wird, sind die Skriptsprachen in der Regel einfacher aufgebaut und im Sprachumfang beschränkter als Programmiersprachen, deren Programme übersetzt werden.

Zwischensprache

Um Programme einer mächtigen Programmiersprache interpretieren zu können, ohne den Interpreter zu komplex werden zu lassen, werden Sprachen wie Java und C# durch einen Compiler zunächst in eine Zwischensprache übersetzt, die maschinennäher ist. Anschließend interpretiert ein »schlanker« Interpreter diese Zwischensprache. Ein Vorteil dieser Technik besteht darin, dass es einfacher ist, Interpreter für verschiedene Prozessortypen zu entwickeln als Compiler für verschiedene Prozessortypen zu schreiben.

Java

In Java wird diese Technik dazu benutzt, die Sprache **plattformunabhängig** zu machen. Der Bytecode, d.h. die verwendete Zwischensprache, ist für alle Plattformen gleich. Nur die Interpreter müssen für jede Plattform angepasst werden.

JIT-Compiler

Da das Interpretieren eines Programms länger dauert als das Ausführen eines einmal übersetzten Programms gibt es noch die Variante, dass der Zwischencode nicht interpretiert, sondern durch einen weiteren sogenannten ***Just-in-Time-Compiler*** (JIT-Compiler) in die Maschinensprache des jeweiligen Prozessors übersetzt wird. Diese JIT-Compiler unterscheiden sich von normalen Compilern dadurch, dass sie die Zwischensprache schrittweise übersetzen. Es wird jeweils der Teil übersetzt, der für die Abarbeitung gerade benötigt wird und *nicht* das gesamte Programm wie bei einem normalen Compiler. Dadurch kann mit der Ausführung des Programms sofort begonnen werden. Bei der Ausführung muss dann jedoch u.U. auf noch nicht übersetzte Teile gewartet werden.

Microsoft verwendet die Zwischensprache – neben dem Ziel der Plattformunabhängigkeit – noch zu einem anderen Zweck. Programme der Programmiersprachen C++.Net, C# und Visual Basic.Net werden durch Compiler in dieselbe Zwischensprache MSIL übersetzt. Anschließend erfolgt mit einem JIT-Compiler eine schrittweise Übersetzung der Zwischensprache in den Maschinencode. Durch diese Technik ist es möglich, für eine zu programmierende Aufgabe verschiedene Programmiersprachen einzusetzen.

Microsoft

Glossar

.NET *(.NET)* Das *.NET-Framework* ist eine Umgebung für die Entwicklung und den Einsatz von *Web Services* und anderen Web-Anwendungen. Es wurde von Microsoft entwickelt, soll aber auch für andere Plattformen zur Verfügung stehen.

Anweisung *(statement)* Beschreibt eine auszuführende Handlung in einem Programm einer problemorientierten Programmiersprache oder in einem Algorithmus. Mehrere nacheinander auszuführende Anweisungen werden in den meisten Programmiersprachen durch Semikola voneinander getrennt. Eine solche Folge von Anweisungen wird auch Sequenz genannt. Anweisungen lassen sich gliedern in einfache bzw. elementare Anweisungen (Beispiel: Zuweisung wie `brutto = netto * mwst`) und Steueranweisungen beziehungsweise Kontrollstrukturen (Beispiel: einfache Auswahl wie `if (a > 10) b = 20;`). Syn.: Programm-Anweisung

C# *(C#)* Objektorientierte Programmiersprache, die von Microsoft entwickelt und im Jahr 2002 erstmalig präsentiert wurde. Sie besitzt große Ähnlichkeit mit Java. Gesprochen: C Sharp. Sie ist zugeschnitten auf die .NET-Plattform. Syn.: C Sharp

C++ *(C++)* Hybride, problemorientierte Programmiersprache, die sowohl prozedurale als auch objektorientierte Konzepte unterstützt. Sie ist eine Obermenge der Programmiersprache C (1974). Sie entstand zwischen 1980 und 1983 und wurde 1998 als ANSI-Standard festgelegt. Gesprochen: Cplusplus. Siehe auch: prozedurale Programmiersprache, objektorientierte Programmiersprache.

Interpreter *(interpreter)* Analysiert Anweisung für Anweisung eines Programms und führt jede analysierte Anweisung sofort aus, bevor er die nächste analysiert. Im Gegensatz zu einem Compiler wird kein Maschinencode erzeugt und abgespeichert. Interpreter werden für Makrosprachen und Skriptsprachen (z.B. Perl, JavaScript, VBScript) eingesetzt.

Java *(Java)* Eine der am meisten eingesetzten objektorientierten Programmiersprachen, 1990 von der Firma Sun Microsystems entwickelt. Man unterscheidet Java-Applets, die in einem Web-Browser ausgeführt werden, Java-Servlets, die auf einem Web-

Server ausgeführt werden und Java-Anwendungen, die als eigenständige Programme auf einem Computersystem laufen. Java verfügt über ein besonderes Sicherheitskonzept.

JavaScript *(JavaScript)* Am meisten verbreitete Skriptsprache zur Verknüpfung von Programmcode mit statischen HTML-Seiten. Sie ermöglicht es, Webseiten dynamisch zu verändern. Obwohl es der Name vermuten lässt, handelt es sich *nicht* um eine Teilmenge von Java. JavaScript gilt als *unsicher*, da Webseiten »bösartige« JavaScript-Programme enthalten können, die dann auf dem Web-Client ausgeführt werden.

JScript *(JScript)* Firmenspezifische JavaScript-Version von Microsoft.

JVM *(JVM*; Java Virtuelle Maschine) Bezeichnung für Java-Interpreter, die den Java-Bytecode zur Laufzeit analysieren und interpretieren. Syn.: Java virtual machine, VM, Virtuelle Machine

Skriptsprache *(scripting language)* Programmiersprachen, die von einem Interpreter übersetzt und ausgeführt werden, werden im Allgemeinen als Skriptsprachen bezeichnet. Ursprünglich stammt der Begriff aus der UNIX-Welt. Dort können kleinere Programme mit Hilfe von *shell scripts* kombiniert werden. Ein Beispiel für eine Skriptsprache ist JavaScript.

VBScript *(VBScript)* Skriptsprache der Firma Microsoft, die eine Teilmenge der Programmiersprache Visual Basic bildet.

2.3 Die Progammiersprache Java *

Die Programmiersprache Java ist eine objektorientierte Programmiersprache, die es heute ermöglicht, ein breites Anwendungsspektrum zu programmieren – vom Handy bis zur unternehmenskritischen Anwendung. Java ist plattformunabhängig, d.h. Programme, geschrieben in Java, können auf allen Plattformen ausgeführt werden, die über einen Java-Interpreter verfügen. Mit Java können Java-Anwendungen, Java-Applets, Java-Servlets und *JavaServer Pages* geschrieben werden.

Java ist eine **problemorientierte** und **objektorientierte** Programmiersprache. Problemorientiert bedeutet, dass die Sprachkonstrukte so gewählt wurden, dass einem Programmierer das Programmieren möglichst einfach gemacht wird. Objektorientiert bedeutet, dass die Konzepte der objektorientierten Programmierung wie Klassen, Objekte und Vererbung unterstützt werden.

zur Historie

Das Fundament für die Programmiersprache Java wurde 1990 gelegt. Bei der Firma Sun untersuchte ein Entwicklungsteam mit den Innovatoren Patrick Naughton, James Gosling und Mike Sheridan den Konsumentenmarkt. Es erkannte, dass zunehmend Mikroprozessoren in alle elektronischen Konsumgeräte integriert wurden, sowohl in Videorecorder als auch in Telefone und Waschmaschinen.

Ziel des Teams war es daher, ein einfaches, herstellerunabhängiges Betriebssystem zu entwickeln. James Gosling erfand unter dem Namen »Oak« eine dafür geeignete, plattformunabhängige, robuste und sichere objektorientierte Programmiersprache. Im August 1992 stellte das Team den Projektstatus dem Vorsitzenden von Sun vor.

Für die Präsentation setzten sie eine Zeichentrickfigur – Duke genannt – ein, die später zum »Maskottchen« für Java wurde. Die Ideen wurden von Sun großartig aufgenommen. Es wurde eine unabhängige Firma »First Person« gegründet, um mit Herstellern von Konsumelektronik-Geräten zu verhandeln. Der Markt war für diese Ideen aber noch *nicht* reif, so dass alle Verhandlungen scheiterten. »First Person« wurde 1994 aufgelöst.

Sprache für das Internet

Zu diesem Zeitpunkt erlebte das Internet eine rasante Entwicklung. Sun erkannte das Potential der sicheren, plattformunabhängigen Programmiersprache für das Internet. Im Januar 1995 wurde »Oak« in »Java« umbenannt. Dies hatte vor allem markenzeichenrechtliche Gründe. Auf den Namen Java kam das Team in der Cafeteria – in den USA wird für Kaffee der Name Java verwendet.

Die Sprache war inzwischen verbessert und weitere Sicherheitskomponenten waren hinzugefügt worden. Sun stellte die Sprache für das Internet bereit. Diese historische Entwicklung macht einige Besonderheiten von Java – verglichen mit anderen Programmiersprachen – verständlich.

In Java kann man mehrere Arten von Programmen schreiben:

Java-Anwendungen

- **Java-Anwendungen** *(applications)*, die selbständig auf einem Computersystem laufen – dies ist die übliche Form bei anderen Programmiersprachen.

Java-Applets

- **Java-Applets** *(applets)*, die über das Internet von einem Web-Server geladen und in einem Web-Browser ausgeführt werden – dies unterscheidet Java von anderen Programmiersprachen. Applets können – im Unterschied zu Anwendungen – auf lokale Daten des Computersystems, auf das sie vom Netz geladen wurden, in der Regel nicht zugreifen. Sie können auch keine Daten auf der Festplatte des lokalen Computersystems speichern. Der Grund für diese Einschränkungen liegt in dem Sicherheitskonzept der Java-Applets. Es ist durch dieses Konzept sichergestellt, dass ein über das Netz geladenes Applet keinen Schaden auf dem Client-Computersystem anrichten kann.

Java-Servlets und JSPs

- **Java-Servlets** *(servlets)* werden auf einem Web-Server ausgeführt, in der Regel angestoßen über Befehle in einem HTML- bzw. XHTML-Dokument. Diese Technik wurde 1996 entwickelt – als Gegenstück zu den Java-Applets. Um die Programmierung von Web-Anwendungen zu erleichtern, wurden 1999 **JSPs** *(JavaServer Pages)* erfunden, die auf den Java-Servlets aufsetzen. JSPs werden automatisch in Java-Servlets transformiert.

vom Handyprogramm bis zur Unternehmensanwendung

Java unterstützt sowohl die Programmierung von Geräten, die nur eingeschränkte Ressourcen besitzen, z.B. Handys, als auch von umfangreichen Unternehmensanwendungen, die besondere Anforderungen erfüllen müssen.

Sowohl Java-Anwendungen als auch Java-Applets und Java-Servlets sind übersetzte und lauffähige Java-Programme – jeweils in der dafür vorgesehenen Umgebung.

Glossar

Java-Applet *(Java applet)* Programm, geschrieben in der Programmiersprache Java, das in einem Web-Browser abläuft.

Java-Servlet *(Java servlet)* Java-Programm (Java), das auf einem Web-Server läuft, Anfragen von Web-Clients entgegennimmt und HTML-Code als Ausgabe erzeugen kann. Außerdem können Java-Servlets auf Anwendungs-Server zugreifen. JSPs werden von einem JSP-Server in Java-Servlets übersetzt. Syn.: Servlet, servlet

JSP (*JSP*; JavaServer Pages) HTML-Dokument, das eingebettete Java-Anweisungen enthält, um dynamische Web-Inhalte zu erzeugen. Die Java-Anweisungen werden durch besondere Markierungen *(tags)* innerhalb von HTML gekennzeichnet. Eine JSP wird von einem JSP-Server in ein Java-Servlet übersetzt und anschließend ausgeführt.

Objektorientierte Programmiersprache *(object-oriented programming language)* Problemorientierte Programmiersprache, die die Konzepte der Objektorientierung wie Klassen, Objekte und Vererbung unterstützt. Beispiele für objektorientierte Programmiersprachen sind Smalltalk-80 (die erste objektorientierte Sprache), Eiffel, Java und C#.

2.4 Das erste Java-Programm *

Bevor Sie das erste Java-Programm schreiben, übersetzen und ausführen können, müssen Sie das notwendige (Hand-) Werkzeug auf Ihrem Computersystem installiert haben.

Texteditor

Im einfachsten Fall benötigen Sie einen Texteditor oder ein Textverarbeitungssystem, um ein Programm »einzutippen«.

Tipp

Als reinen Text speichern
Wenn Sie ein Textverarbeitungssystem verwenden, wie beispielsweise Microsoft Word, speichern Sie den Text als

> Dateityp `Nur Text` (in Word: `txt`), um keine Auszeichnungsformate im Text zu erhalten, die der Compiler nicht verarbeiten kann.

Dateiendung `.java`

Das eingetippte Quellprogramm müssen Sie anschließend als Datei abspeichern. Bei einem Java-Programm muss die Datei den Dateisuffix `.java` erhalten, damit der Compiler prüfen kann, ob die angegebene Datei ein geeignetes Quellprogramm enthält.

Java-Compiler

Wenn Sie **Java**-Programme übersetzen wollen, dann benötigen Sie als Minimum einen Java-Compiler einschließlich einer **JVM** *(Java virtual machine)* für Ihre Computer-**Plattform**.

JDK

Die Firma Sun – als Erfinder der Sprache Java – stellt ein kostenloses **JDK** *(Java Development Kit)* zur Verfügung. Die Installation des JDK und die Arbeit mit dem Konsolenfenster werden im kostenlosen e-learning-Kurs zu diesem Buch beschrieben (siehe »Vorwort« (S. v)).

Bevor Sie fortfahren, sollten Sie **zunächst das JDK installieren**! Außerdem sollten Sie sich mit der **Bedienung des Konsolenfensters** vertraut machen!

1. Java-Programm

Nach der Installation des JDK können Sie Ihr erstes Programm übersetzen und ausführen:

- »Hello World mit Java« (S. 27)

Aufbau

Jedes Java-Programm ist nach demselben Schema aufgebaut:

- »Zum Aufbau eines Java-Programms« (S. 31)

2.4.1 »Hello World« mit Java *

Ein Java-Programm kann mit einem Texteditor erfasst werden. Die Datei muss die Endung `.java` erhalten. Der Dateiname und der Klassenname des Programms müssen identisch sein. Mit dem JDK *(Java Development Kit)* von Sun wird das Programm durch den Befehl `javac Dateiname.java` übersetzt und durch den Befehl `java Dateiname` ausgeführt.

Tradition

Traditionell ist das erste Programm, das ein Programmierer schreibt, wenn er eine neue Sprache lernt, das Programm »*Hello World*«. Tradition ist es ebenfalls, das fertige Programm, wie es im Folgenden vorgegeben wird, mechanisch in einen Texteditor einzutippen, es zu übersetzen und dann zu sehen, wie es läuft, bevor erklärt wird, was die einzelnen Programmzeilen bewirken. Das folgende Beispiel zeigt eine einfache Java-Anwendung, die den Text »Hello World!« als Zeichenfolge in einem zeichenorientierten Bildschirmfenster ausgibt.

Beispiel: 1. Java-Anwendungs-Programm

```
/*
Dies ist ein Kommentar
*/
// Und dies ist ein Zeilenkommentar
class HelloWorld  //HelloWorld ist ein Klassenname
//Der Dateiname muss HelloWorld.java heissen!
{
 //Dies ist eine Operation bzw. Methode
 public static void main (String args[])
 {
   //Dies ist eine Ausgabeanweisung
   System.out.println("Hello World!");
 }
}
```

Schritt 1: Programm erfassen

Erfassen Sie das im Beispiel angegebene Programm in einem neuen Dokument in einem Texteditor. Speichern Sie diese sogenannte Quell-Datei *(source file)* unter dem Namen

`HelloWorld.java` in ein Verzeichnis, in das Sie Ihre Java-Programme speichern wollen, z.B. `C:\Java`.

Hinweis 1

Auf korrekte Groß- und Kleinschreibung achten
In Java wird zwischen Groß- und Kleinbuchstaben unterschieden, d.h. `Dateiname` und `DateiName` sind unterschiedliche Dateibezeichnungen.

Hinweis 2

Dateiname = Klassenname
Der Programmname, der in Java-Programmen hinter `class` angegeben ist, sollte identisch mit dem Namen der Quell-Datei sein. Sonst wird eine `.class`-Datei mit dem Klassennamen erzeugt. Das Programm muss dann mit dem `.class`-Dateinamen gestartet werden.

Schritt 2: Compiler starten

Starten Sie als nächstes den Java-Compiler:

Wenn Sie eine Windows-Plattform benutzen, dann öffnen Sie im Startmenü `Ausführen` und geben dort `cmd` bzw. `command` (bei Windows 98) ein. Es öffnet ich ein Konsolenfenster (Standardeinstellung: Schwarzer Hintergrund, Weiße Schrift).

Windows Konsolenfenster

Wenn Sie noch *nicht* mit dem Windows-Konsolenfenster gearbeitet haben, dann finden Sie die wichtigsten Informationen dazu im kostenlosen e-learning-Kurs zu diesem Buch (siehe »Vorwort« (S. v)). Wechseln Sie in das Verzeichnis, in dem Sie Java installiert haben, z.B. durch Eingabe von `cd Java`, wenn Ihr Verzeichnis `C:\Java` ist (Abb. 2.4-1).

Geben Sie den Befehl `javac HelloWorld.java` ein.

Hinweis 3

Compilerstart durch Befehl javac
Mit dem Befehl `javac` (steht für *Java* *C*ompiler) gefolgt von dem Dateinamen rufen Sie den Java-Compiler auf, der dann die angegebene Quell-Datei in eine Bytecode-Datei mit der Endung `.class` übersetzt.

Basistext

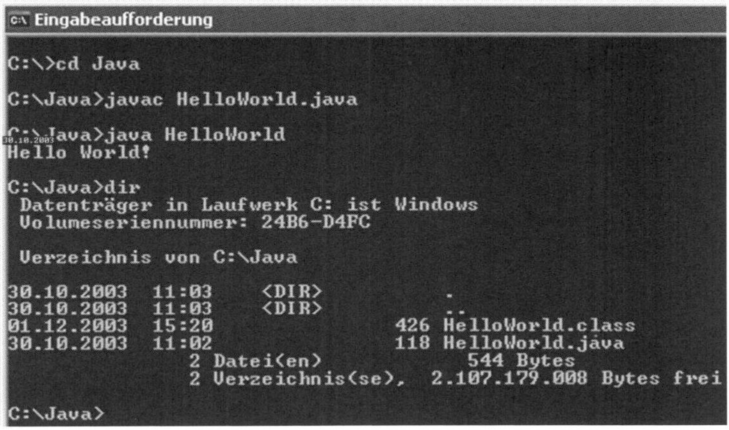

Abb. 2.4-1: Übersetzen und Ausführen der Java-Anwendung `Hello World` *im Konsolenfenster mit dem JDK.*

Wenn die Eingabeaufforderung, z.B. `C:\>`, ohne Fehlermeldung erscheint, haben Sie Ihr Programm erfolgreich übersetzt. Der Compiler hat die Bytecode-Datei `HelloWorld.class` erzeugt.

Fehlerquellen

Mögliche Fehler

Sollten Sie eine den folgenden Meldungen ähnliche Fehlermeldung erhalten:

```
Bad command or file name
```

oder

```
The name specified is not recognized as
an internal or external command,
operable program or batch file
```

dann kann Windows den Java-Compiler `javac` nicht finden. Überprüfen Sie, ob der sogenannte *classpath* richtig eingestellt ist (siehe Wissensbaustein »CLASSPATH bei

Java-Compilern einstellen« im kostenlosen e-learning-Kurs zu diesem Buch (siehe »Vorwort« (S. v)).

Schritt 3: übersetztes Programm starten

Starten Sie Ihr übersetztes Java-Programm, indem Sie im *gleichen* Verzeichnis den Befehl `java` gefolgt von dem Dateinamen (ohne Endung) eingeben: `java HelloWorld`. An der Eingabeaufforderung erscheint als Ergebnis des Programmlaufs der Text `Hello World!`. Das war nicht spektakulär, aber dennoch das Ergebnis Ihres ersten Java-Programms!

Hinweis 3

Start des übersetzten Programms durch java
Mit dem Befehl `java` gefolgt von dem Dateinamen ohne Dateinamensendung starten Sie ein übersetztes Java-Programm, d.h. die `.class`-Datei.

Im e-learning-Kurs zu diesem Buch können Sie sich die Vorgänge zusätzlich in einem Videoclip ansehen.

Ersetzen Sie den Text `HelloWorld` in der Zeile

```
System.out.println("Hello World!");
```

durch einen eigenen Text. Übersetzen Sie das Programm neu und starten Sie es. Welches Ergebnis erhalten Sie?

Lassen Sie in Ihrem Programm am Ende der Zeile

```
System.out.println("Hello World!");
```

das Semikolon weg und übersetzen Sie das Programm erneut. Was stellen Sie fest?

Sie erhalten vom Compiler eine Fehlermeldung, dass Ihr Programm nicht korrekt ist. Java-Programme müssen exakt der Java-Syntax entsprechen, sonst meldet der Compiler einen Fehler und Sie können Ihr Programm nicht ausführen.

Probieren Sie aus, was passiert, wenn Sie `System.out.println("");` und `System.out.println();` verwenden.

Basistext

Die Erstellung, Übersetzung und Ausführung einer Java-Anwendung verdeutlicht die Abb. 2.4-2. erstellen, übersetzen, ausführen

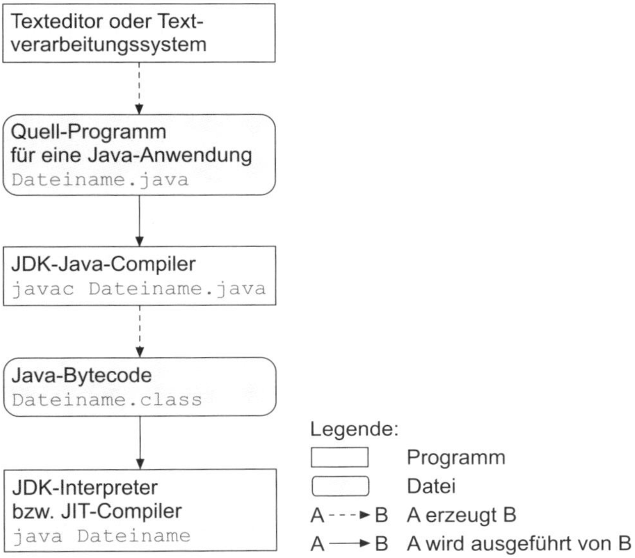

Abb. 2.4-2: Erstellung, Übersetzung und Ausführung eines Java-Programms mit dem JDK.

2.4.2 Zum Aufbau eines Java-Programms *

Jedes Java-Programm besteht aus *mindestens* einer oder mehreren sogenannten **Klassen**. Eine Klasse wird in Java durch das Schlüsselwort `class` gekennzeichnet. Hinter dem Schlüsselwort `class` folgt der Klassenname, der die Klasse kennzeichnet. Alles was anschließend folgt und zur Klasse gehört, wird in geschweifte Klammern `{...}` eingeschlossen. Klasse

Dies ist ein grundlegendes Prinzip in Java. Immer wenn man etwas Zusammengehöriges zusammenfassen will, klammert `{...}`

man es in geschweifte Klammern. Das bedeutet auch, dass Klammern immer paarweise auftreten. Fehlt eine Klammer, dann meldet der Compiler einen Fehler.

Beispiel

```
/*
Dies ist ein Kommentar
*/
// Und dies ist ein Zeilenkommentar
class HelloWorld  //HelloWorld ist ein Klassenname
//Der Dateiname muss HelloWorld.java heissen!
{
 //Dies ist eine Operation bzw. Methode
 public static void main (String args[])
 {
  //Dies ist eine Ausgabeanweisung
  System.out.println("Hello World!");
 }
}
```

Operationen bzw. Methoden

Eine Klasse kann wiederum mehrere Operationen – in Java **Methode** genannt – enthalten, im Beispiel heißt die Operation `main`. Alles was anschließend folgt und zur Operation gehört, wird wiederum in geschweifte Klammern eingeschlossen.

Hinweis

Auf die Bedeutung von `public static void main (String args[])` wird an dieser Stelle nicht näher eingegangen, da dazu erst weitere Konzepte behandelt werden müssen (siehe: »Felder als Eingabeparameter« (S. 292)).

Richtlinien

Formatierung von Programmen

Folgende Richtlinien sollten eingehalten werden, um gut lesbare Programme zu erhalten:

- Paarweise zusammen gehörende geschweifte Klammern (eine öffnend, eine schließend) stehen in der Regel immer in derselben Spalte untereinander.
- In der Zeile, in der eine geschweifte Klammer steht, steht in der Regel sonst nichts mehr.

- Alle Zeilen innerhalb eines Klammerpaars sind jeweils um ein feste Anzahl Zeichen nach rechts eingerückt, z.B. zwei Zeichen.

Ausgabe-anweisung `println()`

Innerhalb der Operation `main` steht in dem Programm `HelloWorld` die Ausgabeanweisung

```
System.out.println("Hello World!");
```

Diese Anweisung gibt den Text, der in " " eingeschlossen ist, in einem Bildschirmfenster aus. Ein so gekennzeichneter Text ist in Java eine Zeichenkette (`String`). Ändert man den Text, übersetzt das Programm neu und startet es, dann wird der geänderte Text angezeigt.

Duplizieren Sie die Ausgabeanweisung und fügen Sie sie mehrfach hinter der bisherigen Ausgabeanweisung ein. Ändern Sie in jeder Zeile den Text, der in Anführungszeichen steht. Übersetzen Sie das Programm und führen Sie es aus. Was sehen Sie als Ergebnis?

Diese Anweisung gibt also einen Text zeichenweise in einer Zeile in einem Bildschirmfenster aus. Am Ende der Zeile wird auf eine neue Zeile positioniert (`println` = *print line* = drucke Zeile).

`print()`

Die Ausgabeanweisung `System.out.print("Java");` gibt den Text `Java` aus, ohne auf eine neue Zeile zu positionieren, d.h. ohne einen Zeilenvorschub vorzunehmen. Eine weitere Anweisung `System.out.print(" ist toll!");` würde folgenden Text in eine Zeile schreiben: `Java ist toll!`

Semikolon

Anweisungen werden *immer* durch ein Semikolon abgeschlossen!

`main`

Jede Java-Anwendung muss übrigens in genau einer Klasse eine Operation mit dem Namen `main` besitzen, da diese Operation beim Start der Anwendung zuerst ausgeführt wird.

Schlüsselwörter, Wortsymbole

Jede Programmiersprache besitzt eine Reihe von **Schlüsselworten** bzw. **Wortsymbolen**. Dabei handelt es sich um Worte wie `class`, `public` und `void`, die eine festgelegte Bedeutung in der Sprache besitzen und *nicht* für andere Zwecke benutzt werden dürfen.

Kommentare

Ein Programm wird heute in der Regel nicht nur vom Autor des Programms gelesen, sondern auch von anderen Personen, z.B. Kollegen, der Qualitätssicherung usw. Es ist daher nötig, dass ein Programm gut dokumentiert ist. Eine gute Dokumentierung erhält man u.a. durch die geeignete Verwendung von Kommentaren in einem Programm. Jede Programmiersprache erlaubt es, Kommentare in Programme einzufügen. Kommentare werden vom Compiler überlesen. Dem menschlichen Leser erleichtern passende Kommentare das Verständnis des Programms erheblich.

Java-Kommentare

In Java werden drei verschiedene Arten von Kommentaren unterschieden:

- Traditioneller Kommentar: `/*Kommentar*/`
  Alle Zeichen zwischen /* und */ werden vom Compiler überlesen (dies ist auch die übliche Kommentarart in den Sprachen C und C++).
- Einzeilenkommentar: `//Kommentar`
  Alle Zeichen nach // bis zum Zeilenende werden überlesen (übliche Kommentarart in der Sprache C++).
- Dokumentationskommentar: `/**Kommentar*/`
  Wie der traditionelle Kommentar, jedoch kann dieser Kommentar von dem Java-Programm `Javadoc` sowie einigen Programmierumgebungen ausgewertet werden, um eine automatische Dokumentation im **HTML**-Format zu erstellen.

Programmschema

Gehen Sie im weiteren immer von dem in der Abb. 2.4-3 dargestellten **Programmschema** aus.

Basistext

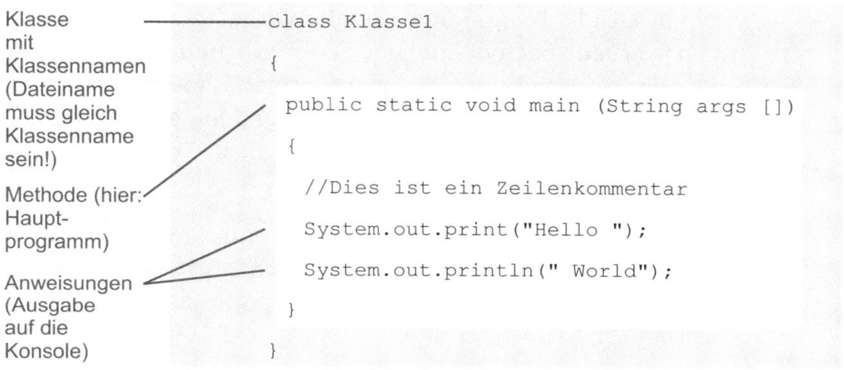

Abb. 2.4-3: Grundaufbau eines Java-Programms: Klasse und eingebettetes Hauptprogramm.

Glossar

HTML (*HTML*; hypertext markup language) Dokumentenauszeichnungssprache, die es mit Hilfe von HTML-Befehlen erlaubt, inhaltliche Kategorien von HTML-Dokumenten, z.B. Überschriften und Absätze, zu kennzeichnen. So ausgezeichnete Dokumente werden von Web-Browsern interpretiert und dargestellt. Die Dateiendung einer HTML-Datei lautet `.html` bzw. `htm`.

2.5 Grundlegende Konzepte der Programmierung: das Wichtigste *

Die wichtigsten Konzepte fast aller Programmiersprachen sind gleich. Die Syntax und Semantik ist in den einzelnen Programmiersprachen jedoch – meist geringfügig – verschieden.

Hinweis

Wenn Sie bereits eine Programmiersprache kennen, dann können sie die folgenden allgemeinen Konzepte überspringen und direkt die Realisierung in Java betrachten.

Damit Sie alle Programme, die hier vorgestellt und beschrieben werden, nachvollziehen, erweitern und als Grundlage für eigene Programme nehmen können, laden Sie alle Programme auf Ihr Computersystem, legen Sie ein Verzeichnis an, z.B. Java, und entpacken Sie in dieses Verzeichnis die heruntergeladene Datei.

Sie finden alle Programme zum Herunterladen im kostenlosen e-learning-Kurs zu diesem Buch im Wissensbaustein »Grundlegende Konzepte der Programmierung« (siehe »Vorwort« (S. v)).

die Grundkonzepte

Grundlegend für jede Programmiersprache sind die Konzepte **Variable** und **Typ**, die hier beschrieben werden:

- »Variablen, Konstanten & Typen« (S. 37)

Die elementare Operation in einer Programmiersprache ist die **Zuweisung**. **Ausdrücke** legen fest, wie Werte von Variablen miteinander verknüpft werden:

- »Zuweisung & Ausdrücke 1.0« (S. 42)

Realisierung in Java

Die Anwendung dieser Grundkonzepte in Java sieht folgendermaßen aus:

- »Lokale Variablen und Anweisungen« (S. 48)

In Java ist es einfach, **Ausgaben** in das Konsolenfenster vorzunehmen. Wie **Eingaben** über das Konsolenfenster erfolgen können, wird hier beschrieben:

- »Java-Programme mit Konsoleneingabe« (S. 52)

Die Beherrschung dieser Grundkonzepte und ihre Realisierung in Java ermöglicht es Ihnen, bereits kleinere Programme selbst zu schreiben.

2.5.1 Variablen, Konstanten und Typen *

Das Variablenkonzept ist grundlegend für jede Programmierung. Eine Variable besteht aus einem Bezeichner, der einen »logischen« Speicherplatz adressiert, und dem zugehörigen Speicher-Inhalt, Wert genannt. Der (Daten-)Typ der Variablen gibt an, welche Werte für die Variable erlaubt bzw. zulässig sind. Kann auf eine Variable nach der Initialisierung nur lesend zugegriffen werden, dann handelt es sich um eine Konstante. Die Lebensdauer gibt an, wie lange eine Variable mit ihrem Wert existiert, d.h. vorhanden ist. Der Sichtbarkeits- bzw. Gültigkeitsbereich legt fest, von welchen anderen Programmteilen aus auf eine Variable zugegriffen werden kann.

Bezeichner & Wert

Ein Basiskonzept jeder Programmierung ist das Konzept der Variablen. Eine **Variable** besteht aus einem Namen bzw. einem **Bezeichner** *(identifier)* und einem **Wert** *(value)*. Technisch betrachtet gibt der Bezeichner der Variablen einen Speicherplatz im **Arbeitsspeicher** eines Computers an. In diesem Speicherplatz können nacheinander verschiedene Werte gespeichert werden. Man sagt: Der Variablen wird ein Wert zugewiesen.

Literal

Der Wert einer Variablen wird durch ein **Literal** *(literal)* dargestellt. Beispielsweise wird in den meisten Programmiersprachen eine Zeichenkette in doppelte Anführungszeichen eingeschlossen wie `"Dies ist eine Zeichenkette"`. Die Abb. 2.5-1 veranschaulicht das Variablenkonzept.

Hinweis

Syntax beachten
In jeder Programmiersprache gibt es Vorschriften, wie die Bezeichner aufgebaut sein dürfen und wie die Werte dargestellt werden (Syntax). Manche Programmiersprachen unterscheiden die Klein- und Großschreibung, an-

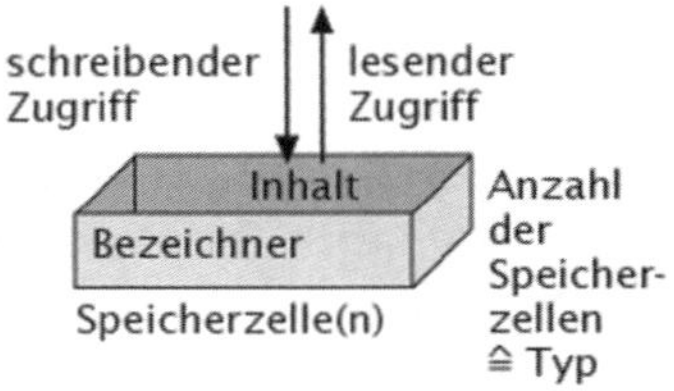

Abb. 2.5-1: Eine Variable kennzeichnet mit ihrem Bezeichner einen Speicherplatz im Arbeitsspeicher, in dem ein Wert gespeichert, d.h. aufbewahrt werden kann.

dere nicht. Wird sie unterschieden, dann sind `Gewicht` und `gewicht` unterschiedliche Variablen. Bei den Werten werden Nachkommastellen nicht durch ein Komma, sondern durch einen Punkt von den Vorkommastellen getrennt, d.h. `65.70` statt `65,70`. Maßeinheiten wie `[kg]` werden *nicht* angegeben (Tab. 2.5-1).

fachlicher Name	mögliche Bezeichner	mögliche Werte
Körpergewicht	`Gewicht, weight`	80, 65.70
Körpergröße	`Größe, Groesse, hight`	1.60, 1.80
Kontonummer	Kontonr, Nr, nr	8067788, 121239

Tab. 2.5-1: Beispiele für Bezeichner.

Empfehlung

Englisch vs. Deutsch
Als Bezeichner können Sie englische oder deutsche Begriffe wählen (oder eine andere Sprache). Empfehlenswert ist es, dass Sie sich auf eine Sprache festlegen und *nicht* ständig zwischen verschiedenen Sprachen wechseln.

Empfehlung

Auf Umlaute verzichten
Manche Programmiersprachen – auch Java – erlauben es, Umlaute in Bezeichnern zu verwenden. Um Programme international austauschen zu können, sollten Sie darauf aber verzichten.

Empfehlung

Namenssystematik für Variablen
Sie sollten konsequent eine Namenssystematik anwenden, um Schreibfehler zu minimieren, z.B.
`geburts_gewicht` (alles klein mit Unterstrich) oder
`GeburtsGewicht` (jedes neue Wort eines Bezeichners beginnt mit einem Großbuchstaben, sogenannte Kamelhöcker-Notation).

Typ

Für jede Variable muss ein **Typ** *(type)* festgelegt werden. Ein Typ legt fest, welche Werte eine Variable annehmen kann, und welche Operationen auf diesen Werten ausgeführt werden können. Durch den Typ wird auch festgelegt, wieviel Speicherplatz, d.h. wieviele Speicherzellen für die Werte benötigt werden. Für ein Zeichen *(character)* sind zwei Speicherzellen, für eine Zeichenkette *(string)*, bestehend aus 20 Zeichen, sind 40 Speicherzellen erforderlich, wenn sie im sogenannten **Unicode** vorliegen.

In vielen Programmiersprachen werden Typen durch Schlüsselwörter gekennzeichnet, z.B. `int` für ganze Zahlen, `float` für Gleitkommazahlen.

Beispiele

Die Variablen `Körpergröße` und `Körpergewicht` haben den Typ »Gleitkommazahl« bzw. »Gleitpunktzahl«, d.h. sie besitzen Nachkommastellen.

Eine Variable `Kontonummer` besitzt den Typ »Ganze Zahl«, d.h. sie hat keine Nachkommastellen.

Zwei Operationen können mit Speicherzellen ausgeführt werden:

schreibender Zugriff

- Schreibender Zugriff auf eine Speicherzelle:
  Es wird eine Information bzw. ein Wert oder Inhalt in der Speicherzelle abgelegt. Vorher in der Speicherzelle vorhandene Informationen werden überschrieben, d.h. gelöscht.

lesender Zugriff

- Lesender Zugriff auf eine Speicherzelle:
  Es wird die in der Speicherzelle gespeicherte Information gelesen. Die gespeicherte Information bleibt dabei *unverändert*. Beim Lesen wird nur eine Kopie der gespeicherten Information erzeugt.

Dieses technische Speicherkonzept spiegelt sich in problemorientierten Programmiersprachen in dem Konzept der Variablen und Konstanten wider.

Variable

Einer **Variablen** können nacheinander verschiedene Werte bzw. Inhalte zugewiesen werden, d.h. auf eine Variable kann sowohl lesend als auch schreibend zugegriffen werden. Vor dem ersten Lesezugriff muss immer ein Schreibzugriff erfolgt sein, damit der Variablen ein definierter Wert zugewiesen ist.

Konstante

Einer **Konstanten** kann nur einmal ein Wert zugewiesen werden, der dann unveränderbar ist, d.h. auf eine Konstante kann nach der Initialisierung nur lesend zugegriffen werden. Eine Konstante ist sozusagen ein **Sonderfall einer Variablen**. In den meisten Programmiersprachen werden Konstanten besonders gekennzeichnet, um sie von Variablen zu unterscheiden.

Variablen-Deklaration

Variablen müssen, bevor auf sie zugegriffen werden darf, deklariert bzw. vereinbart werden (Variablen-Deklaration). Diese Regel gilt in den meisten Programmiersprachen. Der

Compiler verwendet diese Informationen, um Speicherplatz zu reservieren und Konsistenzprüfungen vorzunehmen.

Sichtbarkeitsbereich

Für jede Variable und jede Konstante wird außerdem festgelegt, ob und für wen sie sichtbar sind, d.h. welche anderen Programmteile auf sie Zugriff haben. Anstelle von Sichtbarkeit spricht man auch von Gültigkeit. Die Sichtbarkeit wird entweder explizit oder implizit festgelegt. Implizit wird die Sichtbarkeit durch den Ort der Deklaration festgelegt.

Lebensdauer

Die Lebensdauer einer Variablen gibt an, wie lange sie im Speicher existiert bzw. ob sie auf einem externen Speicher langfristig aufbewahrt werden soll. Damit eine Variable auf einem externen Speicher gespeichert wird, sind besondere Maßnahmen erforderlich, die von der verwendeten Programmiersprache abhängen.

Glossar

Bezeichner *(identifier)* Namen für Variable, Konstante, Typen, Funktionen, Prozeduren, Klassen, Objekte usw. in Programmiersprachen, um sie eindeutig identifizieren zu können. Sie müssen eine festgelegte Syntax einhalten. Syn.: Name

Konstante *(constant)* Sonderfall einer Variablen, bei der nach der Zuweisung eines Wertes (Initialisierung) dieser nur noch gelesen, aber nicht mehr verändert werden darf.

Literal *(literal)* Nicht veränderliche Repräsentation des Werts eines Variablen bzw. einer Konstanten. Die Zahl »Einhundertundzehn« kann in Java beispielsweise durch folgende Literale dargestellt werden: `110`, `0156`, `0x6E`, `110L`, die Zeichenkette »Hallo Welt« z.B. durch `"Hallo Welt"`.

Typ *(type)* Gibt an, aus welchem Wertebereich die Werte sein dürfen, die einer Variablen bzw. einer Konstanten zugewiesen werden können. Syn.: Datentyp

Unicode *(Unicode)* Genormter 16-Bit-Zeichensatz (65.469 Positionen), der die Schriftzeichen aller Verkehrssprachen der Welt aufnehmen soll (siehe auch: ASCII und Latin).

Variable *(variable)* Bezeichnet in problemorientierten Programmiersprachen einen logischen Speicherplatz mit dessen Wert. Jede Variable besitzt einen Bezeichner, unter dem man sie ansprechen und ihren Wert verändern kann. In vielen typisierten Programmiersprachen muss einer Variablen ein Typ – oft Datentyp genannt – zugeordnet werden. Der Typ legt fest, welche Elemente als Werte der Variablen auftreten und welche Operationen auf die Variable angewendet werden dürfen. Variablen müssen in vielen Programmiersprachen im Deklarationsteil einer Programmeinheit (Klasse, Prozedur, Funktion, Block usw.) vereinbart werden. Sie existieren, solange die Programmeinheit nicht verlassen wird (Lebensdauer), und sie sind sichtbar in allen implizit oder explizit festgelegten Programmeinheiten, in denen der Bezeichner nicht umdefiniert wurde (Sichtbarkeitsbereich, Gültigkeitsbereich). Ein Sonderfall einer Variablen ist eine Konstante, der nur einmal ein Wert zugewiesen werden kann, der anschließend nicht mehr verändert werden kann.

Wert *(value)* In Programmiersprachen wird jeder Variablen ein Wert zugeordnet, d.h. im zugeordneten Speicherbereich wird ein Wert bzw. Inhalt durch eine Zuweisung eingetragen. Der Typ der Variablen legt den zulässigen Wertebereich fest. Syn.: Inhalt

2.5.2 Zuweisung und Ausdrücke *

Einer Variablen wird durch eine Zuweisung *(assignment)* einmalig (Konstante) oder mehrmals ein Wert zugeordnet, d.h. dieser Wert wird in die entsprechende Speicherzelle eingetragen. Auf der rechten Seite einer Zuweisung kann ein Ausdruck *(expression)* stehen, in dem der Wert – unter Berücksichtigung der Operatorprioritäten – berechnet wird, der anschließend der Variablen auf der linken Seite zugewiesen wird. Im Gegensatz zur mathematischen Formelschreibweise werden Ausdrücke in linearer Form hingeschrieben, so dass sie auf eine Schreibzeile passen.

Zuweisung

Einer Variablen wird durch eine sogenannte **Zuweisung** *(assignment)* ein **Wert** zugewiesen, d.h. in den zugehörigen Speicherplatz wird der Wert eingetragen. Man spricht bisweilen auch von einer Zuweisungsoperation, Wertzuweisung, Ersetzung oder Substitution.

:= oder =

In einigen Programmiersprachen wird als Zuweisungszeichen ein := verwendet, um zu verdeutlichen, dass es sich um keine Gleichsetzung handelt, wie es ein =-Zeichen nahelegt. Um den Schreibaufwand zu reduzieren, verwenden Sprachen wie Java und C++ nur das Gleichheitszeichen. Hier müssen Sie jedoch darauf achten, dass Sie nicht = (Zuweisung) und == (Vergleich auf Gleichheit) verwechseln!

Ein schreibender Zugriff wird durch eine Zuweisung angegeben.

schreibender Zugriff

Beispiel

Die Abb. 2.5-2 zeigt, wie durch eine sogenannte Zuweisung in die Speicherzelle `Dienstjahre` der ganzzahlige Wert `15` eingetragen wird. Eine solche Zuweisung wird folgendermaßen gelesen:
»Dienstjahre ergibt sich zu 15« oder
»Dienstjahre wird 15 zugewiesen« oder
»Dienstjahre sei 15«.
Befand sich in der Speicherzelle `Dienstjahre` bereits ein Wert, dann wird er durch eine Zuweisung automatisch gelöscht, d.h. der alte Wert wird durch den neuen überschrieben.

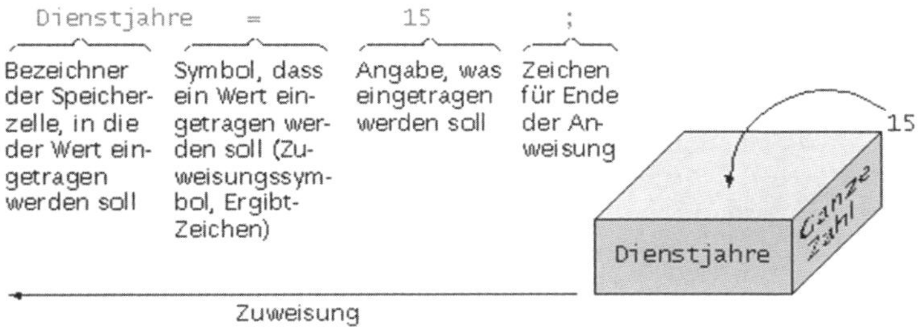

Abb. 2.5-2: Bei einer Zuweisung wird ein Wert in die Speicherzelle eingetragen, deren Bezeichner auf der linken Seite des Zuweisungszeichens angegeben ist.

Auf der rechten Seite einer Zuweisung kann nicht nur ein Wert, sondern auch ein (mathematischer) **Ausdruck** stehen, der Werte miteinander verknüpft. Die Werte werden aus den Speicherzellen der aufgeführten Bezeichner gelesen und die angegebenen Operationen ausgeführt. Das Ergebnis des Ausdrucks wird dann dem Bezeichner, genauer gesagt

schreibender & lesender Zugriff

der zugeordneten Speicherzelle, auf der linken Seite der Zuweisung zugeordnet. Ein Wert in einem Ausdruck kann auch ein **Literal** sein.

Beispiel

Die Abb. 2.5-3 zeigt auf der rechten Seite der Zuweisung einen Ausdruck, der aus drei Operanden und zwei Operationen besteht.

Auf die Speicherzellen `Dienstjahre` und `Grundpraemie` wird jeweils einmal lesend zugegriffen. Der Wert 3 steht als Literal in der Formel. Im Prozessor des Computersystems werden die gelesenen Werte entsprechend den Operatoren (eine Multiplikation, eine Addition) miteinander verknüpft und dann das Ergebnis in die Speicherzelle `Praemie` eingetragen.

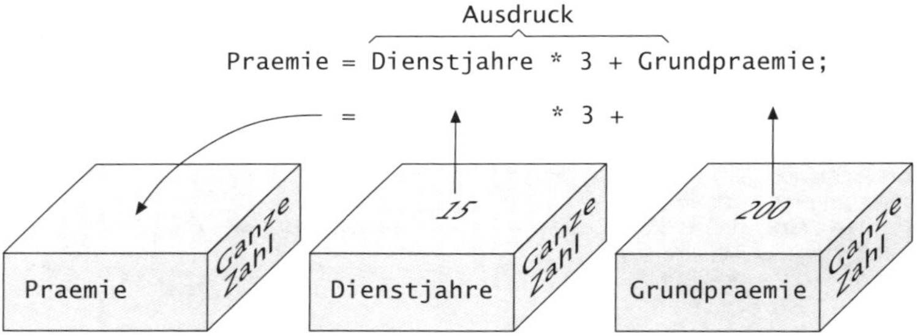

*Abb. 2.5-3: Die auf der rechten Seite der Zuweisung angegebenen Variablenwerte werden aus den Speicherzellen ausgelesen und entsprechend den angegebenen Operationen * und + miteinander verknüpft. Der Wert 3 ist direkt als Literal im Ausdruck angegeben.*

Auf alle Variablen, die rechts vom Zuweisungssymbol (=) stehen, wird immer nur lesend zugegriffen, auf die links vom Zuweisungssymbol stehende Variable immer schreibend. Bevor das erste Mal lesend auf eine Variable zugegriffen wird, muss sichergestellt sein, dass der Variablen bereits ein Wert zugewiesen worden ist.

lesender & schreibender Zugriff auf dieselbe Variable

In der Programmierpraxis ist es oft erforderlich, den Wert einer Variablen herauf- oder herunter zu zählen.

Die Abb. 2.5-4 zeigt, wie die Variable `Zaehler` durch eine Zuweisung mit Ausdruck auf der rechten Seite um `1` erhöht wird. Zuerst wird der Wert 100 aus der Speicherzelle `Zaehler` gelesen, dann eine Eins hinzu addiert und der neue Wert in die Speicherzelle `Zaehler` zurückgeschrieben.

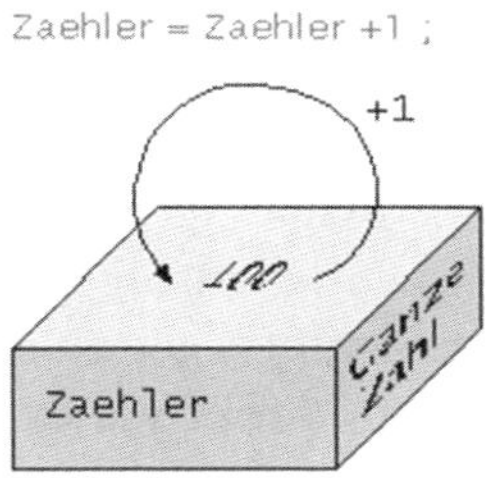

Abb. 2.5-4: Eine Zählervariable wird um den Wert Eins erhöht, indem der vorhandene Wert gelesen, um Eins erhöht und das Ergebnis wieder in die Speicherzelle geschrieben wird.

Zuweisungen mit oder ohne Ausdrücke bezeichnet man als einfache oder elementare **Anweisungen** *(statements)*.

Ausdrücke

In den bisherigen Beispielen wurden folgende Anweisungen verwendet:

```
1 Dienstjahre = 15;
2 Praemie = Dienstjahre * 3 + Grundpraemie;
3 Zaehler = Zaehler + 1;
```

Bevor die Zuweisung (=) ausgeführt werden kann, müssen in den Fällen 2 und 3 zunächst die Operationen ausgeführt werden (hier: * und +).

Die Zuweisung unterscheidet sich von den anderen Operationen dadurch, dass einer Variablen ein Wert zugewiesen wird, während bei den anderen Operationen jeweils zwei Werte verknüpft werden.

Rechts des Zuweisungszeichens steht ein Ausdruck, der abgearbeitet werden muss, bevor die Zuweisung ausgeführt werden kann. Der ausgewertete Ausdruck liefert als Ergebnis einen Wert, der dann durch die Zuweisung einer Variablen zugeordnet wird. Ein Ausdruck ist also nichts anderes als eine Verarbeitungsvorschrift zum Ermitteln eines Wertes. Ein Ausdruck setzt sich aus Operanden, d.h. Variablen und Konstanten, und Operatoren zusammen. Jeder Operand kann selbst wieder ein Ausdruck sein. Kommt in einem Ausdruck mehr als ein Operator vor, so muss die Reihenfolge der Ausführung definiert sein.

Prioritäten

Dies geschieht durch festgelegte Vorrangregeln – Prioritäten – für die Ausführungsreihenfolge der Operatoren. In den meisten Programmiersprachen gelten die in der Mathematik üblichen Prioritäten, d.h. Punkt vor Strich: Zuerst Multiplikation und Division, dann Addition und Subtraktion.

Um eine andere Ausführungsreihenfolge zu erhalten, können **Ausdrücke in Klammern** eingeschlossen werden. Geklammerte Ausdrücke werden immer zuerst ausgewertet.

Schachtelung von Ausdrücken

Ausdrücke darf man beliebig ineinander schachteln. Dadurch können sehr komplizierte Ausdrücke entstehen. Die Schachtelungsstruktur wird durch runde Klammern gekennzeichnet.

lineare Notation

Alle Ausdrücke werden in **linearer Notation** geschrieben, d.h. sie werden in eine Form gebracht, so dass sie in einer Schreibzeile dargestellt werden können.

Beispiele

Die Tab. 2.5-2 zeigt einige Beispiele in mathematischer Schreibweise und die äquivalente lineare Schreibweise.

Durch die angegebenen Prioritätsregeln können Klammern eingespart werden.

Mathematische Schreibweise	Lineare Schreibweise
$\frac{k \cdot t \cdot p}{100 \cdot 360}$	k * t * p / (100 * 360)
$\frac{a \cdot f + c \cdot d}{a \cdot e - b \cdot d}$	(a * f + c * d) / (a * e – b * d)
$a + \frac{b}{d + \frac{e}{f + \frac{g}{h}}}$	a + b / (d + e / (f + g / h))
$B_0 \left(1 - n \frac{p}{100}\right)$	B0 * (1 – n * p / 100)

Tab. 2.5-2: Mathematische vs. lineare Schreibweise.

Beispiele

Die Tab. 2.5-3 zeigt einige Ausdrücke mit Klammern und die äquivalenten Ausdrücke ohne Klammern.

Ausdrücke mit Klammern	Äquivalente Ausdrücke, Klammern eingespart
(8 * 5) + 3	8 * 5 + 3
a + (b / c)	a + b / c
((A / B) / (C / D))	(A / B) /(C / D)
(a + b) / (c + d)	(a + b) / (c + d)
a + (b / c) + d	a + b / c + d

Tab. 2.5-3: Ausdrücke mit und ohne Klammern.

Regel

Zuerst schreiben, dann lesen
Vor dem ersten lesenden Zugriff muss eine Variable immer initialisiert werden.

Welche Aufgabe erfüllt folgendes Programm:

```
Zahl1 = 10;
Zahl2 = 20;
M = Zahl1;
Zahl1 = Zahl2;
Zahl2 = M;
```

Basistext

Glossar

Ausdruck *(expression)* Verarbeitungsvorschrift zur Ermittlung eines Wertes. Besteht aus Operatoren und Operanden. Steht auf der rechten Seite einer Zuweisung.

Literal *(literal)* Nicht veränderliche Repräsentation des Werts eines Attributs bzw. einer Konstanten. die Zahl »Einhundertundzehn« kann in Java beispielsweise durch folgende Literale dargestellt werden: `110`, `0156`, `0x6E`, `110L`.

Zuweisung *(assignment)* Einfache Anweisung, bei der einer Variablen ein errechneter oder fester Wert zugewiesen wird, d.h. dieser Wert wird in die Speicherzelle(n) der Variablen eingetragen und »überschreibt« bzw. löscht einen eventuell bereits vorhandenen Wert (schreibender Zugriff).

2.5.3 Java-Programm mit lokalen Variablen und einfachen Anweisungen *

In Java müssen alle Variablen vor der ersten Verwendung deklariert werden *(field declaration)*. In der Deklaration muss vor dem Variablennamen der Typ angegeben werden. Außerdem kann eine Initialisierung vorgenommen werden. Konstante werden durch das Schlüsselwort `final` vor der Typangabe gekennzeichnet. Wichtige Typen sind `String`, `int`, `char` und `float`. Mit der Konkatenationsoperation `+` können Zeichenketten zusammengefügt werden. Mit der Ausgabeanweisung `System.out.println(...)` können Texte und Variableninhalte in das Konsolenfenster ausgegeben werden – auch in Kombination.

Deklaration von Variablen

In Java müssen alle **Variablen** vor ihrer Verwendung deklariert bzw. vereinbart werden – in Java *field declaration* genannt. Durch die Deklaration ist der Compiler in der Lage zu prüfen, ob die jeweilige Variable in Anweisungen richtig verwendet wird.

Variablen & Typen

Für jede Variable muss in der Deklaration ein **Typ** angegeben werden. In Java sind beispielsweise folgende Typen vordefiniert:

- `String`: Zeichenketten (Achtung: großes S), Schreibweise eines **Literals** z.B.: `"Text"`
- `char`: einzelne Zeichen, Schreibweise eines Literals z.B.: `'A'`
- `int`: ganze Zahlen, Schreibweise eines Literals z.B.: `123`
- `float`: Gleitkommazahlen, Schreibweise eines Literals z.B. `123.58f` (Achtung: Am Ende der Zahl muss ein `f` für `float` stehen!).

Als **Zuweisungs**-Symbol wird in Java das Gleichheitszeichen `=` verwendet, für Abfragen auf Gleichheit das doppelte Gleichheitszeichen `==`. Zuweisung

Mit Hilfe der **Konkatenations**-Operation `+` können in Java zwei Zeichenketten zu einer Zeichenkette zusammengefügt werden. Konkatenation

Beispiel

```
String Text1 = "Java";
String Text2 = "ist toll!";
String Werbung;
Werbung = Text1 + " " + Text2;
//1 Leerzeichen wird zwischen die Texte durch " " eingefügt
```

Syntax

Die Typangaben stehen vor dem Variablenbezeichner. Jede Variablendeklaration wird durch ein Semikolon abgeschlossen. Besitzen mehrere Variable denselben Typ, dann können als Kurzschreibweise mehrere Variablenbezeichner, getrennt durch Kommata, hinter der Typangabe aufgeführt werden. Außerdem ist es möglich, jeder Variablen einen Voreinstellungs- bzw. Initialisierungswert zuzuweisen. Der jeweilige Wert steht hinter der Variablen, getrennt durch ein Zuweisungszeichen `=`. **Konstanten** werden durch das Schlüsselwort `final` gekennzeichnet, das vor dem Typ angegeben wird. Die Bezeichner von Konstanten sollen immer in Grossbuchstaben geschrieben werden.

Beispiele

```
//Konstante mit Initialisierung:
final int PLZ_UNI_BOCHUM = 44780;

//Variable mit Initialisierung:
int Grundpraemie = 200;

//2 Variablen vom selben Typ, Kurzschreibweise:
float Gewicht, Groesse;

//2 Variablen mit unterschiedlichen Typen:
int Zaehler; String Zeichenkette;

//Variable mit Initialisierung:
String Text = "Dies ist eine Zeichenkette";
```

Ausgabe in das Konsolenfenster

Mit der Ausgabeanweisung `System.out.println(...);` kann eine Textzeile in das Konsolenfenster ausgegeben werden. Nach jeder Ausgabe erfolgt ein Zeilenvorschub in die nächste Zeile. Zwischen den runden Klammern kann eine Zeichenkette, eingeschlossen in `"..."`, stehen. Es kann aber auch der Inhalt, d.h. der Wert, einer Variablen ausgegeben werden. Um dies zu erreichen, gibt man den Variablenbezeichner an. Mit Hilfe der Konkatenationsoperation `+` ist es möglich, Texte und Variableninhalte miteinander zu kombinieren, z.B.

```
System.out.println("Dieser Artikel kostet: "
        + BuchPreis + " Euro");
```

Beispiel BMI

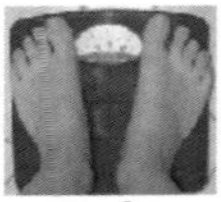

Das folgende Java-Programm berechnet für fest einprogrammierte Werte von Gewicht und Größe den **BMI** *(Body Mass Index)*. Der BMI ist zurzeit die anerkannte Methode, um Über- oder Untergewicht festzustellen. Er wird berechnet nach der Formel: Gewicht [kg] / (Größe [m] * Größe [m]). Der BMI gilt gleichermaßen für Frauen und Männer. Das Idealgewicht liegt bei einem BMI zwischen 20 und 24 vor. Ein BMI zwischen 25 und 30 zeigt ein leichtes Übergewicht, ein BMI über 30 zeigt Fettsucht an. Ein BMI unter 18 gilt als Untergewicht.

Basistext

```
/**************************************************
Programm zur Berechnung des BMI (Body Mass Index)
**************************************************/

class BMI1
{
 public static void main (String args[])
 {
   float weight, height, bmi; //lokale Variablen
   weight = 61f;    //Zuweisung
   height = 1.68f; //Zuweisung
   bmi = weight / (height * height); //Ausdruck
   System.out.println("Ihr Gewicht von " + weight + " kg");
   System.out.println
               ("und Ihre Groesse von " + height + " m");
   System.out.println("ergeben einen BMI von " + bmi);
   System.out.println
      ("Die hoechste Lebenserwartung haben Menschen");
   System.out.println("mit einem BMI zwischen 20 und 24");
 }
}
```

Die Abb. 2.5-5 zeigt die Übersetzung und Ausführung dieses Programms im Konsolenfenster.

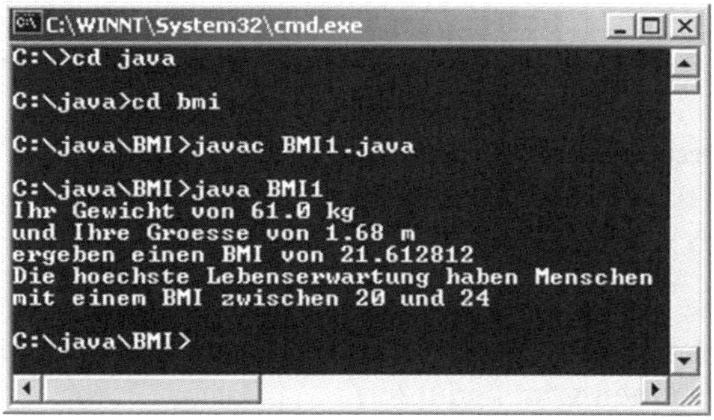

Abb. 2.5-5: So sieht die Übersetzung und Ausführung des Java-Programms BMI1 in einem Konsolenfenster aus.

Basistext

Tragen Sie bei Gewicht und Größe Ihre Daten ein, erfassen Sie das Programm mit einem Texteditor, übersetzen Sie es und führen Sie es aus.

Glossar

BMI (*BMI*; Body Mass Index) Der BMI ist zurzeit die anerkannte Methode, um Über- oder Untergewicht festzustellen. Er wird berechnet nach der Formel: Gewicht [kg] / (Größe [m] * Größe [m]). Er gilt gleichermaßen für Frauen und Männer. Das Idealgewicht liegt bei einem BMI zwischen 20 und 24 vor. Ein BMI zwischen 25 und 30 zeigt ein leichtes Übergewicht, ein BMI über 30 zeigt Fettsucht an. Ein BMI unter 18 gilt als Untergewicht.

Konkatenation *(concatenation)* In der Programmierung eine Operation (oft durch + gekennzeichnet), mit der zwei Zeichenketten (Strings) zusammengefügt werden, z.B. `String Text = "Hello" + "World";`

2.5.4 Java-Programme mit Konsoleneingabe *

Eine Ausgabe in das Konsolenfenster kann in Java über die Anweisung `System.out.println()` erfolgen. Die Eingabe von Informationen über das Konsolenfenster ist nicht so einfach, da die Eingabe vom jeweiligen Eingabetyp abhängt. Außerdem müssen Überprüfungen auf fehlerhafte Eingaben vorgenommen werden. Durch das Hinzufügen von Methoden zum eigenen Programm können Texte (`String Text = console_in();`), Gleitkommazahlen (`float Gleitpunktzahl = console_in_float();`) und ganze Zahlen (`int GanzeZahl = console_in_int();`) eingelesen werden.

In vielen Fällen soll ein Programm nicht nur Informationen an den Benutzer ausgeben, sondern das Programm erwartet auch Eingaben vom Benutzer.

Konsolenfenster: Ausgabe

In Java ist es mit der Anweisung `System.out.println();` einfach, Texte und Variablenwerte in ein Konsolenfenster auszugeben.

Basistext

Konsolenfenster: Eingabe

Die Eingabe gestaltet sich *nicht* so einfach, da es davon abhängt, von welchem Typ der einzulesende Wert ist. Außerdem müssen fehlerhafte Eingaben, z.B. Texteingabe statt Zahleingabe, abgefangen werden. Um die Eingabe möglichst einfach handhaben zu können, verkapselt man die Eingabe durch eine oder mehrere Methoden.

Eingabe von Texten

Die Anweisung

```
Text = console_in();
```

liest eine Zeile Text von der Konsole und weist ihn der Variablen `Text` zu, wobei Text vom Typ `String` sein muss.

Wollen Sie diese Anweisung nutzen, dann müssen Sie folgende Methode in Ihr Programm einfügen – wobei die Wirkungsweise dieser Methode hier nicht erklärt wird (nehmen Sie sie als gegeben hin):

```
//Liest einen Zeichenkette von der Konsole
 static String console_in()
 {
  String s="";
  BufferedReader in = new BufferedReader(
    new InputStreamReader(System.in));
  try
  {
   s = in.readLine ();
  }
  catch (IOException e)
  {
   System.out.println("Die Eingabe ist fehlerhaft: " + e);
  }
  return s;
 }
```

Zusätzlich müssen Sie vor Ihre Klasse noch folgenden Import-Befehl schreiben:

```
import java.io.*; //Importieren der Bibliothek IO
```

Eingabe von Gleitpunktzahlen

Gleitpunktzahlen können mit folgender Anweisung von der Konsole gelesen werden:

```
Gleitpunktzahl = console_in_float();
```

Die Variable `Gleitpunktzahl` muss vom Typ `float` sein. Bei der Eingabe müssen die Nachkommastellen durch einen Punkt getrennt werden.

Wollen Sie diese Anweisung nutzen, dann müssen Sie folgende Methode zusätzlich zu der Methode `static String console_in()` in Ihr Programm einfügen – wobei die Wirkungsweise dieser Methode hier ebenfalls nicht erklärt wird (nehmen Sie sie als gegeben hin):

```
//Liest eine Gleitpunktzahl von der Konsole
 static float console_in_float()
 {
  String s = console_in(); //Aufruf der Methode console_in
  float result = -1.0f;
  try
  {
    result = Float.parseFloat(s);
  }
  catch (NumberFormatException e)
  {
    System.out.println("Fehlerhafte Eingabe: " + s);
    System.out.println
       ("Es muss eine Zahl eingegeben werden," +
        " Nachkommastellen mit Punkt  getrennt!");
  }
  return result;
 }
```

Hinweis

Noch weitere Abprüfungen nötig
Aus software-technischer Sicht sind die obigen Methoden noch nicht perfekt, da für eine sichere Eingabe weitere Überprüfungen nötig sind.

Beispiel BMI

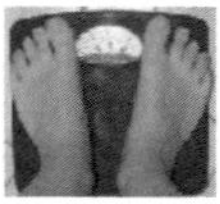

Im folgenden Beispiel wird der **BMI** berechnet. Die notwendigen Eingabewerte werden über die Konsole eingegeben. Das Programm sieht folgendermaßen aus, wobei die relevanten Teile fett hervorgehoben sind:

```
/*************************************************
Programm zur Berechnung des BMI (Body Mass Index)
Eingabewerte werden über die Konsole eingelesen
*************************************************/
import java.io.*; //Importieren der Bibliothek IO
class BMI2
{
 //Hilfsmethoden zur Eingabe //////////////////////
 //Liest einen Zeichenkette von der Konsole
 static String console_in()
 {
  String s="";
  BufferedReader in = new BufferedReader(
    new InputStreamReader(System.in));
  try
  {
   s = in.readLine ();
  }
  catch (IOException e)
  {
   System.out.println("Die Eingabe ist fehlerhaft: " + e);
  }
  return s;
 }

 //Liest eine Gleitpunktzahl von der Konsole
 static float console_in_float()
 {
  //Aufruf der Methode console_in
 String s = console_in();
  float result = -1.0f;
  try
  {
     result = Float.parseFloat(s);
  }
  catch (NumberFormatException e)
  {
    System.out.println("Fehlerhafte Eingabe: " + s);
    System.out.println
   ("Es muss eine Zahl eingegeben werden, " +
    "Nachkommastellen mit Punkt  getrennt!");
  }
  return result;
 }
 //Ende Hilfsmethoden zur Eingabe ////////////////
```

Basistext

```
//Berechnet den BMI
public static void main (String args[])
{
  float bmi; //lokale Variablen
  float weight, height = 0.0f;
  System.out.println
   ("Geben Sie bitte Ihr Gewicht ein " +
     "(Nachkommastellen durch Punkt getrennt!)");
  weight = console_in_float(); //Einlesen des Gewichts
  System.out.println
   ("Geben Sie bitte Ihre Groesse ein " +
     "(Nachkommastellen durch Punkt getrennt!)");
  height = console_in_float(); //Einlesen der Größe
  bmi = weight / (height * height); //Ausdruck
  System.out.println("Ihr Gewicht von " + weight + " kg");
  System.out.println
    ("und Ihre Groesse von " + height + " m");
  System.out.println("ergeben einen BMI von " + bmi);
  System.out.println
     ("Die hoechste Lebenserwartung haben Menschen");
  System.out.println("mit einem BMI zwischen 20 und 24");
 }
}
```

Die Abb. 2.5-6 zeigt die Übersetzung und beispielhafte Ausführung des Programms.

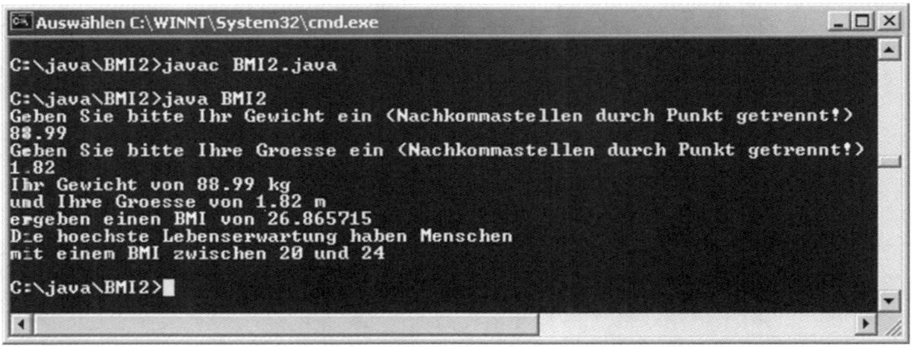

Abb. 2.5-6: So sieht die Übersetzung und die Ausführung des Programms BMI2 mit zwei Methoden aus.

Basistext

Beispiel MWST

Aus einem eingegebenen Bruttobetrag soll der Nettobetrag und die MWST berechnet werden. Das Java-Programm sieht folgendermaßen aus:

```
/*************************************************
Programm zur Berechnung der MWST
Der Bruttowert wird über die Konsole eingelesen
Ausgegeben werden der Nettowert und die MWST
*************************************************/
import java.io.*; //Importieren der Bibliothek IO
class MWST
{
 //Hilfsmethoden zur Eingabe //////////////////////
 //Liest eine Zeichenkette von der Konsole
 static String console_in()
 {
  String s="";
  BufferedReader in = new BufferedReader(
    new InputStreamReader(System.in));
  try
  {
   s = in.readLine ();
  }
  catch (IOException e)
  {
   System.out.println("Die Eingabe ist fehlerhaft: " + e);
  }
  return s;
 }

 //Liest eine Gleitpunktzahl von der Konsole
 static float console_in_float()
 {
  //Aufruf der Methode console_in
 String s = console_in();
  float result = -1.0f;
  try
  {
     result = Float.parseFloat(s);
  }
  catch (NumberFormatException e)
  {
    System.out.println("Fehlerhafte Eingabe: " + s);
```

```
      System.out.println
        ("Es muss eine Zahl eingegeben werden, " +
         "Nachkommastellen mit Punkt  getrennt!");
    }
    return result;
  }
  //Ende Hilfsmethoden zur Eingabe /////////////////
//Berechnet die MWST
  public static void main (String args[])
  {
    final float VOLLE_MWST = 16.0f;
    float Netto, Brutto, MWSTBetrag;
    System.out.println
     ("Geben Sie bitte den Bruttobetrag ein " +
       "(Nachkommastellen durch Punkt getrennt!)");
    Brutto = console_in_float(); //Einlesen
    Netto = Brutto * 100.0f / (VOLLE_MWST + 100.0f);
    MWSTBetrag = Brutto * VOLLE_MWST / (VOLLE_MWST + 100.0f);
    System.out.println("Brutto " + Brutto + " Euro");
    System.out.println("Netto " + Netto + " Euro");
    System.out.println("MWST " + MWSTBetrag + " Euro");
  }
}
```

Die Abb. 2.5-7 zeigt die Ein- und Ausgabe im Konsolenfenster für ein Beispiel.

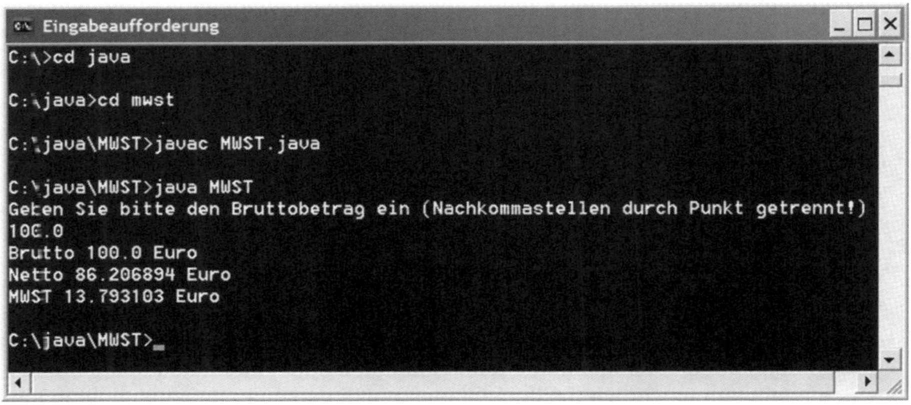

Abb. 2.5-7: So sieht die Ein- und Ausgabe des Java-Programms MWST aus.

Basistext

Hinweis

Geldbeträge ganzzahlig verarbeiten
Wird mit Gleitpunktzahlen gerechnet, dann können wegen dem beschränkten Speicherplatz sogenannte Rundungsfehler auftreten. Um solche Fehler zu vermeiden, werden Geldbeträge in der Praxis mit ganzen Zahlen berechnet, d.h. statt mit Euro wird mit Cent gerechnet.

Schreiben Sie eine Methode `static int console_in_int()`, die in der Lage ist, ganze Zahlen einzulesen. Ersetzen Sie dazu `Float.parseFloat(s)` durch `Integer.parseInt(s)`. Lesen Sie für die BMI-Berechnung die Werte in g und cm ein.

2.5.5 Java-Pakete anlegen und benutzen: das Wichtigste *

Bereits vorhandene Java-Programme (Klassen) können in Paketen *(packages)* zusammengefasst werden. *Ein* Programm in einem Paket kann dann mit der Anweisung `import Paketname.Programmname;` in ein eigenes Programm importiert und benutzt werden. *Alle* Programme eines Paketes werden durch die Anweisung `import Paketname.*;` importiert. Pakete können ineinander geschachtelt werden. Sollen eigene Programme in Paketen zur Verfügung gestellt werden, dann wird vor das Programm die Anweisung `package Paketname;` geschrieben. Der Name des Ordners, in dem die Programmdateien abgelegt werden, muss dabei mit dem Paketnamen identisch sein.

Ein grundlegendes Prinzip in der Programmierung besteht darin, Programme, die es bereits gibt, zu benutzen und *nicht* neu selbst zu schreiben. In Java ist jedes Programm eine sogenannte Klasse.

Basistext

Pakete

Klassen, die in anderen Programmen benutzt werden sollen, werden in Java zu sogenannten **Paketen** *(package)* zusammengefasst. Solche Pakete können dann in eigene Programme importiert werden.

`import`-Anweisung

Um Programme nutzen zu können, die sich in Paketen befinden, müssen am Anfang eines Java-Programms ein oder mehrere sogenannte `import`-Anweisungen stehen. Hinter dem Schlüsselwort `import` steht der Paketname, in der Regel gefolgt durch einen Punkt und einem Stern. Der Stern gibt an, dass *alle* Programme, genauer gesagt alle Klassen des Pakets, benutzt werden sollen.

geschachtelte Pakete

In Java ist es erlaubt und sogar der Standardfall, dass Pakete ineinander geschachtelt werden. Zu Java gehören eine Vielzahl vordefinierter Pakete, die mit dem **JDK** ausgeliefert werden. Das umfassenste Paket heißt `java`. Darin befinden sich dann die anderen Pakete. Wollen Sie die Programme eines dieser Pakete benutzen, dann müssen Sie es importieren.

Beispiele

```
import java.io.*; //Importieren des Java-Pakets io
//Das Paket io befindet sich innerhalb des Pakets java

//Importieren des selbstgeschriebenen Pakets ConsoleInOut
import ConsoleInOut.*;
```

eigenes Paket

Wenn Sie eigene Programme haben, die Sie anderen zur Verfügung stellen wollen oder die Sie selbst öfters benötigen, dann können Sie diese Programme in ein selbst definiertes Paket legen. Dazu ist folgendes zu tun:

1. Schritt

Sie legen einen Ordner mit dem gewünschten Dateinamen an, z.B. `ConsoleInOut`.

2. Schritt
Programmname = Ordnername!

Sie legen die Programme, die Sie in diesem Paket zur Verfügung stellen wollen, in diesen Ordner. Bei den Programmen muss es sich um Klassen handeln. Als erste Anweisung schreiben Sie in die Klasse das Schlüsselwort `package` gefolgt von den von Ihnen gewählten Paketnamen. Der Paketname muss dabei mit dem Ordnernamen übereinstimmen. Sie übersetzen jede Klasse in diesem Ordner.

3. Schritt

Sie legen diesen Ordner in den Ordner, in dem das Programm steht, das dieses Paket verwenden soll.

4. Schritt

Sie schreiben in Ihr Programm, das das Paket verwenden soll, eine `import`-Anweisung mit dem Paketnamen. Jetzt können Sie innerhalb Ihres Programms die Klassen des Pakets verwenden.

Beispiel

Ein Freund hat Ihnen zwei Methoden für die Eingabe von Text und Zahlen von der Konsole geschrieben:

```
//Liest einen Zeichenkette von der Konsole
public static String console_in()
{
 String s="";
 BufferedReader in = new BufferedReader(
   new InputStreamReader(System.in));
 try
 {
    s = in.readLine ();
 }
 catch (IOException e)
 {
    System.out.println("Die Eingabe ist fehlerhaft: " + e);
 }
        return s;
}

//Liest eine Gleitpunktzahl von der Konsole
public static float console_in_float()
{
  String s = console_in(); //Aufruf der Methode console_in
  float result = -1.0f;
  try
  {
     result = Float.parseFloat(s);
  }
```

```
  catch (NumberFormatException e)
  {
     System.out.println("Fehlerhafte Eingabe: " + s);
     System.out.println
     ("Es muss eine Zahl eingegeben werden, " +
      "Nachkommastellen mit Punkt  getrennt!");
   }
   return result;
}
```

Da Sie diese Methoden öfters benötigen, wollen Sie diese Methoden *nicht* jedesmal in Ihr Programm einbetten, sondern in ein Paket auslagern. Sie legen einen Ordner mit dem Namen `ConsoleInOut` an. Die Methoden Ihres Freundes legen Sie in eine Klasse mit dem Namen `Console`, wobei Sie an den Anfang der Klasse `package ConsoleInOut;` schreiben:

```
package ConsoleInOut;
/* Methoden zum Einlesen von Informationen
   über die Konsole */

import java.io.*;
public class Console
{
  //Liest einen Zeichenkette von der Konsole
  public static String console_in()
  {
        ...
  }
  //Liest eine Gleitpunktzahl von der Konsole
  public static float console_in_float()
  {
        ...
  }
}
```

Legen Sie für diese Klasse eine Datei `Console.java` in dem Ordner `ConsoleInOut` an und übersetzen Sie diese. In Ihr Programm `BMI2M` importieren Sie nun dieses Paket:

```
/*************************************************
Programm zur Berechnung des BMI (Body Mass Index)
Eingabewerte werden über die Konsole eingelesen
*************************************************/
//Importieren der Pakets ConsoleInOut
import ConsoleInOut.*;
class BMI2M
{
 //Berechnet den BMI
 public static void main (String args[])
 {
   float bmi; //lokale Variablen
   float weight = 0.0f;
   float height = 0.0f;
   System.out.println
    ("Geben Sie bitte Ihr Gewicht (in kg) ein" +
     " (Nachkommastellen durch Punkt getrennt!)");
   weight = Console.console_in_float();
   System.out.println
   ("Geben Sie bitte Ihre Groesse (in m) ein" +
   " (Nachkommastellen durch Punkt getrennt!)");
   height = Console.console_in_float();
   bmi = weight / (height * height);
   System.out.println("Ihr Gewicht von " + weight + " kg");
   System.out.println
     ("und Ihre Groesse von " + height + " m");
   System.out.println("ergeben einen BMI von " + bmi);
   System.out.println
     ("Die hoechste Lebenserwartung haben Menschen");
   System.out.println("mit einem BMI zwischen 20 und 24");
 }
}
```

Sie können nun die beiden Methoden `console_in_float()` und `console_in()` in Ihrem Programm benutzen. In diesem Beispiel muss vor die Methodennamen noch der Klassenname `Console`, getrennt durch einen Punkt, stehen.

Mehrfachverwendung von Paketen

Wenn Sie ein selbst geschriebenes oder fremdes Paket in mehreren von Ihren Programmen benötigen, dann ist es *nicht* sinnvoll jedesmal dieses Paket in den Ordner zu legen, in dem sich Ihr Programm befindet. Es ist daher auch möglich, das oder die Pakete an einer beliebigen Stelle in Ihrer Ordnerhierarchie zu speichern. Damit der Java-Compiler aber weiß, wo sich diese Pakete in Ihrer Ordnerhierarchie befinden, müssen Sie einen sogenannten CLASSPATH setzen, in dem Sie den übergeordneten Ordner angeben, in dem sich Ihre Pakete befinden.

Beispiel

Sie haben das Paket `ConsoleInOut` in den Ordner `JavaPakete` gelegt. Sie müssen dann folgenden CLASSPATH setzen:

`C:\JavaPakete`

wenn sich der Ordner `JavaPakete` auf der obersten Ebene im Laufwerk C befindet.

Das Einrichten eines CLASSPATH wird im Wissensbaustein »Path und CLASSPATH bei Java-Compilern einstellen« beschrieben, der sich im kostenlosen e-learning-Kurs zu diesem Buch befindet (siehe »Vorwort« (S. v)).

Glossar

Java-Paket *(Java package)* In Java können Klassen zu Paketen zusammengefasst und in einem Ordner abgelegt werden. Vor jede Klasse muss die Anweisung `package Paketname;` geschrieben werden. Klassen in einem Paket können in anderen Programmen verwendet werden. Dies geschieht durch die Angabe einer `import`-Anweisung der Art `import Paketname.Klassenname;` bzw. `import Paketname.*;`, wenn alle Klassen eines Pakets verwendet werden sollen. Ein Paket kann selbst Pakete enthalten. Syn.: Subsystem, subject, category

JDK *(JDK*; Java Development Kit) Entwicklungsumgebung der Firma Sun für Java. Enthält einen Java-Compiler und einen Java-Interpreter.

2.6 Java-Entwicklungsumgebungen *

IDEs

Mit dem **JDK** *(Java Developer Kit)* von Sun können Sie Java-Programme entwickeln. Das JDK stellt Ihnen einen Java-Compiler und eine **JVM** *(Java virtual machine)* zur Verfügung. Für eine professionelle Software-Entwicklung bietet das JDK jedoch zu wenig Komfort. Es gibt daher von verschiedenen Herstellern sogenannte Java-Entwicklungsumgebungen – auch Java-IDEs *(Integrated Development Environments)* genannt – die den Entwickler auf vielfältige Art und Weise unterstützen. Einen vergleichenden Überblick finden Sie im Wissensbaustein »Java-Entwicklungsumgebungen im Vergleich« beschrieben, der sich im kostenlosen e-learning-Kurs zu diesem Buch befindet (siehe »Vorwort« (S. v)).

zum Lernen

Zum Erlernen von Java eignet sich besonders gut die Entwicklungsumgebung BlueJ, die kostenlos verfügbar ist. Im kostenlosen e-learning-Kurs zu diesem Buch (siehe »Vorwort« (S. v)) finden Sie folgende Wissensbausteine zur Installation und zu den ersten Schritten mit BlueJ:

- BlueJ – Installation und Projekte
- Java-Konsolenanwendung mit BlueJ
- BlueJ: Pakete anlegen

Installieren Sie BlueJ auf Ihrem Computersystem und machen Sie sich mit dieser Java-Entwicklungsumgebung vertraut.

2.7 OptiTravel: Gespräch Auftraggeber – Auftragnehmer *

Die Firma ProManagement hat das Geschäftsziel, Manager bei ihren Tätigkeiten durch Serviceleistungen zu unterstützen. Da ProManagement bereits gute Erfahrungen mit der Firma WebSoft gemacht hat (siehe: »Firma WebSoft« (S. 70)), möchte sie der Firma WebSoft einen neuen Auftrag erteilen.

erstes Gespräch

Zu einem ersten Gespräch treffen sich Herr Froh von der Firma ProManagement sowie der Projektleiter, Herr Pilot, und die Systemanalytikerin, Frau Sonnenschein, von der Firma WebSoft. Zusätzlich dabei ist Frau Jung, die als Junior-Programmiererin gerade bei der Firma WebSoft angefangen hat. Herr Pilot erklärt ihr vor dem Gespräch, dass es Ziel des ersten Gesprächs sei, die **Anforderungen des Kunden** anzuhören, Rückfragen zu stellen und anhand dieser Informationen anschließend ein sogenanntes **Pflichtenheft** zu erstellen und dem Kunden vorzulegen. Diese Aufgaben gehören zur Rolle eines **Systemanalytikers**.

erste Anforderungen

Herr Froh erzählt, dass die Firma WebSoft eine Software **OptiTravel** entwickeln soll, die es Geschäftsreisenden ermöglicht, ihre Reisewege und Transportmittel nach Zeit- und/oder Kostengesichtspunkten optimal zu wählen. Folgende Fragen sollen einem Geschäftsreisenden beantwortet werden:

- Welche Transportmittel gibt es von einem Ort A zu einem Ort B (Auto, Zug, Flugzeug)?
- Wieviel Zeit wird für jedes Transportmittel benötigt um von A nach B zu gelangen?
  - Bei Autofahrten werden drei Varianten unterschieden: Zügige Fahrt, normale Fahrt (+ 20% Aufschlag auf die Zeit), gemässigte Fahrt (+ 40% Aufschlag auf die Zeit gegenüber der zügigen Zeit).
  - Bei den Straßenangaben zwischen zwei Orten ist zu vermerken, wieviel Kilometer der Strecke Autobahn ohne Geschwindigkeitsbegrenzung, Autobahn mit 130 km/h Geschwindigkeitsbeschränkung, Bundesstraße, Landstrasse und Stadtverkehr sind. Da diese Angaben von der Firma ProManagement erst ermittelt werden, sind für das zu entwickelnde Programm Testwerte anzunehmen.
  - Entfernungsangaben soll zusätzlich auch in Meilen angegeben werden.

- □ Für die Benutzung des Autos sollen zusätzlich die Kosten angegeben werden. Dafür müssen folgende Angaben gemacht werden:
- ○ Benzinverbrauch pro 100 Kilometer
- ○ Benzin-/Dieselpreis pro Liter

Einschränkungen

- Um zunächst die Kundenakzeptanz bei Geschäftsreisenden zu überprüfen, soll das Software-System sich zunächst auf die zehn größten deutschen Städte (nach Einwohnerzahl) beschränken.
- Da noch nicht entschieden ist, über welches Medium (PC, Handy, PDA) OptiTravel dem Geschäftsreisenden angeboten werden soll, ist zunächst *keine* Benutzungsoberfläche für die Software zu konzipieren.

erste Aufgaben

Nach dem Gespräch bittet Frau Sonnenschein die Junior-Programmiererin Frau Jung als erstes folgende Aufgaben zu erledigen:

- Ermitteln der zehn größten deutschen Städte.
- Schreiben eines Programms zur Umrechnung von Liter in Gallonen und umgekehrt. Dabei ist das Paket `ConsoleInOut` für die Eingabe zu verwenden.

Frau Jung freut sich auf Ihre ersten Aufgaben und recherchiert im Internet.

10 Städte

Die zehn größten Städte nach Einwohnerzahl sind: (1) Berlin, (2) Hamburg, (3) München, (4) Köln, (5) Frankfurt am Main, (6) Dortmund, (7) Stuttgart, (8) Essen, (9) Düsseldorf, (10) Bremen.

Frau Jung druckt eine Deutschlandkarte aus und markiert diese Städte, um eine visuelle Vorstellung von den Entfernungen zu erhalten (Abb. 2.7-1).

Abb. 2.7-1: Deutschlandkarte mit den 10 größten Städten (nach Einwohnerzahl).

Liter vs. Gallone

Für die Umrechnung von Litern in Gallonen und umgekehrt ermittelt Frau Jung folgende Umrechnungsformel:
1 US-Gallone = 3,7853 Liter bzw.
1 Liter = 0,2642 US-Gallonen

Sie erstellt folgendes Programm:

Fallstudie

```
/*************************************************
Programm zur Umrechnung von Litern in US-Gallonen
und umgekehrt
Eingabewerte werden über die Konsole eingelesen
*************************************************/
import ConsoleInOut.*;

class Liter
{
 public static void main (String args[])
 {
  float Liter; float Gallonen;
  System.out.println("Geben Sie bitte die Literanzahl ein \n" +
    "(Nachkommastellen durch Punkt getrennt!)");
  //Aufruf der Methode console_in_float
  Liter = Console.console_in_float();
  Gallonen = 0.2642f * Liter;
  System.out.println
     (Liter + " Liter ergeben " +
     Gallonen + " US-Gallonen");
  System.out.println
    ("Geben Sie bitte die US-Gallonenanzahl ein \n"+
    "(Nachkommastellen durch Punkt getrennt!)");
  Gallonen = Console.console_in_float();
  Liter = 3.7853f * Gallonen;
  System.out.println
   (Gallonen + " US-Gallonen ergeben " + Liter + " Liter");
 }
}
```

Eine beispielhafte Ausführung ergibt folgende Ausgaben:

```
Geben Sie bitte die Literanzahl ein
(Nachkommastellen durch Punkt getrennt!)
10
10.0 Liter ergeben 2.642 US-Gallonen
Geben Sie bitte die US-Gallonenanzahl ein
(Nachkommastellen durch Punkt getrennt!)
2.642
2.642 US-Gallonen ergeben 10.000763 Liter
```

Damit hat Frau Jung Ihre ersten Aufgaben erfolgreich erledigt und wartet auf die nächsten Aufgaben.

2.7.1 Die Firma WebSoft stellt sich vor **

die Firma

Die Firma **WebSoft** ist ein junges, innovatives Unternehmen, das sich auf die Erstellung von **Websites** spezialisiert hat, d.h. auf Software, die über das Web zu bedienen ist. Aufträge werden durch ein interdisziplinäres Team bearbeitet. Jedes Teammitglied ist auf ein Fachgebiet spezialisiert. Die Abb. 2.7-2 zeigt einen Teil der WebSoft-Mannschaft.

Abb. 2.7-2: Sie sehen Mitarbeiter der Firma WebSoft mit ihren Rollen.

Glossar

Website *(website)* Das komplette Online-Angebot eines Anbieters (Privatperson, Organisation, Unternehmen) unter einer URL, das üblicherweise mit der Startseite beginnt. Eine Website besteht aus mindestens einer – in der Regel aber mehreren Webseiten, die über Links untereinander verknüpft sind. Die einzelnen Webseiten müssen sich dabei nicht zwangsläufig auf nur einem Server befinden (siehe auch: Web-Anwendung).

3 Einfache Typen, ihre Werte und Operationen *

Ein grundlegendes Konzept von Programmiersprachen ist das **Typ-Konzept**. Bevor jedoch auf dieses Konzept näher eingegangen wird, ist es notwendig, sich anzusehen, wie Konzepte in einer Sprache dargestellt werden.

Syntax

Zur korrekten Beschreibung der Syntax einer Programmiersprache gibt es verschiedene Notationen. Die in diesem Buch verwendeten Notationen finden Sie hier beschrieben:

- »Java: Syntaxnotation« (S. 73)

Typ

Jeder Variablen und jeder Konstanten muss in Java ein Typ zugeordnet werden. Der **Typ** legt fest, welche Werte die jeweilige Variable bzw. Konstante annehmen kann und welche Operationen auf diesen Werten ausgeführt werden können. Durch den Typ wird außerdem festgelegt, wieviel Speicherplatz, d.h. wieviele Speicherzellen, für die Werte benötigt werden.

einfache Typen

In Java werden **einfache Typen** *(primitive types)* und Referenztypen *(reference types)* unterschieden. Hier werden die einfachen Typen behandelt.

Einfache Typen gehören in Java zum Sprachumfang und besitzen festgelegte Schlüsselwörter.

`boolean`

Der Typ `boolean` ist in Java – wie in den meisten anderen Programmiersprachen auch – vordefiniert. Eine Variable vom Typ `boolean` kann jeweils einen der Wahrheitswerte `true` oder `false` annehmen:

- »Der Typ boolean« (S. 79)

ganzzahlige Typen

Die Wertebereiche der ganzzahligen Typen *(integral types)* umfassen nur Teilbereiche der ganzen Zahlen ($\mathbb{Z}$). Ihre Wertebereiche und Operationen sind hier zusammengestellt:

- »Ganzzahlige Typen« (S. 85)

Gleitpunkttypen

In vielen Anwendungsbereichen – insbesondere in der Mathematik – wird jedoch ein Typ benötigt, der reelle Zahlen ($\mathbb{R}$) näherungsweise wiedergibt. In Java gibt es für diese Zwecke die Gleitpunkt-Typen `float` und `double`, die numerisch-reelle Zahlen als Wertebereich umfassen. Die Wertebereiche und Operationen sind hier aufgeführt:

- »Gleitpunkt-Typen« (S. 90)

Darstellung von Gleitpunktzahlen

Durch den beschränkten Speicherplatz können Zahlen mit Nachkommastellen oft *nicht* exakt in einem Computersystem dargestellt werden. Daher sind bei Gleitpunktzahlen eine Reihe von Besonderheiten zu beachten:

- »Darstellung von Gleitpunkt-Zahlen« (S. 94)

Rechengenauigkeit

Bei Rechenoperationen mit Gleitpunktzahlen können Rundungsfehler auftreten, die zu ungenauen Ergebnissen führen können:

- »Rechengenauigkeit« (S. 99)

eingeschränkte Mathematikgesetze

Auch das Assoziativ- und das Distributivgesetz der Mathematik gelten auf einem Computersystem nur noch eingeschränkt:

- »Eingeschränkte Mathematikgesetze« (S. 105)

char

Der Java-Typ `char` erlaubt es, einzelne Zeichen zu speichern und zu manipulieren:

- »Der Zeichentyp char« (S. 110)

Prioritäten

Zwischen den einzelnen Operationen gibt es in Java – ähnlich wie in der Mathematik – Verarbeitungsprioritäten:

Gruppierung

- »Operatorprioritäten« (S. 116)

Unterschiedliche Typen bei Variablen und Konstanten in Ausdrücken können *nicht* beliebig miteinander kombiniert werden, sondern es gibt Regeln für das Zusammenspiel verschiedener Typen:

Typ-umwandlungen

- »Typumwandlungen« (S. 118)

Glossar

Typ *(type)* 1 Gibt an, aus welchem Wertebereich die Werte sein dürfen, die einem Attribut bzw. einer Variablen zugewiesen werden können.
2 Jedes Attribut ist in der Objektorientierung von einem bestimmten Typ. Es kann ein Standardtyp (z.B. `int`), ein Aufzählungstyp (z.B. mit den Alternativen `Herr` und `Frau`) oder eine Struktur (z.B. besteht der `Name` aus den Teilen `Anrede`, `Titel`, `Vorname` und `Nachname`) sein. .
3 Der Typbegriff wird auch im Sinne von Klassen-Spezifikationen verwendet. Er legt fest, auf welche Operationsaufrufe die Objekte einer Klasse reagieren können, d.h. der Typ definiert die Schnittstelle der Objekte. Ein Typ wird durch ein oder mehrere Klassen implementiert.

3.1 Java: Syntaxnotation *

Zur Beschreibung von Programmiersprachen werden Syntaxnotationen verwendet. Beliebt sind grafische Syntaxdiagramme. Kompakter ist die textuelle EBNF-Notation. In den Notationen wird zwischen nicht-terminalen Symbolen und terminalen Symbolen unterschieden.

In der Informatik haben sich verschiedene Beschreibungsformalismen für die Syntax von Programmiersprachen eingebürgert. Mit Hilfe solcher Syntaxbeschreibungen ist es einfacher, eine Sprache zu definieren und ein Programm zu analysieren. Insbesondere dient die Darstellung der einzelnen Sprachkonstrukte auch dazu, dem Programmierer beim Nachschlagen, wie die korrekte Syntax aussieht, zu helfen.

Basistext

Syntax-diagramm

Eine beliebte und anschauliche grafische Darstellung bieten Syntaxdiagramme, die durch die Verwendung bei der Programmiersprache Pascal populär wurden. Ein **Syntaxdiagramm** besteht aus zwei Teilen. Links oben wird in einem Rechteck der Name des Syntaxdiagramms angegeben. Dieser Name gibt an, welche Sprachkonstruktion das Syntaxdiagramm beschreibt. Man bezeichnet eine solche Sprachkonstruktion als **nicht-terminales Symbol**. Das eigentliche Diagramm besteht aus Ovalen, Kreisen und Rechtecken, verbunden durch gerichtete Pfeile. Syntaxdiagramme werden von links nach rechts gelesen, indem man der Richtung der Pfeile folgt. Ein Rechteck steht für ein Sprachkonstrukt, d.h. ein nicht-terminales Symbol, das in einem anderen Syntaxdiagramm definiert ist. Ein Kreis oder ein Oval enthält Zeichen, die exakt so in dem entsprechenden Programmteil stehen müssen. Man bezeichnet diese Zeichen als **terminale Symbole**.

Beispiel

Die Abb. 3.1-1 zeigt vier Syntaxdiagramme, die die Java-Syntax für einfache Typen definieren. Es werden die vier Sprachkonstrukte (nicht-terminale Symbole) `PrimitiveType`, `NumericType`, `IntegralType` und `FloatingPointType` spezifiziert. Der `PrimitiveType` besteht aus einem `NumericType` oder dem Schlüsselwort `boolean`.

BNF und EBNF

Nachteilig bei Syntaxdiagrammen ist, dass sie aufwändig zu erstellen sind und viel Platz benötigen. Daher wird in diesem Buch in der Regel eine kompaktere, textuelle Notation verwendet, die sich an die sogenannte **EBNF** *(Extended Backus-Naur-Form)* anlehnt. Sie wird hier als Pseudo-EBNF bezeichnet. Die so genannte Backus-Naur-Form (kurz BNF) wurde von den Wissenschaftlern John Warner Backus und Peter Naur 1960 zur Beschreibung der Syntax der Programmiersprache Algol 60 entwickelt und später erweitert *(extended).*

Basistext

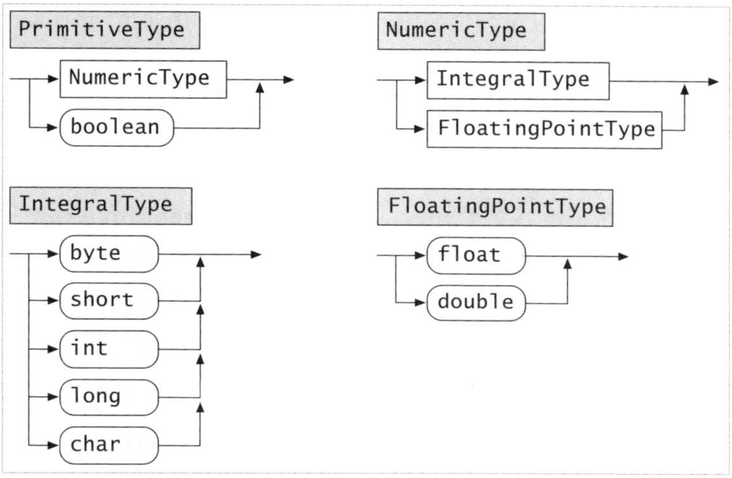

Abb. 3.1-1: So sieht die Syntax für einfache Typen in Java aus.

verwendete textuelle Syntaxnotation

- *A ::= B* : Das zu definierende nicht-terminale Symbol *A* (*Platzhalter*) steht auf der linken Seite, durch *::=* von seiner Definition *B* auf der rechten Seite getrennt.
- *[ ]* : Eckige Klammern *[ ]* schließen optionale Elemente ein, d.h. Elemente, die auch fehlen dürfen.
- *|* : Ein kursiver senkrechter Strich *|* trennt alternative Elemente, d.h von den aufgeführten Elementen ist ein Element auszuwählen.
- *{}* : Aus den aufgeführten Elementen ist ein Element auszuwählen.
- *+* : Ein *+* gibt an, dass das Element wiederholt werden kann.
- ... : Drei Punkte kennzeichnen eine Liste von Elementen, wobei die Elemente durch ein Komma (,) getrennt werden.
- terminale Symbole: Die Zeichen, die im Quellcode des Programms stehen müssen, sind in normaler Schrift dargestellt.

Basistext

- **Schlüsselwörter**: Schlüsselwörter sind mit einem Grauraster unterlegt oder fett dargestellt.
- *Syntaxsymbole*: Symbole, die zur Beschreibung der Syntax verwendet werden, sind kursiv dargestellt, z.B. *{ }*, sonst handelt es sich um terminale Symbole.

Beispiel

Das in der Abb. 3.1-1 angegebene Beispiel sieht in der textuellen Notation folgendermaßen aus:

```
PrimitiveType ::= { NumericType | boolean }
NumericType ::= { IntegralType | FloatingPointType }
IntegralType ::= { byte | short | int | long | char }
FloatingPointType ::= { float | double }
```

Eine Gegenüberstellung beider Notationen zeigt die Tab. 3.1-1. Die Definition einer Syntaxregel zeigt die Tab. 3.1-2.

Beispiel

Die Syntax einer Variablen- bzw. Konstantendeklaration in Java sieht in der Pseudo-EBNF wie folgt aus:

```
FieldDeclaration ::=
{ private | public | protected | final | static | }+ Type
{ Identifier | VariableDeclaratorId [ ] =
{ Expression | ArrayInitializer } }... ;
```

Das entsprechende Syntaxdiagramm zeigt die Abb. 3.1-2. Zu beachten ist, dass von den Schlüsselwörtern **private**, **public** und **protected** nur jeweils ein Schlüsselwort verwendet werden darf. Außerdem dürfen die Schlüsselwörter **final** und **static** nur jeweils einmal auftreten. Dies Beispiel zeigt, dass die Bedeutung einer Sprachkonstruktion, d.h. die Semantik, durch die Syntax oft nicht oder nur unvollständig beschrieben werden kann.

Notation	Syntaxdiagramm	Pseudo-EBNF
Nicht-terminales Symbol	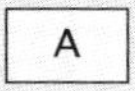	*A* (in kursiver Schrift)
Terminales Symbol	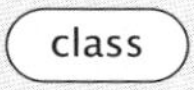	**class** (in normaler Schrift, Schlüsselwörter grau hinterlegt, hier in der Tabelle fett dargestellt)
Alternative	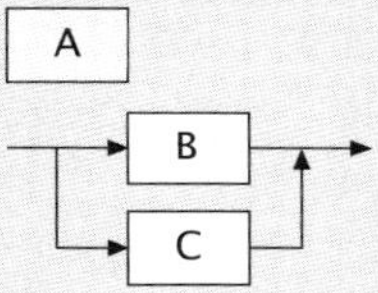	*A ::= B | C*
Option	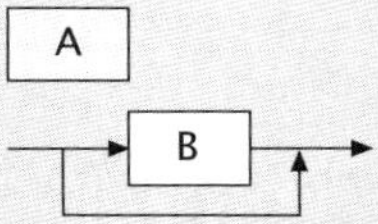	*A ::= [B]*
Wiederholung (Liste)	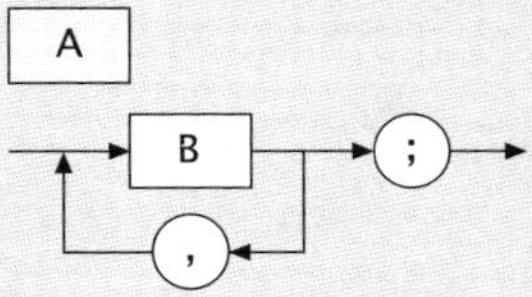	*A ::= B...* ;
Wiederholung	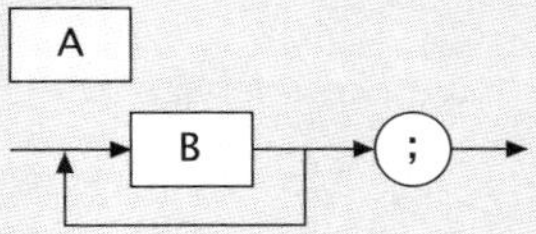	*A ::= B+* ;

Tab. 3.1-1: Syntaxnotationen im Vergleich.

Beispiel

Die Syntax für Zuweisungen zeigt folgende Pseudo-EBNF:

*Assignment ::= LeftHandSide { = | += | -= | *= | /= | %= | <<= | >>= | >>>= | &= | |= | ^= }*

LeftHandSide ::= ExpressionName | FieldAccess | ArrayAccess

AssignmentExpression ::= Assignment | ConditionalExpression

Das entsprechende Syntaxdiagramm zeigt die Abb. 3.1-3.

Basistext

Notation:	Syntaxdiagramm	Pseudo-EBNF
Definition einer Syntaxregel (Beispiel)	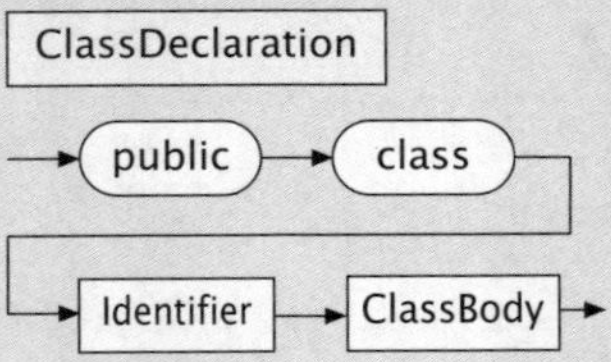	*ClassDeclaration ::=* **public class** *Identifier Classbody* (Schlüsselwörter grau hinterlegt, hier in der Tabelle fett dargestellt)

Tab. 3.1-2: Definition einer Syntaxregel.

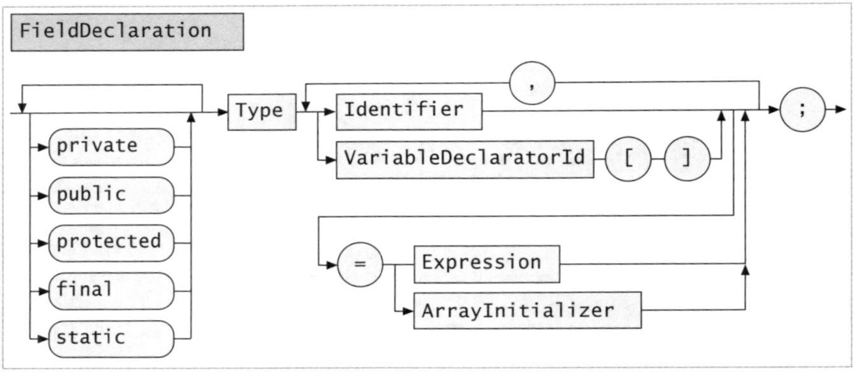

Abb. 3.1-2: So sieht eine Variablendeklaration in Java aus (Ausschnitt).

Prüfen Sie, ob folgende Variablendeklarationen der Java-Syntax entsprechen:

```
static final int A, B = 10, C; float X[], Y; Z = 20f;
```

Basistext

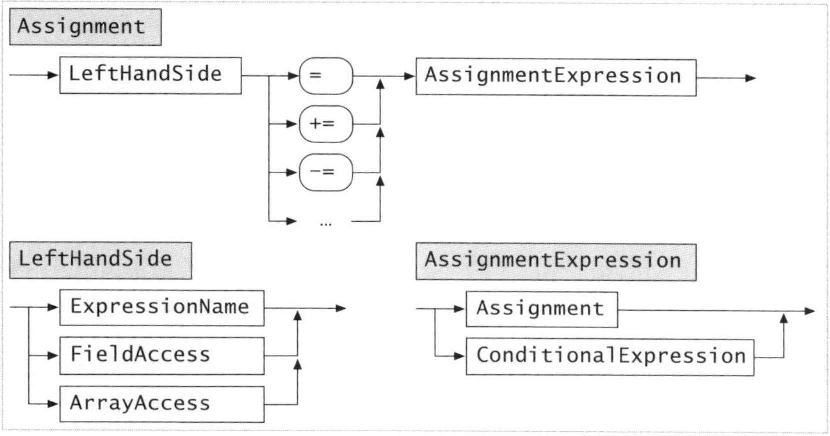

Abb. 3.1-3: So sieht die Syntax für eine Zuweisung in Java aus.

Glossar

EBNF (*EBNF*; Extended Backus-Naur-Form) Formalismus zur Beschreibung der Syntax von Programmiersprachen (Syntaxdiagramm).

Nicht-terminales Symbol Symbol, das als Platzhalter dient und durch Syntaxregeln letztendlich vollständig auf Sequenzen terminaler Symbole zurückgeführt wird.

Syntaxdiagramm Grafische Darstellung der Backus-Naur-Form (EBNF); üblich zur Beschreibung der Syntax von Programmiersprachen.

Terminales Symbol Nicht weiter zerlegbares Symbol einer Sprache; nicht-terminales Symbol.

3.2 Der Typ `boolean` *

Variablen und Konstanten vom Typ `boolean` besitzen entweder den Wahrheitswert bzw. logischen Wert `true` oder `false`. Folgende Operationen sind mit booleschen Werten möglich: Abfrage auf Gleichheit (==) und Ungleichheit (!=), logisches UND (&), logisches ODER (|), logisches XODER (^) sowie die boolesche Negation (!).

Basistext

Standardmäßig erfolgt eine vollständige Auswertung von booleschen Ausdrücken, auch wenn das Ergebnis nach Auswertung eines Teilausdrucks schon feststeht. Eine verkürzte Auswertung wird durch die Operationen `&&` und `||` erreicht. Der `?`-Operator erlaubt es, in Abhängigkeit vom Ergebnis eines booleschen Ausdrucks zwei verschiedene andere Ausdrücke auszuwerten.

Eine Variable oder Konstante vom Typ `boolean` kann zu einem Zeitpunkt genau einen von zwei sogenannten Wahrheitswerten `true` (wahr) oder `false` (falsch) annehmen. Solche Wahrheitswerte werden als **logische Werte** oder **Boolesche Größen** bezeichnet – nach dem englischen Mathematiker George Boole (1815 – 1864).

Ein sinnvoller **Einsatz** dieses Typs ergibt sich, wenn man sich in einem Programm merken muss, ob ein Ereignis eingetreten ist oder nicht. Variablen vom Typ `boolean` stellen praktisch Schalter dar, die jeweils genau einen von zwei Zuständen annehmen können. Außerdem ergeben Vergleiche wie `3 > 10` als Ergebnis stets einen booleschen Wert, hier `false`.

Eigenschaften

Die wichtigsten Eigenschaften des Typs `boolean` sind:

Wertebereich

Der Wertebereich ist plattformunabhängig und umfasst die Werte `true` und `false`. Beides sind Schlüsselwörter und werden als boolesche Literale bezeichnet.

binäre Operationen

Die Tab. 3.2-1 zeigt, welche binären Operationen (Operand1 Operator Operand2) möglich sind.

unäre Operation

Die mögliche unäre Operation (Operator Operand) zeigt die Tab. 3.2-2.

<table>
<tr><th>Operator</th><th>Erklärung</th><th>Beispiel</th><th>Symbol in der Mathematik</th></tr>
<tr><td>==</td><td>Gleichheit</td><td>7 == 8 ergibt false</td><td>$=$</td></tr>
<tr><td>!=</td><td>Ungleich</td><td>5 != 5 ergibt false</td><td>$\neq$</td></tr>
<tr><td>&</td><td>logisches UND</td><td>true & true ergibt true</td><td>$\wedge$</td></tr>
<tr><td>|</td><td>logisches ODER</td><td>false | false ergibt false</td><td>$\vee$</td></tr>
<tr><td>^</td><td>logisches XODER</td><td>false ^ true ergibt true</td><td>$\underline{\wedge}$</td></tr>
</table>

Tab. 3.2-1: Binäre Operationen.

Operator	Erklärung	Beispiel	Symbol in der Mathematik
!	boolesche Negation	!true ergibt false	$\neg$

Tab. 3.2-2: Unäre Operation.

Da boolesche Variablen nur zwei Werte annehmen können, gibt es für eine Kombination von zwei solchen Werten nur vier verschiedene Möglichkeiten, die eintreten können. Die Ergebnisse der Operationen &, |, ^ und ! zeigt die Tab. 3.2-3.

<table>
<tr><th>x</th><th>y</th><th>x & y</th><th>x | y</th><th>x ^ y</th><th>!x</th></tr>
<tr><td>false</td><td>false</td><td>false</td><td>false</td><td>false</td><td>true</td></tr>
<tr><td>true</td><td>false</td><td>false</td><td>true</td><td>true</td><td>false</td></tr>
<tr><td>false</td><td>true</td><td>false</td><td>true</td><td>true</td><td>true</td></tr>
<tr><td>true</td><td>true</td><td>true</td><td>true</td><td>false</td><td>false</td></tr>
</table>

Tab. 3.2-3: Die Operationen &, |, ^ und !

Basistext

vollständige Auswertung

In Java werden boolesche Ausdrücke mit `&` und `|` immer *vollständig* ausgewertet. Bei einer `&`-Operation kann man aber bereits aufhören, wenn der erste Operand falsch ist. Der gesamte Ausdruck kann nur noch falsch sein.

verkürzte Auswertung

Will man eine solche verkürzte Auswertung, dann muss man die Operation `&&` benutzen. Bei einer `|`-Operation kann man die Auswertung beenden, wenn der erste Operand wahr ist. Eine verkürzte Auswertung erreicht man durch die Operation `||`.

Beispiele

Bei dem zusammengesetzten Ausdruck `(7 == 10) & (8 != 9)` genügt bereits die Auswertung des ersten Operanden `(7 == 10)`, um festzustellen, dass der gesamte Ausdruck falsch ist. Der Teilausdruck `(8 != 9)` müßte daher nicht mehr ausgewertet werden. Dies erreicht man durch eine verkürzte Auswertung: `(7 == 10) && (8 != 9)`. Da es in Java jedoch erlaubt ist, in einem Ausdruck eine Zuweisung vorzunehmen, kann in solchen Fällen eine vollständige Auswertung nötig sein:

```
//Deklaration einer booleschen Variablen
boolean Ungleich = false;
(7 == 10) & (Ungleich = 8 != 9)
```

Bei der vollständigen Auswertung erhält `Ungleich` den Wert `true`. Bei einer verkürzten Auswertung wird nach `(7 == 10)` abgebrochen und `Ungleich` behält den Voreinstellungswert `false`.

Gesetze

Aus der Definition der Operatoren ergeben sich Gesetze, die in der Praxis oft nützlich sind (Tab. 3.2-4).

Boolesche Gesetze	Name des Gesetzes
x | y = y | x x & y = y & x	Kommutativgesetze
(x | y) | z = x | (y | z) (x & y) & z = x & (y & z)	Assoziativgesetze
(x & y) | z = (x | z) & (y | z) (x | y) & z = (x & z) | (y & z)	Distributivgesetze
!(x | y) = !x & !y !(x & y) = !x | !y	de Morgansche Gesetze

Tab. 3.2-4: Gesetze mit booleschen Operatoren.

Beispiel

Das folgende Programm liest boolesche Werte ein und verknüpft sie miteinander:

```
/*****************************************
* Das Programm demonstriert die
* booleschen Operationen
*****************************************/

import java.io.*; //Importieren der Bibliothek io

class DemoBoolean
{
//Hilfsmethoden ////////////////////////////////////
//Liest eine Zeichenkette von der Konsole
 static String console_in()
 {
  String s = "";
  BufferedReader in = new BufferedReader(
    new InputStreamReader(System.in));
  try
  {
   s = in.readLine();
  }
  catch (IOException e)
  {
   System.out.println("Die Eingabe ist fehlerhaft: " + e);
  }
  return s;
 }
```

```
 //Liest einen booleschen Wert von der Konsole
 static boolean console_in_boolean()
 {
  //Aufruf der Methode console_in
 String s = console_in();
  boolean result = false;
  try
    {
      result = Boolean.valueOf(s).booleanValue();
    }
    catch (NumberFormatException e)
    {
     System.out.println("Fehlerhafte Eingabe: " + s);
     System.out.println
    ("Bitte 'true' oder 'false' eingeben");
    }
   return result;
 }
//Ende Hilfsmethoden ////////////////////////////////
//Führt boolesche Operationen aus
 public static void main (String args[])
 {
   boolean Schalter1 = false;
   boolean Schalter2 = true;
   System.out.println
    ("Boolesche Operationen");
   System.out.println("Schalter 1: " );
   Schalter1 = console_in_boolean(); //Einlesen
   System.out.println("Schalter 2: " );
   Schalter2 = console_in_boolean(); //Einlesen
   boolean Und = Schalter1 & Schalter2;
   boolean Oder = Schalter1 | Schalter2;
   System.out.println("Schalter 1 = " + Schalter1);
   System.out.println("Schalter 2 = " + Schalter2);
   System.out.println("Und = " + Und);
   System.out.println("Oder = " + Oder);
 }
}
```

Führen Sie das Programm `DemoBoolean` auf Ihrem Computersystem aus und geben Sie alle Kombinationen für `Schalter1` und `Schalter2` ein.

Basistext

Erweitern Sie anschließend das Programm um die oben angegebenen Gesetze und prüfen Sie die Formeln mit einigen Werten.

?-Operator

In Java gibt es einen speziellen ternären Operator `?`. Die Syntax sieht folgendermaßen aus:

Ausdruck1 ? *Ausdruck2* : *Ausdruck3*

Ausdruck1 kann ein beliebiger Ausdruck sein, dessen Ergebnis `true` oder `false` ist. Wenn der *Ausdruck1* `true` ergibt, dann wird der *Ausdruck2* ausgewertet. Ist der *Ausdruck1* `false`, dann wird der *Ausdruck3* ausgewertet.

Beispiel

Bei der Berechnung von Zinstagen werden pro Monat max. 28 Tage zugrunde gelegt. Werden die Tage 29, 30 oder 31 eingelesen, dann müssen sie auf 28 gesetzt werden.

```
int Zinstage;
Tage = Console.console_in_int();
Zinstage = Tage > 28 ? 28 : Tage;
```

Wenn `Tage > 28` ist, dann wird `Zinstage = 28` zugewiesen, sonst wird `Zinstage = Tage` gesetzt.

3.3 Ganzzahlige Typen *

Für ganze Zahlen stellt Java die Typen `int`, `long`, `short` und `byte` mit jeweils unterschiedlichen Wertebereichen zur Verfügung. Ganzzahlige Literale werden als Ziffernfolge, in Oktaldarstellung mit vorangestellter Null oder in Hexadezimaldarstellung mit vorangestelltem `0x` dargestellt. Literale vom Typ `long` werden durch ein nachgestelltes `L` bzw. `l` gekennzeichnet. Folgende binäre Operationen sind möglich: `+`, `-`, `*`, `/`, `%`, `<`, `<=`, `>`, `>=`, `==`, `!=`. Folgende unäre Operationen sind erlaubt: `-`, `~`, `++`, `--`. Tritt bei der Ausführung der Operationen

***kein* Überlauf *(overflow)* über den jeweiligen Wertebereich auf, dann sind die Ergebnisse exakt.**

Ganze Zahlen *(integer)*, d.h. Zahlen ohne Nachkommastellen, können beliebig groß sein. Wegen der begrenzten Größe einer Speicherzelle im Arbeitsspeicher eines Computersystems kann aber nur eine **Teilmenge der ganzen Zahlen** dargestellt werden. In Abhängigkeit von dem zur Verfügung stehenden Speicherplatz unterscheidet Java vier verschiedene ganzzahlige Typen (Tab. 3.3-1). Der Wertebereich der Typen ist plattformunabhängig.

Typ	Kleinster Wert	Größter Wert	Speicherplatz	Voreinstellung
`byte`	-128 (-2^7)	$+127$ ($+2^7 - 1$)	1 Byte	0
`short`	-32.768 (-2^{15})	32.767($+2^{15} - 1$)	2 Bytes	0
`int`	$-2.147.483.648$ (-2^{31})	$2.147.483.647$ ($+2^{31} - 1$)	4 Bytes	0
`long`	$-9.223.372.036.854.775.808$ (-2^{63})	$9.223.372.036.854.775.807$ ($+2^{63} - 1$)	8 Bytes	0L

Tab. 3.3-1: Ganzzahlige Typen in Java.

Ganzzahlige Werte werden als `IntegerLiteral` dargestellt. Vier Darstellungsarten sind möglich:

- Dezimaldarstellung: Ziffernfolge, z.B. `110`.
- Oktaldarstellung: Ziffernfolge mit vorangestellter Null, z.B. `0156`.
- Hexadezimaldarstellung: Ziffernfolge mit vorangestelltem `0x`, z.B. `0x6E`.
- Literal vom Typ `long`: Ziffernfolge mit nachgestelltem `L` bzw. `l`, z.B. `110L`.

Basistext

Alle Werte besitzen ein Vorzeichen Minus (–) oder Plus (+), wobei das Pluszeichen weggelassen werden kann.

Einsatz

In der Regel werden die Typen `int` und `long` verwendet. Der Typ `int` wird insbesondere zum Zählen und für ganzzahlige mathematische Operationen verwendet. Der Typ `long` wird benutzt, wenn der Typ `int` nicht ausreicht, um den gewünschten Wert aufzunehmen. Die Typen `byte` und `short` werden für spezielle Anwendungsfälle eingesetzt. Beispielsweise wird der Typ `byte` für das Speichern von Daten auf externen Datenträgern und für die Übertragung von Daten über das Netz benutzt.

Operationen

Die Tab. 3.3-2 zeigt, welche binären Operationen mit ganzen Zahlen möglich sind. Binäre Operation bedeutet dabei, dass links und rechts vom Operator jeweils ein Operand steht (`Operand1 Operator Operand2`).

ganzzahlige Division

Die Division bedeutet reellwertiges Dividieren und nachfolgendes Abschneiden hinter dem Dezimalpunkt. Die Rundung erfolgt also stets in Richtung der Null auf der Zahlengeraden.

Rest-berechnung

Die Modulo-Operation dient zur Restberechnung bei einer ganzzahligen Division. Sie erfüllt die Gleichung

```
A = (A/B) * B + (A % B)
```

Die Tab. 3.3-3 zeigt, welche unären Operationen mit ganzen Zahlen möglich sind. Unäre Operation bedeutet dabei, dass rechts vom Operator genau ein Operand steht (`Operator Operand`).

- In einer Anweisung bedeutet `A = ++ B`, dass `B + 1` vor der Zuweisung ausgeführt wird.
- In einer Anweisung bedeutet `A = B ++`, dass `B + 1` erst nach der Zuweisung von B an A erhöht wird. Analog gelten diese Regeln für `--`.

Operator	Erklärung	Beispiele
Arithmetische Operationen	Typ des Ergebnisses: `int` oder `long`	
+	Addition	5 + 6 ergibt 11
–	Subtraktion	9 - 3 ergibt 6
*	Multiplikation	10 * 15 ergibt 150
/	Division	13 / 3 ergibt 4
%	Modulo (Rest der Division)	20 % 7 ergibt 6
Vergleichs-Operationen	Typ des Ergebnisses: `boolean`	
<	Kleiner	3 < 5 ergibt `true`
<=	Kleiner gleich	3 <= 3 ergibt `true`
>	Größer	2 > 10 ergibt `false`
>=	Größer gleich	15 >= 16 ergibt `false`
==	Gleich	3 == 3 ergibt `true`
!=	Ungleich	5 != 5 ergibt `false`

Tab. 3.3-2: Ganzzahlige binäre Operationen.

Operator	Erklärung	Beispiele
–	Unäre Negation	– 3
~	Bitweises Komplement	~ 101 ergibt 010
++	Inkrement	++ A steht für A = A + 1
––	Dekrement	–– A steht für A = A – 1

Tab. 3.3-3: Ganzzahlige unäre Operationen.

Hinweis

Bitweise Operatoren
Zusätzlich gibt es noch die bitweisen Operatoren &, |, ^, <<, >>, >>>, ~, <<=, >>=, >>>=, &=, |= und ^=, die hier aber *nicht* behandelt werden.

Basistext

Überlauf

Da der Wertebereich zur Darstellung von ganzen Zahlen – in Abhängigkeit vom gewählten Typ – begrenzt ist, gelten die meisten **Gesetze der Arithmetik** auf einem Computersystem *nur* eingeschränkt.

Beispiel

Die Addition auf einem Computersystem (hier gekennzeichnet durch ++) stimmt nur dann mit der normalen Addition überein, d.h. `x ++ y = y + x`, wenn `|x| < MAX`, `|y| < MAX` und `|x + y| < MAX` ist. `MAX` ist dabei die Zahl (ohne Vorzeichen), die im Wertebereich gerade *nicht mehr* dargestellt werden kann. Hinweis: Die senkrechten Striche kennzeichnen den Absolutbetrag, d.h. den Wert ohne Vorzeichen. Beispiel: $|-300 + 100| = |-200| = 200$.

Tritt bei der Ausführung eines Programms *kein* **Überlauf** *(overflow)* auf, dann sind die Ergebnisse aller Operationen mit ganzzahligen Größen exakt.

1 Der Sage nach war der indische König Shehram vom **Schachspiel** so begeistert, dass er dem Erfinder Sessa Ebn Daher jeden Wunsch zu erfüllen versprach. Um so überraschter war er, als der Erfinder die *bescheidene* Bitte äußerte, der König möge ihm so viele Weizenkörner schenken, wie sich zusammen ergeben, wenn man auf das erste der 64 Felder des Schachbretts ein Weizenkorn legt, auf das zweite zwei, auf das dritte vier, auf das vierte acht und so fort, d.h. auf das nächste Feld immer die doppelte Anzahl von Körnern wie auf das vorhergehende. Wie viele Körner kommen dabei zusammen und welcher Java-Typ kann diese Zahl noch darstellen?

2 Schreiben Sie folgende Deklaration und übersetzen Sie sie:

```
int a = 214748364;
```

3 Was erhalten Sie als Ergebnis bei dem folgenden Programmausschnitt:

```
int a = 2147483647 , b = 2147483647;
System.out.println(a + b);
```

Modifizieren Sie die Werte, so dass `|a + b| > MAX` ist. Welche Ergebnisse erhalten Sie?

Glossar

Überlauf *(overflow)* Überschreitung eines darstellbaren Wertebereichs.

3.4 Gleitpunkt-Typen *

Die Typen `double` und `float` erlauben in Java die näherungsweise Darstellung von Zahlen mit Nachkommastellen. Ein `float`-Literal muss den Suffix `f` bzw. `F` besitzen, ein `double`-Literal kann den Suffix `d` bzw. `D` haben. Literale werden in halblogarithmischer Darstellung geschrieben, z.B. `123E-3`. Es sind die Operationen `+`, `-`, `*`, `/`, `%`, `<`, `<=`, `>`, `>=`, `==`, `!=` (binär) und `-`, `++`, `--` (unär) erlaubt.

Zur näherungsweisen Darstellung von reellen Zahlen stellt Java die Typen `float` und `double` zur Verfügung. Bei `float`- und `double`-Variablen bzw. Konstanten handelt es sich um gebrochene Zahlen, d.h. um Zahlen, die Stellen hinter dem Komma haben können (z.B. 3,141592...).

Punkt statt Komma

In der Informatik wird anstelle des Dezimalkommas ein Dezimalpunkt verwendet (z.B. 3.141592..., angelsächsische Schreibweise). Daher spricht man auch von Gleit*punkt*-Typen anstelle von Gleit*komma*-Typen.

Eigenschaften

Die wichtigsten Eigenschaften der Typen `float` und `double` sind:

Wertebereich

Der Wertebereich ist plattformunabhängig und entspricht dem ANSI/IEEE Standard 754 von 1985. Die Tab. 3.4-1 gibt die Wertebereiche an.

Typ	Wertebereich (ungefähr)	Speicherplatz	Voreinstellung
`float`	$-3.4*10^{-38}$ bis $+3.4*10^{+38}$ (ergibt ungefähr 6 bis 7 signifikante Dezimalziffern Genauigkeit)	4 Bytes (32 Bits)	0.0f
`double`	$-1.7*10^{-308}$ bis $+1.7*10^{+308}$ (ergibt ungefähr 15 signifikante Dezimalziffern Genauigkeit)	8 Bytes (64 Bits)	0.0d

Tab. 3.4-1: Eigenschaften von `float` *und* `double`.

Einsatz Normalfall: `double`

Der Typ `double` ermöglicht Zahldarstellungen, die gegenüber dem Typ `float` die doppelte Genauigkeit besitzen. In der Regel wird der Typ `double` verwendet!

Der Typ `float` ist ungenau bei sehr großen und bei sehr kleinen Werten. Er ist geeignet, wenn ein Bruchteil benötigt wird, aber kein größerer Präzisionsgrad gefordert ist.

Suffix ohne Suffix = `double`

Gleitpunkt-Literale unterscheiden sich durch ihren Suffix. Ein `float`-Literal besitzt am Ende ein kleines oder großes `f`, z.B. `123f`, ein `double`-Literal ein nachgestelltes kleines oder großes `d`, z.B. `123D`. Fehlt der Suffix, dann liegt ein `double`-Literal vor!

Potenzschreibweise

Um einen großen Zahlenbereich überstreichen zu können, ist oft eine Zahlendarstellung in Potenzschreibweise vorteilhaft.

Beispiele

$123\,000\,000 = 123 * 10^6 = 1.23 * 10^8$

Bei der Potenzdarstellung von Dezimalzahlen können auch negative Exponenten verwendet werden:

$123\,000\,000\,000 * 10^{-3} = 123\,000\,000\,000\ (1/10^3) =$

$123\,000\,000\,000\ (1/1000) = 123\,000\,000.$

Negative Exponenten werden vorteilhaft verwendet, um sehr kleine Zahlen übersichtlich darzustellen:

$0.000\,000\,789 = 0.789 * 10^{-6} = 7{,}89 * 10^{-7} = 789 * 10^{-9}$.

Basistext

halb-logarithmisch

Da im Allgemeinen mit Dezimalzahlen gearbeitet wird, läßt man die Basis 10 weg und kommt zu der in der Abb. 3.4-1 gezeigten **halblogarithmischen Darstellung** einer Komma- bzw. Punktzahl (E steht für Exponent). Der Vorteil dieser Schreibweise liegt darin, dass man Gleitpunktzahlen auch in Potenzdarstellung in *einer* Zeile schreiben kann.

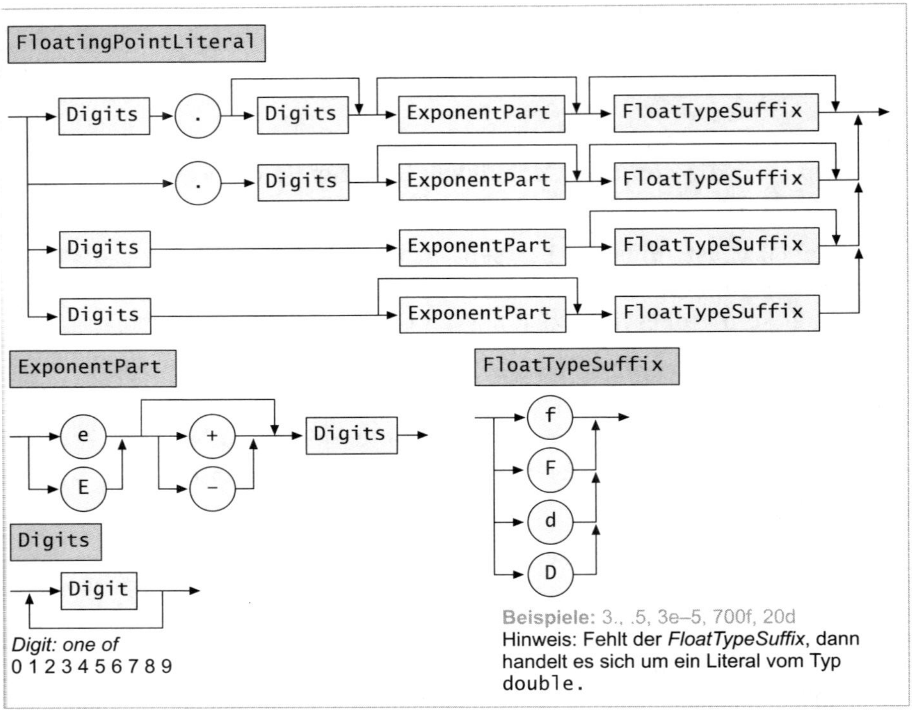

Abb. 3.4-1: Syntax für Gleitpunkt-Literale in Java.

Beispiele

$5.67E8 = 5.67 * 10^8$
$123e-9 = 123 * 10^{-9}$

Basistext

1E–2 = 0.01
0.7e00 = 0.7

Es sind alle binären Operationen analog wie bei ganzzahligen Typen möglich:

Operationen

- Arithmetische Operationen: +, -, *, /, %
- Sind bei den arithmetischen Operationen beide Operanden vom Typ `float`, dann ist der Ergebnistyp `float`, in allen anderen Fällen `double`
- Vergleichsoperationen: <, <=, >, >=, ==, !=

Folgende unäre Operationen sind – analog wie bei ganzzahligen Typen – erlaubt:

- -, ++, --

Typen problemgerecht wählen

Programmierregel

Die Typen `double` und `float` sollen nur verwendet werden, wenn die benötigten Wertebereiche von der Problemstellung her Gleitpunkt-Zahlen erfordern. Ist von vornherein bekannt, dass eine Variable ganzzahlig ist, dann ist auch ein ganzzahliger Typ zu verwenden. Die Wertemenge, die von der Problemstellung her gegeben ist, sollte so eng wie möglich vereinbart werden. Ist beispielsweise ein Problem von Natur aus ganzzahlig (z.B. Berechnung der Fakultät), dann sollte auch ein ganzzahliger Typ vereinbart werden. Das Programm wird dadurch klarer und seine Wirkungsweise leichter verständlich. Die Berechnung der Fakultät ist in der Mathematik beispielsweise nur für ganze Zahlen definiert.

Glossar

halblogarithmische Darstellung *(floating point)* Darstellung einer reellen Zahl durch Mantissenteil, Basis und Exponenten ($\pm m * b^{\pm e}$). Syn.: Gleitpunktdarstellung, Gleitkommadarstellung

3.5 Darstellung von Gleitpunkt-Zahlen **

Durch die begrenzte Stellenanzahl für eine Gleitpunktzahl in einem Computersystem werden Gleitpunktzahlen in normalisierter, halblogarithmischer Form gespeichert. Reelle Zahlen bilden ein Kontinuum, das im Computersystem auf eine endliche Menge von Repräsentanten abgebildet wird. Durch die halblogarithmische Darstellung ist die Dichte der Repräsentanten unterschiedlich. Dadurch ist der absolute Fehler, der durch den Verlust von Stellen entsteht, unterschiedlich.

Während das Rechnen mit ganzen Zahlen zu exakten Ergebnissen führt, solange die Resultate nicht im Überlaufbereich liegen, gilt dies für arithmetische Operationen mit Gleitpunkt-Zahlen in Computersystemen *nicht* mehr. Das hat verschiedene Gründe.

Aufbau Gleitpunkt-Zahl

Wie bei ganzen Zahlen, so kann auch bei Gleitpunkt-Zahlen nur eine endliche Ziffernzahl gespeichert werden. Eine Gleitpunkt-Zahl besitzt allgemein folgende Form:

$a = \pm m * b^{\pm e}$ (z.B. $16.875 * 10^{-1}$)

m wird als Mantissenteil (auch Bruch genannt), b als Basis und e als Exponent bezeichnet. Diese Form wird **Gleitpunkt-Darstellung** *(floating point)* oder **halblogarithmische Darstellung** genannt. Die Bezeichnung Gleitpunkt kommt daher, dass durch die Wahl des Exponenten die Lage des Punktes bzw. Kommas festgelegt wird und durch Änderung des Exponenten verschoben werden kann.

Beispiel

$1.6875 = 1.6875 * 10^0 = 0.16875 * 10^1 = 0.016875 * 10^2 = 16.875 * 10^{-1}$

Basistext

Man läßt meist die Basis 10 weg und schreibt nur den Exponenten hin, z.B.

1.6875E0 = 0.16875E1 = 0.016875E2 = 16.875E-1.

Da nur ein ganzzahliger Exponent herausgezogen wird, der Mantissenteil aber nicht logarithmisch dargestellt wird, heißt dies halblogarithmische Darstellung.

normalisierte Darstellung

Wie das Beispiel zeigt, gibt es bei der Gleitpunkt-Darstellung für eine Zahl verschiedene Darstellungsformen. Um eine eindeutige Darstellung zu erhalten, wird in vielen Computersystemen der Mantissenteil immer so gewählt, dass `1 / b <= m < 1` gilt.

Ist die Basis `b = 10`, dann muss `0.1 <= m < 1` erfüllt sein. Alle Mantissen sind dann kleiner 1, d.h. sie haben einen gedachten Punkt vor ihrer höchsten Stelle (Sie fangen alle mit `0.` an). Außerdem sind alle Mantissen `>= 1 / b` (Hinter `0.` kommt nicht `0`). So dargestellte reelle Zahlen nennt man **normalisiert**. Die normalisierte Darstellung der Zahl 1.6875 lautet also $0.16875 * 10^1$. Der Vorteil dieser Darstellungsform liegt darin, dass überflüssige Nullen durch Punktverschiebung beseitigt werden, d.h. die verfügbare Stellenzahl wird optimal genutzt.

beschränkter Speicherplatz

Für den Exponenten e und die Mantisse m stehen in Computersystemen nur eine beschränkte Stellenzahl zur Verfügung (`e < E, m < M`). Die Werte von b, E und M variieren dabei von Computer-Plattform zu Computer-Plattform. Die Basis b ist meistens nicht 10 (dezimale Gleitpunktzahl), sondern 2 oder eine Potenz von 2.

Abschneiden oder Runden

Bei den folgenden Beispielen wird von b = 10 ausgegangen, d.h. von Dezimalzahlen. Durch die beschränkte Stellenzahl, insbesondere des Mantissenteils, können Gleitpunktzahlen, wenn sie eine größere Stellenzahl besitzen, nicht mehr exakt in einem Computersystem dargestellt werden. Die Ziffern, die außerhalb des Darstellungsbereichs liegen, müssen entweder **abgeschnitten** *(truncated)* werden, oder es erfolgt ein **Auf**- bzw. **Abrunden** *(rounding)* der letzten darstellbaren Ziffer in Abhängigkeit von dem Rest (z.B. `Rest >= 0.5`, dann aufrunden).

Beispiele

Für die folgenden Beispiele gilt folgende vereinfachende Annahme:
Für den Mantissenteil stehen drei Stellen nach dem Punkt zur Verfügung. Der Exponent sei maximal zweistellig. die Wirkung von Abschneiden und Runden bei beschränkter Stellenzahl zeigt die Tab. 3.5-1.

reelle Zahl	normalisierte abgeschnittene Gleitkommazahl	normalisierte gerundete Gleitkommazahl
$1/3 = 0.3333...$	0.333E0	0.333E0
$2/3 = 0.6666...$	0.666E0	0.667E0
$\pi = 3.141592...$	0.314E1	0.314E1
$\sqrt{5} = 2{,}236067...$	0.223E1	0.224E1

Tab. 3.5-1: Wirkung von Abschneiden und Runden.

Durch die begrenzte Stellenzahl für den Mantissenteil gehen Stellen verloren, d.h. an Stelle der exakten Werte wird mit Näherungswerten gerechnet. Da nur mit Näherungswerten gerechnet wird, folgt natürlich, dass es sich bei den Ergebnissen auch nur um Näherungswerte handeln kann. Die Abschätzung der Fehler, die sich aus den Operationen mit Zahlen ergeben, ist in den meisten Fällen sehr schwierig. Mit diesem Gebiet befasst sich die Numerische Mathematik. Die meisten Computersysteme wandeln Dezimalzahlen in das Zweiersystem um. Auch einfach erscheinende Zahlen wie 0.1 werden dabei gerundet und deshalb ungenau. Ohne Rundungsfehler wird aber z.B. 0.125 als 2^{-3} dargestellt.

Bevor Sie weiterlesen: Überlegen Sie sich für folgende Zahlen jeweils die normalisierte Gleitkommadarstellung. Der Rest ist abzuschneiden. Es gelten die oben gemachten Annahmen:

```
1.  0.1 = ?           2.  4.0099E-1 = ?    3.  50.0E-2 = ?
4.  0.50055 = ?       5.  1.0 = ?          6.  10000. = ?
7.  40099. = ?        8.  5.0+4 = ?        9.  50055. = ?
10. 100000. = ?
```

Lösung

Die Lösung finden Sie in der Fussnote.[1]

Diese Übungsbeispiele zeigen noch weitere Auswirkungen, die sich durch die normalisierte Darstellung ergeben.

Kontinuum & Repräsentanten

Im Gegensatz zu ganzen Zahlen bilden reelle Zahlen ein **Kontinuum**, d.h. in jedem noch so kleinen Intervall (Bereich) der reellen Zahlenachse liegen unendlich viele reelle Zahlen (zwischen 0 und 1 liegen unendlich viele reelle Zahlen, aber auch zwischen 0 und 0.1 usw.). In einem Computersystem kann aber nur eine endliche Menge von **Repräsentanten** des Kontinuums dargestellt werden. Die Abbildung des Kontinuums auf die Repräsentanten geschieht durch Runden oder Abschneiden (0.50055 wird z.B. auf den Repräsentanten 0.500 abgebildet).

Durch die Verwendung der halblogarithmischen Darstellung ist außerdem noch die Dichte der Repräsentanten unterschiedlich. Der Abschnitt 0.1 bis 1 (Übung: 1. bis 3.) enthält gleich viele Repräsentanten wie der Abschnitt 10 000 bis 100 000 (Übung: 6. bis 10.).

Die Abb. 3.5-1 veranschaulicht die abnehmende Dichte der Repräsentanten bei wachsenden Zahlen (annähernd ex-

[1] (1) 0.100E0, (2) 0.400E0, (3) 0.500E0, (4) 0.500E0, (5) 0.100E1, (6) 0.100E5, (7) 0.400E5, (8) 0.500E5, (9) 0.500E5, (10) 0.100E6

ponentieller Verlauf). Annahme: 3-stellige Genauigkeit des Computersystems.

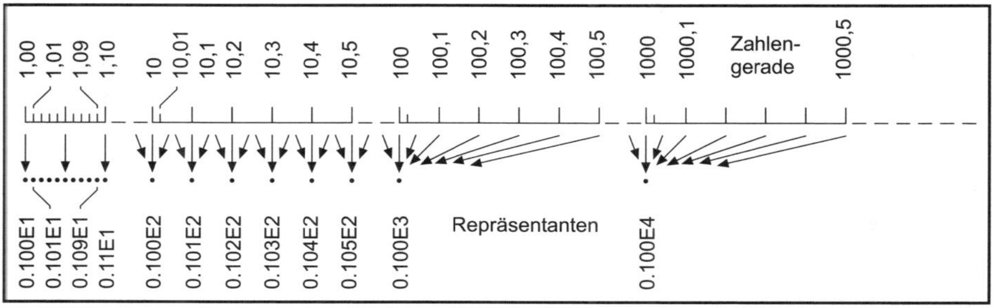

Abb. 3.5-1: Abnehmende Dichte der Repräsentanten bei wachsenden Zahlen.

Je größer die Zahlen werden, desto größer ist das Intervall, das auf einen Repräsentanten abgebildet werden muss.

Beispiel

Alle Zahlen, die im Intervall von 1.00 bis 1.01 liegen (Intervalllänge 0.01) werden auf die zwei Repräsentanten 0.100E1 und 0.101E1 abgebildet. Alle Zahlen, die im Intervall von 10 bis 10.1 liegen (Intervalllänge 0.1) werden auf 0.100E2 und 0.101E2, alle Zahlen im Intervall von 100 bis 101 (Intervalllänge 1) auf 0.100E3 und 0.101E3 abgebildet.

relative Genauigkeit vs. absolute Fehler

Durch die ungleiche Verteilung der Repräsentanten ist die **relative Genauigkeit** überall gleich, aber der **absolute Fehler**, der durch den Verlust von Stellen entsteht, ist unterschiedlich.

Beispiel

Absoluter Fehler bei 4.: 0.50055 – 0.500 = **0.00055**
Relativer Fehler: 0.11%

Absoluter Fehler bei 9.: 50055 – 50000 = **55**
Relativer Fehler: 0.11%

Hinweis: relativer Fehler = absoluter Fehler / exakter Wert

Basistext

Glossar

Kontinuum Reelle Zahlen bilden ein Kontinuum. Jedem Punkt der Zahlenachse entspricht eine reelle Zahl. In jedem noch so kleinen Intervall befinden sich unendlich viele reelle Zahlen.

normalisiert Zahlen in Gleitpunkt-Darstellung sind normalisiert, wenn der Mantissenteil die Bedingung `1 / b <= m < 1` erfüllt. Dadurch wird eine eindeutige Zahldarstellung erreicht.

Repräsentant Numerisch-reelle Zahl, die reelle Zahlen aus einem Intervall des Kontinuums darstellt.

3.6 Rechengenauigkeit mit Gleitpunkt-Zahlen **

Durch die begrenzte Stellenanzahl für eine Gleitpunktzahl in einem Computersystem – insbesondere beim Mantissenteil – sind die Addition von Zahlen sehr *unterschiedlicher* Größe und die Subtraktion von *dicht benachbarten* Zahlen (Auslöschung) zu vermeiden. Wegen der Überlaufgefahr soll *keine* Division durch Werte in der Nähe von Null vorgenommen werden. Abfragen auf Gleichheit (==) von zwei Gleitpunktzahlen sind verboten. Stattdessen ist auf einen tolerierbaren Differenzbetrag ε abzufragen (`Math.abs(x - y) < Epsilon`).

Die Darstellung von Gleitpunktzahlen in Computersystemen (siehe »Darstellung von Gleitpunkt-Zahlen« (S. 94)) hat Auswirkungen auf die Ergebnisse arithmetischer Operationen. Welche Auswirkungen dies sind, sollen folgende Ausführungen anhand von Beispielen verdeutlichen (nicht dargestellte Ziffern werden abgeschnitten). Eine Verdoppelung der Operator-Zeichen (z.B. ++ statt +) in den folgenden Beispielen gibt an, dass die Operation auf einem Computersystem ausgeführt wird.

Addition

Nach den Regeln der Potenzrechnung können die Mantissenteile zweier Zahlen nur addiert werden, wenn die Exponen-

Basistext

ten gleich sind. Der Mantissenteil des Operanden mit dem kleineren Exponenten muss daher um so viele Stellen nach rechts geschoben werden wie der Betrag der Differenz angibt. Dann können die Mantissenteile der beiden Operanden addiert werden.

Beispiel 1

```
    54,3            0.543E2
+   4560         ++ 0.456E4
= 4614,3
```

Da der Exponent des 1. Operanden kleiner als der des 2. ist, wird dieser Mantissenteil um 4 – 2 = 2 Stellen nach rechts geschoben:

```
    50              0.005E4
+ 4560           ++ 0.456E4
= 4610            = 0.461E4
```

Jetzt können die Mantissenteile addiert werden.

Werden Zahlen *sehr unterschiedlicher* Größe addiert, dann gehen die Ziffern der kleineren Zahl durch das Hinausschieben verloren.

Beispiel 2

```
  10000             0.100E5
+ 0,851          ++ 0.851E0
```

Angleichung der Exponenten:

```
  10000             0.100E5
+     0          ++ 0.000E5
= 10000           = 0.100E5
```

Nach der Addition kann der Mantissenteil des Ergebnisses auch größer als 1 werden. Es erfolgt dann eine Normalisierung, wobei der Mantissenteil um eine Stelle nach rechts verschoben und der Exponent um 1 erhöht wird.

Basistext

Beispiel 3

```
   54,3          0.543E2
+  72,3       ++ 0.723E2
= 126,6        = 1.266E2
               = 0.126E3
```

Wie die Beispiele zeigen, werden bei der Angleichung der Exponenten und bei der Normalisierung *rechts Ziffern abgeworfen*. In diesen Fällen wird vom Computersystem automatisch eine Rundung vorgenommen.

Subtraktion
Bei der Subtraktion sind – wie bei der Addition – zuerst die Exponenten anzugleichen, bevor die Mantissenteile voneinander subtrahiert werden.

Beispiel 4

```
  0.000456        0.456E-3
- 0,00000543   -- 0.543E-5
```

Der kleinere Exponent E-5 wird angeglichen.

```
  0.000456       0.456E-3
- 0,000005    -- 0.005E-3
= 0,000451     = 0.451E-3
```

Beispiel 5

```
  653            0.653E3
- 651         -- 0.651E3
=   2          = 0.002E3
               = 0.200E1
```

Sind beide Operanden nur wenig voneinander verschieden, so heben sich bei der Subtraktion die *signifikantesten Ziffern auf* (in Beispiel 5 sind dies die Ziffern 6 und 5). Die Differenz verliert dadurch an Signifikanz (Anzahl bedeutungsvoller Stellen).

Auslöschung

Diese Erscheinung bezeichnet man als **Auslöschung** führender Ziffern *(cancellation)*. Durch die anschließende Normalisierung (Verschieben der Mantisse nach links und Verkleinerung des Exponenten) erscheinen Nullen, die eine nicht vorhandene **Genauigkeit** vortäuschen.

Führen Sie folgende Subtraktionen aus:

```
1.      0.126E12                2. - 0.521E-2
      - 0.375E10                   - 0.972E-3
```

Multiplikation

Gleitkommazahlen werden multipliziert, indem die Mantissenteile multipliziert und die Exponenten addiert werden. Das Produkt ist gegebenenfalls zu normalisieren (Linksverschiebung des Mantissenteils und Verkleinerung des Exponenten).

Beispiel

```
1300 * 0,028 = 36,4

0.130E4 ** 0.280E-1 = ?
Addition der Exponenten:                4 + (-1) = 3
Multiplikation der Mantissenteile:      0.130 ** 0.280 = 0.0364
Normalisierung:                         Aus 0.0364 wird 0.364
                                        Aus 3 wird 2
Ergebnis:                               0.364E2 = 36.4
```

Multiplizieren Sie folgende Zahlen:

```
1.   0.355E-4 * -0,532E-12          2.   -0,128E2 * -0,672E0
```

Neben Rundungsfehlern können auch Zahlenbereichsüberschreitungen bei Exponenten auftreten.

Beispiele

Multiplikationsüberlauf: `0.842E40 ** 0.200E62 = 0.168E102`
Multiplikationsunterlauf: `0.842E-40 ** 0.200E-62 = 0.168E-102`

Division

Zwei Gleitkommazahlen werden dividiert, indem die Mantissenteile dividiert und die Exponenten subtrahiert werden. Der Quotient ist gegebenenfalls zu normalisieren.

Beispiel

```
0,0234 / 1300 = 0,000018

0.234E-1 // 0.130E4 = ?
Subtraktion der Exponenten:  (-1) - 4 = - 5
```

Basistext

```
Division der Mantissenteile: 0.234 // 0.130 = 1.800
Normalisierung:              Aus 1.800 wird 0.180
                             Aus -5 wird -4
Ergebnis:                    0.180E-4 = 0.000018
```

Neben Rundungsfehlern können auch Zahlenbereichsüberschreitungen bei Exponenten auftreten.

Beispiele

Divisionsüberlauf: `0.843E96 // 0.200E-4 = 0.421E100`
Divisionsunterlauf: `0.842E-96 // 0.200E5 = 0.421E-100`

Division durch kleine Werte

Insbesondere ist die Division durch *kleine* Werte gefährlich, da das Resultat leicht im Überlaufbereich liegen kann.

Bei der Durchführung der Grundoperationen mit Gleitpunktzahlen ist also an folgende Regeln zu denken:

- Addition von Gleitpunktzahlen sehr unterschiedlicher Größe vermeiden (Stellen der kleinen Zahlen gehen verloren)!
- Subtraktion von dicht benachbarten Gleitpunktzahlen vermeiden (Auslöschung)!
- Division durch Werte in der Nähe von Null vermeiden (Überlaufgefahr)!

Beispiel

Die mangelnde Genauigkeit beim Rechnen mit Gleitpunktzahlen demonstriert das folgende Beispiel. Es wird die Zahl 1 einmal als Produkt von `0.1 * 10` berechnet und einmal als Summe von 10 Werten à `0.1`:

```
class Rechengenauigkeit
{
 public static void main (String args[])
 {
  double summe = (0.1 + 0.1 + 0.1 + 0.1 + 0.1 +
    0.1 + 0.1 + 0.1 + 0.1 + 0.1); //sollte 1 ergeben
  double produkt = 10.0 * 0.1; //sollte 1 ergeben

  System.out.println("Summe: " + summe);
  System.out.println("Produkt: " + produkt);
```

```
  System.out.println
    ("Produkt - Summe: " + (produkt - summe));
  System.out.println("Produkt - Summe < Eps: "
   + (Math.abs(produkt - summe) < 1e-10));
 }
}
```

Das Ergebnis sieht wie folgt aus:

```
Summe: 0.9999999999999999
Produkt: 1.0
Produkt - Summe: 1.1102230246251565E-16
Produkt - Summe < Eps: true
```

Wie die Ausgabe zeigt, ist die Differenz extrem gering, aber vorhanden.

Abfrage auf Gleichheit

Wegen der *nicht* exakten Zahlendarstellung von reellen Zahlen ist in einem Programm die Abfrage auf Gleichheit von zwei Gleitpunktzahlen zu vermeiden (z.B. `wenn A == B dann`), da diese Gleichheit wegen der Rundungsfehler u.U. nie eintritt.

Eine bessere Abfrage hat z.B. die Form »wenn | A – B | < ε dann...«, wobei ε eine passende gewählte Zahl ist. Als ein Maß für die Genauigkeit der Gleitpunkt-Arithmetik kann eine Größe ε angenommen werden. ε ist die kleinste positive Zahl, bei der 1 und (1 ++ ε) verschieden sind. Gestattet ein Computersystem eine Darstellung von Werten des Typs `float` mit einer Genauigkeit von n dezimalen Stellen, dann ist $\varepsilon = 10^{-(n-1)}$.

Beispiel

Annahme: Genauigkeit = 3 dezimale Stellen.
Dann ist $\varepsilon = 10^{-2}$ = – 1 / 100.

```
Die Zahl 1          = 0.100E1
und 1 ++ Eps        = 0.100E1
                   ++ 0.001E1
                    = 0.101E1
```

Basistext

Programmierregel

Gleitpunktzahlen niemals auf Gleichheit prüfen
Da bei Gleitpunktzahlen Rundungsfehler auftreten können, dürfen zwei Gleitpunktzahlen niemals auf Gleichheit überprüft werden, d.h. `x == y` ist verboten. Stattdessen wird die Differenz gebildet, davon der Absolutwert genommen (mit der Operation `Math.abs()`) und auf einen tolerierbare Differenzbetrag, oft Epsilon genannt, abgeprüft: `Math.abs(x - y) < Epsilon`.

Glossar

Auslöschung *(cancellation)* Bei der Subtraktion von ungefähr gleich großen Kommazahlen werden führende Ziffern gelöscht. Die Differenz verliert dadurch an Genauigkeit.

Genauigkeit *(accuracy)* Maß für die Exaktheit von Kommazahlen.

3.7 Eingeschränkte Mathematikgesetze ***

Das Assoziativ- und das Distributivgesetz sind bei Gleitpunktzahlen *nicht* mehr gültig. Bei Operationen mit Gleitpunktzahlen in Computersystemen muss man jedoch von folgenden vorhandenen Eigenschaften ausgehen: Kommutativität der Addition und Multiplikation, Symmetrie bzgl. 0, Monotonie der Grundoperationen.

Durch die beschränkte Stellenzahl sind das **Assoziativgesetz** und das **Distributivgesetz** der Arithmetik beim Rechnen mit Gleitpunktzahlen *nicht* mehr gültig.

Assoziativgesetz

Das Assoziativgesetz der Addition $(a + b) + c = a + (b + c)$ besagt, dass die Reihenfolge der Auswertung der Terme *keine* Rolle spielt.

Beispiel

Das Beispiel der Abb. 3.7-1 zeigt jedoch, dass
(a ++ b) ++ c ≠ a ++ (b ++ c)
sein kann. Wie man sieht, wird der Fehler dann gravierend, wenn die Exponentendifferenz die Mantissenlänge erreicht.
Hinweis: Eine Verdopplung der Operator-Zeichen gibt an, dass die Operation auf einem Computersystem ausgeführt wird.

```
(a ++ b) ++ c  =   (0.789E6 ++ 0.312E3) ++ 0.792E3
               =    0.789E6
                 ++ 0.000E6  <--  (0.312E3)
               =    0.789E6
                 ++ 0.000E6  <--  (0.792E3)
               =    0.789E6

a ++ (b ++ c)  =    0.789E6 ++ (0.312E3 ++ 0.792E3)
                    0.789E6 ++ (0.312E3
                             ++ 0.792E3)  <--
                              =  0.110E4
               =    0.789E6
                 ++ 0.001E6  <--  (0.110E4)
               =    0.790E6
```

Abb. 3.7-1: Das Beispiel zeigt, dass das Assoziativgesetz bei Gleitpunktzahlen nicht mehr gelten kann.

Distributivgesetz

Das Distributivgesetz lautet: a * (b + c) = (a * b) + (a * c)

Beispiel

Das Beispiel der Abb. 3.7-2 zeigt, dass für das Rechnen mit numerischen Werten a ** (b ++ c) ≠ (a ** b) ++ (a ** c) sein kann.

Die Ungültigkeit wichtiger arithmetischer Gesetze zeigt, dass in Programmen die Gültigkeit von mathematischen Gesetzen und Aussagen *nicht* ohne Weiteres vorausgesetzt werden dürfen.

```
a ** (b ++ c)      =   0.200E1 ** (0.501E5 ++ (-0.500E5))
                   =   0.200E1 ** (0.501E5
                                ++ -0.500E5
                                   0.001E5
                   =   0.200E5

(a ** b) ++ (a ** c)   =   (0.200E1 ** 0.501E5) ++ (0.200E1 ** (-0.500E5))
                       =    0.100E6 ++ (-0.100E6)
                       =    0.000E6
```

Abb. 3.7-2: Das Beispiel zeigt, dass bei Gleitpunktzahlen das Distributivgesetz verletzt sein kann.

Beispiel

Annahme: In einem Computersystem können Gleitpunktzahlen mit 6-stelligem Mantissenteil und einem Exponentenbereich von $-99 \leq e \leq +99$ dargestellt werden.

Die größte darstellbare Zahl ist damit 0.999 999 E99. Da dies eine ganze Zahl ist, müsste man mit einem Programm, das beginnend bei einer Summe 1 fortlaufend auf die jeweilige Summe eine 1 addiert, die größte Zahl erreichen. Dies ist jedoch nicht der Fall. Denn ist die Summe

```
   0.999 999 E 6
```

erreicht und wird jetzt eine 1 addiert,

```
   0.999 999 E 6
++ 0.100 000 E 1
```

dann ergibt sich

```
   0.999 999 E 6
++ 0.000 001 E 6
 = 0.100 000 E 7.
```

Bei der nächsten Addition erhält man jedoch:

```
   0.100 000 E 7
++ 0.100 000 E 1
```

daraus wird:

```
    0.100 000 E 7
 ++ 0.000 000 E 7
  = 0.100 000 E 7
```

An dieser Stelle wird das Computersystem weiter addieren, ohne dass sich am Ergebnis etwas ändert, da die Mantissenlänge nicht mehr ausreicht.

automatische Normalisierung

Die aufgeführten Beispiele sollten zeigen, welche Effekte bei Gleitpunktoperationen auftreten können und wie Gleitpunktzahlen im Computersystem dargestellt werden. Eine Normalisierung wird vom Compiler oder dem Computersystem vorgenommen. Der Vorgang wurde hier nur erklärt, um die Wirkung zu veranschaulichen.

Ausblick

Obwohl die elementaren Rechenoperationen mit Gleitpunktzahlen nur schwer exakt charakterisiert werden können, so ist es doch einfach möglich, **Minimalbedingungen** anzugeben, die als gültig angenommen werden dürfen.

9 Axiome

Im Folgenden werden neun **Axiome** aufgeführt [2], die jeweils anschließend durch Beispiele veranschaulicht werden.

A 1 Der numerisch-reelle Wertebereich eines Computersystems (bezeichnet mit R) ist eine endliche Untermenge der reellen Zahlenmenge $\mathbb{R}$: $R \subset \mathbb{R}$

Beispiel

$0.999E99 \in R$
$0.999E{-99} \in R$

A 2 Jeder Zahl $x \in \mathbb{R}$ ist eindeutig ein Repräsentant $x' \in R$ zugeordnet.

Beispiel

$x = 1.2345 \Rightarrow x' = 0.123E1$

A 3 Jedes $x' \in R$ repräsentiert mehrere x, aber der von x' reprä-

[2] Die Aufzählung dieser Axiome orientiert sich an N. Wirth »Systematisches Programmieren«, S. 55f., Stuttgart 1972

sentierte Bereich ist zusammenhängend. Außerdem gilt: $x \in R \Rightarrow x' = x$. Insbesondere sollen 0 und 1 exakt repräsentiert sein, d.h. $0 \in R$, $1 \in R$ und daher $0' = 0$ und $1' = 1$.

$x = 0.123 \in R \Rightarrow x' = 0.123E0 = x$ Beispiel

Es gibt einen größten Wert MAX, so dass $x' = MAX$ für alle $|x| > MAX$. Alle Zahlen $|x| > MAX$ befinden sich im Überlaufbereich U. $\mathbb{R} \setminus U$ ist zusammenhängend. A 4
Daraus folgt (wenn $x, y \in \mathbb{R} \setminus U$):
$x < y \Rightarrow x' \leq y'$
$x = y \Rightarrow x' = y'$
$x > y \Rightarrow x' \geq y'$

$1.11111 < 2.22222 \Rightarrow 0.111E1 \leq 0.222E1$ Beispiele
$1.12345 = 1.12345 \Rightarrow 0.112E1 = 0.112E1$
$1.1234 > 1.1233 \Rightarrow 0.112E1 \geq 0.112E1$

R soll symmetrisch bezüglich 0 sein, d.h. $(-x)' = -(x')$ A 5

Folgende Eigenschaften sind für eine **brauchbare Computer-Arithmetik** erforderlich (Die Operatoren werden mit ++, −−, ** und // bezeichnet). Es wird $x, y \in R$ vorausgesetzt.

Kommutativität der Addition und Multiplikation: A 6
x ++ y = y ++ x, x ** y = y ** x

$(x \geq 0) \Rightarrow$ (x −− y) ++ y = x A 7

Symmetrie der Grundoperationen bezüglich 0: A 8
x −− y = x ++ (−y) = −(y −− x)
(−x) ** y = x ** (−y) = −(x ** y)
(−x) // y = x // (−y) = −(x // y)

Monotonie der Grundoperationen A 9
Wenn $0 \leq x \leq a$ und $0 \leq y \leq b$, dann gelte stets auch:
x ++ y $\leq$ a ++ b
x ** y $\leq$ a ** b

$x -- b \leq a -- y$
$x // b \leq a // y$
Für gewisse $0 \leq x < a$ und $0 \leq y < b$ sei
$x ++ y = a ++ b$ oder $x ** y = a ** b$, jedoch *niemals*
$x ++ y > a ++ b$ oder $x ** y > a ** b$ möglich.

Aus den Axiomen lassen sich folgende **wichtige Gesetze** herleiten:

- $y \geq 0 \Rightarrow x ++ y \geq x$
- $x \geq y \Rightarrow x -- y \geq 0$
- $(x \geq 0)$ und $(0 \leq y \leq 1) \Rightarrow x ** y \leq x$
- $0 < x \leq y \Rightarrow x // y \leq 1$
- $x -- x = 0$
- $x ++ 0 = x -- 0 = x$
- $x ** 0 = 0$
- $x ** 1 = x // 1 = x$
- $x // x = 1$

3.8 Der Zeichentyp char *

Der Zeichentyp `char` umfasst in Java den Wertebereich von 0 bis 65535 und erlaubt es damit alle Unicode-Zeichen zu speichern. Zeichen werden in einfachen Anführungszeichen, z.B. `char Zchn = 'X'`, oder als ASCII-Dezimalwert, z.B. `Zchn = 88`, oder als Unicode-Hexadezimalzeichen, z.B. `Zchn = '\u0058'`, dargestellt. Spezielle Zeichen beginnen mit einem Rückwärtsschrägstrich *(backslash)*, z.B. `'\n'` für einen Zeilenvorschub.

Unicode

Der Typ `char` erlaubt es, ein sogenanntes Unicode-Zeichen in der so deklarierten Variablen oder Konstanten zu speichern. Der **Unicode** (UCS) (siehe Unicode Homepage (`http://www.unicode.org/`)) wurde seit 1987 von den Firmen Apple und Xerox entwickelt, um die Schriftzeichen aller

Verkehrssprachen der Welt aufzunehmen. Sowohl alphabetische als auch syllabische und logographische Schriften sollten darstellbar sein. Der Unicode beruht auf 16 Bits (2 Byte) und stellt damit 65536 Positionen zur Verfügung, wovon zur Zeit ca. 40 000 benutzt werden Im Juni 1992 wurde er zur internationalen Norm (ISO[3]/IEC 10646-1).

ASCII

Eine Teilmenge des Unicode ist der bekannte ASCII-Code *(American Standard Code for Information Interchange)*. Beim ASCII-Code (genauer gesagt beim USASCII-Code) handelt es sich um den 1963 genormten amerikanischen 7-Bit-Zeichensatz für den Fernschreibverkehr und den Datenaustausch zwischen Computersystemen. Von den 128 Positionen benutzt er nur 100. Er hatte nur Großbuchstaben. Er umfaßt also – grob gesagt – alle Zeichen, die sich auf einer englischen PC-Tastatur befinden, d.h. es gibt keine länderspezifischen Sonderzeichen wie Umlaute oder ß.

ECMA-6

1965 beschloß die ECMA[4] eine Normzeichentabelle, ECMA-6. Sie entsprach im wesentlichen ASCII, fügte aber auf den unbesetzten Positionen die 26 Kleinbuchstaben hinzu. 10 Positionen sollten nationalen Sonderzeichen zur Verfügung stehen (siehe Abb. 3.8-1). Diese Tabelle wurde 1968 vom ANSI[5] als X3.4 übernommen und zum amerikanischen Normzeichensatz. 1974 wurde sie internationale Norm (ISO 646, revidiert 1983 und 1991) und gleichzeitig deutsche Norm (DIN 66003).

Latin

Durch Hinzunahme eines achten Bits zu einem 7-Bit-Code wie ASCII ergeben sich 128 weitere Positionen in der Zeichentabelle. Diese werden heute auf verschiedene Weise genutzt. 1981 führte IBM für DOS-Computersysteme die Codepage 437 ein, die die hinzugewonnenen Plätze für den amerikanischen Datenverkehr nutzte, aber auch die

---

[3]ISO = International Organization for Standardization, Genf
[4]ECMA = European Computer Manufacturers Association, Genf
[5]ANSI = American National Standards Institute, New York

großen westeuropäischen Verkehrssprachen berücksichtigte. Im März 1985 beschloß ECMA einen 8-Bit-Code mit 256 Zeichen, der alle westeuropäischen Sprachen abdeckte (ECMA-94). Er wurde 1986 von der ISO zur Weltnorm gemacht (ISO 8859-1, genannt **Latin-1**, siehe Abb. 3.8-1) und ab 1987 nach und nach durch neun weitere Zeichensätze, zum Teil auch für nichtlateinische Alphabete, ergänzt (ISO 8859-1 bis 10) – die Nummer 2 (Latin-2) deckt die mittelosteuropäischen ab. Die IBM-Codepage 819 für DOS ist identisch mit Latin-1. Meist wird mit DOS dagegen Codepage 850 verwendet, die sich mit Latin-1 im Zeichenvorrat deckt, die Zeichen aber in anderer Reihenfolge anordnet. Das Betriebssystem Windows enthält sämtliche Zeichen aus Latin-1 und noch einige mehr. Die deutsche Entsprechung zu ISO 8859-1 ist DIN 66303 (November 1986).

Lesen der Code-Tabelle

Die Abb. 3.8-1 enthält die Zeichen und Sonderzeichen des Latin-1-Codes, jedoch keine Steuerzeichen. Um den Hexadezimalcode eines Zeichens zu erhalten, gehen Sie in die gewünschte Spalte und lesen oben in der Tabelle die ersten drei Hexadezimalziffern ab. Die letzte Hexadezimalziffer finden Sie am linken Rand in der Zeile, in der das Zeichen steht. Das Zeichen w finden Sie z.B. in der 7. Spalte mit den Hexadezimalzeichen 007 und in der 7. Zeile mit der Hexadezimalziffer 7, ergibt zusammen 0077 für w. Die letzten beiden Ziffern bilden den ASCII-Wert, also 77 (hexadezimal), das ergibt den Wert 7 * 16 + 7 = 119 (dezimal).

In den Positionen 0020 (hexadezimal) = 32 (dezimal) bis 007E (hexadezimal) = 126 (dezimal) stimmen Unicode und ASCII überein.

Die Tab. 3.8-1 zeigt den plattformunabhängigen Wertebereich von char. Es gibt keine negativen Zeichen.

← Latin-1 →

← ASCII →

	002	003	004	005	006	007	008	009	00A	00B	00C	00D	00E	00F
0	SP	0	@	P	`	p				°	À	D	à	δ
1	!	1	A	Q	a	q			¡	±	Á	Ñ	á	ñ
2	"	2	B	R	b	r			¢	^{2}	Â	Ò	â	ò
3	#	3	C	S	c	s			£	^{3}	Ã	Ó	ã	ó
4	$	4	D	T	d	t			¤	´	Ä	Ô	ä	ô
5	%	5	E	U	e	u			¥	µ	Å	Õ	å	õ
6	&	6	F	V	f	v			|	¶	Æ	Ö	æ	ö
7	´	7	G	W	g	w			§	Ž	Ç	×	ç	÷
8	(	8	H	X	h	x			¨	¸	È	Ø	è	ø
9	)	9	I	Y	i	y			©	•	É	Ù	é	ù
A	*	:	J	Z	j	z			ª	º	Ê	Ú	ê	ú
B	+	;	K	[	k	{			«	»	Ë	Û	ë	û
C	,	<	L	\	l	|			¬	¼	Ì	Ü	ì	ü
D	-	=	M	]	m	}			Ž	½	Í	Y	í	y
E	.	>	N	^	n	~			®	¾	Î	D	î	p
F	/	?	O	_	o	DEL			¯	¿	Ï	ß	ï	ÿ

w → 0077 (hexadezimal) = 7*16+7 = 119 (dezimal)

SP: *Space* (Leerschritt, Zwischenraum) DEL: *Delete* (Löschen)

Linke Tabellenhälfte: ASCII – Die darstellbaren Zeichen aus der Zeichentabelle »ASCII« (ISO 646).

Beide Hälften: Latin-1 – Die darstellbaren Zeichen aus der Zeichentabelle »Latin-1« (ISO 8859-1).

Abb. 3.8-1: Die linke Tabellenhälfte zeigt den ASCII-Code, die gesamte Tabelle zeigt den Latin-1-Zeichensatz.

Typ	Kleinster Wert	Größter Wert	Speicherplatz	Voreinstellung
char	\u0000 (0)	\uffff (65535)	2 Bytes	\u0000

Tab. 3.8-1: Der Zeichentyp char *in Java.*

Folgende Darstellungsarten für den Typ char sind in Java möglich: Darstellungsarten

- Darstellung in einfachen Anführungszeichen, z.B. 'A'.

Basistext

- Darstellung in Hexadezimalform in der Syntax '\uXXXX', wobei \u der Prefix für einen Unicode-Wert und X ein Hexadezimalzeichen ist, z.B. '\u00A9' repäsentiert das Copyright-Zeichen.
- Spezielle Zeichen werden mit vorangestellten \ geschrieben, z.B. '\n' (neue Zeile) (siehe Tab. 3.8-2).

Fluchtzeichen *(escape sequence)*	Bezeichnung	Unicode-Wert
\b	Rücktaste *(backspace)*	\u0008
\t	Tabulator	\u0009
\n	Zeilenvorschub *(linefeed)*	\u000a
\r	Wagenrücklauf *(carriage return)*	\u000d
\"	doppeltes Anführungszeichen *(double quote)*	\u0022
\'	einfaches Anführungszeichen *(singel quote)*	\u0027
\\	Rückwärtsschrägstrich (von links oben nach rechts unten) *(backslash)*	\u005c

Tab. 3.8-2: Spezielle Zeichen und ihre Darstellung.

Hinweis

Unicode nicht überall sichtbar

Theoretisch können Sie alle Unicode-Werte verwenden. Welche angezeigt werden, hängt jedoch vom Web-Browser (bei Java-Applets) und vom verwendeten Betriebssystem oder von beiden ab. Sie können beispielsweise keine japanischen Schriftzeichen auf einer europäischen Windows-Version anzeigen.

Operationen

Obwohl char-Werte keine int-Werte sind, kann in vielen Fällen mit ihnen gearbeitet werden, als wären sie ganze Zahlen. Beispielweise können zwei Zeichen addiert oder ein Zeichen inkrementiert werden. Außerdem können Zeichen mithilfe von Vergleichsoperationen miteinander verglichen werden.

char vs. String

Verwechseln Sie nicht char-Zeichen und String-Zeichenketten! Der Typ String ist in Java *kein* einfacher Typ. Er dient zur Aufnahme von Zeichenketten, die in doppelte Anführungszeichen eingeschlossen werden, während Zeichen durch einfache Anführungszeichen repräsentiert werden.

Beispiel

```
//Beispiele für den Typ char in Java
import ConsoleInOut.*;
class DemoChar
{
 public static void main (String args[])
 {
  char Zchn1, Zchn2, Zchn3, Tab;
  Zchn1 = '\u0077'; //hexadezimal
  Zchn3 = 88; //dezimal
  Tab = '\t'; //Tabulatorzeichen
  System.out.println
   ("Zeichen zu Uni-Code 0077(hexadezimal):" + Tab + Zchn1);
  System.out.println
   ("Zeichen zu ASCII-Code 88(dezimal):" + Tab + Zchn3);
  System.out.println("Bitte ein Zeichen eingeben:");
  Zchn2 = Console.console_in_char();
  System.out.println
   ("Eingegebenes Zeichen: " + Tab + Tab + Tab + Zchn2);
  //Rechnen mit ASCII-Werten
  Zchn2++;
  System.out.println
   ("Nächstes Zeichen in der Code-Tabelle: "+ Tab + Zchn2);
 }
}
```

Folgende Ergebnisse werden ausgegeben:

```
Zeichen zu Uni-Code 0077(hexadezimal):  w
Zeichen zu ASCII-Code 88(dezimal):      X
Bitte ein Zeichen eingeben: 4
Eingegebenes Zeichen:                   4
Nächstes Zeichen in der Code-Tabelle:   5
```

Modifizieren Sie das Programm DemoChar durch Zuweisung eigener Werte. Probieren Sie die Wirkung der speziellen Zeichen aus.

3.9 Operatorprioritäten *

Klammern können in Ausdrücken eingespart werden, wenn die Operatorprioritäten berücksichtigt werden. In Java gilt die Reihenfolge (von hoher zu niedriger Priorität): 1. Inkrement- und Dekrement-Operationen, 2. Arithmetische Operationen, 3. Vergleichsoperationen, 4. Boolesche Operationen, 5. Zuweisungsoperationen.

Ein Ausdruck setzt sich aus Operanden, d.h. Variablen und Konstanten, und Operatoren zusammen. Jeder Operand kann selbst wieder ein Ausdruck sein. Kommt in einem Ausdruck mehr als ein Operator vor, so muss die Reihenfolge der Ausführung definiert sein.

Prioritäten

Dies geschieht durch festgelegte Vorrangregeln – Prioritäten – für die Ausführungsreihenfolge der Operatoren. In Java gelten folgende allgemeine Regeln:

1 Inkrement- und Dekrement-Operationen
2 Arithmetische Operationen
3 Vergleichsoperationen
4 Boolesche Operationen
5 Zuweisungsoperationen

Die Tab. 3.9-1 gibt die exakte Prioritätenfolge an.

Abarbeitungsreihenfolge

Operatoren auf derselben hierarchischen Stufe werden von links nach rechts abgearbeitet. Ausnahmen sind die unären Operationen und die Zuweisungen. Sie werden von rechts nach links ausgeführt.

Klammern

Um eine andere Ausführungsreihenfolge zu erhalten, können Ausdrücke in Klammern eingeschlossen werden. Geklammerte Ausdrücke werden immer zuerst ausgewertet.

Operator	Bemerkungen
++ -- ! ~ + -	Unäre Operatoren
(type)expression	Dient der Typwandlung *(casting)*
* / %	Multiplikation, Division, Modulo
+ -	Addition, Subtraktion
<< >> >>>	Bitweises Verschieben nach links und rechts
< <= > >=	Vergleich
== !=	Gleichheit, Ungleichheit
&	logisches UND
^	logisches XODER
|	logisches ODER
&&	logisches UND (verkürzt)
||	logisches ODER (verkürzt)
?:	?-Operator
= += -=	Zuweisungen

Tab. 3.9-1: Operatorprioritäten in Java.

Boolesche Operationen werden hauptsächlich auf logische Ausdrücke angewandt, die sich durch die Vergleichsoperatoren aus arithmetischen Ausdrücken ergeben.

Beispiel

```
...
/** Ein Standardbrief der Post hat ein Gewicht bis 20 g,
 *  eine Länge zwischen 14 und 23,5 cm, eine Breite
 *  zwischen 9 und 12,5 cm und eine Höhe bis 0,5 cm.
 */
// Deklarationen
boolean Standardsendung = false;
float Gewicht, Laenge, Breite, Hoehe;

//Anweisung mit booleschen Operationen
Standardsendung = Gewicht <= 20.0f && 14f >= Laenge
        && Laenge <= 23.5f && 9.0f <= Breite
        && Breite <= 12.5f && Hoehe <= 0.5f;
...
```

Basistext

Da die Vergleichsoperationen `<=` und `>=` eine höhere Priorität als der Operator `&&` haben, werden zuerst die Vergleichsoperationen ausgeführt. Die Zuweisung `=` hat die geringste Priorität und wird erst nach der Operation `&&` ausgeführt.

3.10 Typumwandlungen *

Bei Zuweisungen und in Ausdrücken müssen die Typen der Variablen, Konstanten und Literalen miteinander kompatibel und der Wertebereich des Zieltyps muss größer sein als der Quelltyp. Ist dies der Fall, dann wird von Java eine automatische Typausweitung vorgenommen. Ist dies *nicht* der Fall, dann muss der Programmierer eine explizite Typeinengung *(casting)* vornehmen durch `(Zieltyp) Quelltyp`**.**

Typ bestimmt Wertebereich

Ein Kennzeichen einer Variablen und einer Konstanten ist sein Typ. Ein Typ läßt sich charakterisieren durch die Werte oder Wertebereiche, die einer Variablen bzw. Konstanten dieses Typs zugewiesen werden können, und durch die Operationen, die auf die Werte dieses Typs angewandt werden können.

Das bedeutet, dass einer Variablen bzw. einer Konstanten auch nur Werte zugewiesen werden können, die entsprechend ihrem Typ möglich sind. Bildlich kann man sich das dadurch vorstellen, dass für jeden Typ eine charakteristische Speicherzellenform und Speicherzellengröße vorhanden sind.

Beispiel

```
int A; float B = 10.5f;
A = B; // Fehler wegen unterschiedlicher Typen
```

Dieses Beispiel zeigt deutlich, dass eine Zuweisung eines `float`-Wertes an eine `int`-Variable *nicht* sinnvoll ist. Es ist unklar, ob die Stellen hinter dem Komma abgeschnitten werden sollen, oder ob eventuell gerundet werden soll (Abb. 3.10-1).

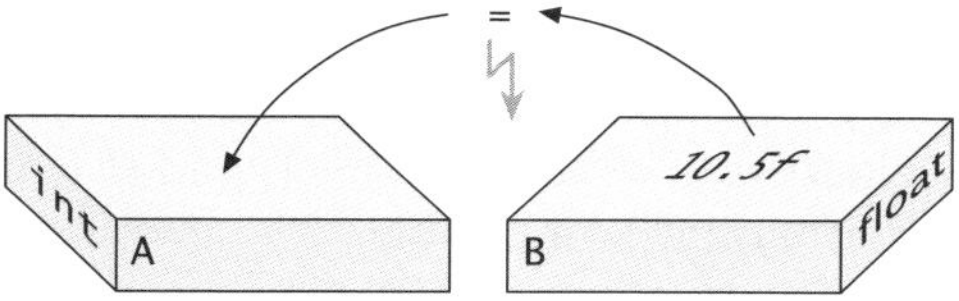

Abb. 3.10-1: Ein Wert vom Typ `float` *kann nicht einer Variablen vom Typ* `int` *zugewiesen werden, da sonst ein Genauigkeitsverlust eintritt.*

Prinzipiell ist es daher zunächst *nicht* möglich, dass einer Variablen Werte zugewiesen werden, die zu einem anderen Typ gehören.

Java

Java ist eine streng typisierte Sprache. Daher können in Ausdrücken und bei Zuweisungen nur Variablen und Konstanten miteinander verknüpft werden, die vom gleichen Typ sind.

Typumwandlung

Befinden sich in einem Ausdruck Variablen bzw. Konstanten *unterschiedlichen* Typs, dann müssen die Werte der Variablen bzw. Konstanten in einen einheitlichen Typ umgewandelt werden. Dies geschieht in Java durch **Typumwandlungen** *(conversions)*. Es werden automatische Typausweitungen und explizite Typeinengungen unterschieden.

Automatische Typausweitung

Folgende Typausweitungen werden in Java automatisch vorgenommen:

- Von `byte` nach `short`, `int`, `long`, `float` oder `double`
- Von `short` nach `int`, `long`, `float` oder `double`

- Von `char` nach `int`, `long`, `float` oder `double`
- Von `int` nach `long`, `float` oder `double`
- Von `long` nach `float` oder `double`
- Von `float` nach `double`

Bei jeder dieser Typausweitungen geht *keine* Information über die Größe eines numerischen Werts verloren. Die Umwandlung eines Werts vom Typ `int` oder `long` nach `float` oder die eines Werts vom Typ `long` nach `double` kann jedoch zu einem Genauigkeitsverlust führen. Die Typen `char` und `boolean` sind *nicht* miteinander kompatibel.

Beispiel

```
double a, b;
float c;
a = b + c + 2.785f;
// Der Typ float des Attributs c und des Literals 2.785f
// werden für die Berechnung des Ausdrucks automatisch
// in double konvertiert (Typ der Attribute a und b)
```

Regeln

Java verwendet folgende Regeln bei der Auswertung von Ausdrücken:

- Enthält ein Ausdruck `byte`- und/oder `short`-Typen kombiniert mit `int`-Typen, dann werden die `byte`- und `short`-Typen vor der Berechnung in `int`-Typen gewandelt. Die Berechnung findet also mit `int`-Typen statt.
- Ist ein Operand vom Typ `long`, dann wird der gesamte Ausdruck mit `long`-Typen berechnet.
- Ist ein Operand vom Typ `float`, dann wird der gesamte Ausdruck mit `float`-Typen berechnet.
- Ist ein Operand vom Typ `double`, dann wird der gesamte Ausdruck mit `double`-Typen berechnet.

⚠ Innerhalb eines Ausdrucks erfolgt zwar eine automatische Typausweitung, aber *nicht* bezogen auf die Zuweisung.

Beispiel

Sie arbeiten mit int-Variablen in einem arithmetischen Ausdruck. Das Ergebnis soll einer float-Variablen zugewiesen werden.

```
class DemoTypausweitung
{
 public static void main (String args[])
 {
  int WertInt1 = 1235, WertInt2 = 524;
  float WertFloat1, WertFloat2;
  WertFloat1 = WertInt1 / WertInt2;  //Fall 1
  System.out.println("WertFloat1: " + WertFloat1);
  WertFloat2 = (float)WertInt1 / (float)WertInt2;  //Fall2
  System.out.println("WertFloat2: " + WertFloat2);
 }
}
```

Die Ergebnisse sehen folgendermaßen aus:

```
WertFloat1: 2.0
WertFloat2: 2.3568702
```

Im ersten Fall erfolgt eine Ganzzahldivision, d.h. als Ergebnis wird nur der ganzzahlige Anteil verwendet und dann der Variablen WertFloat1 zugewiesen.

Im zweiten Fall erfolgt durch die Angabe (float) vor der jeweiligen Variablen eine explizite Typausweitung auf einen float-Wert (ohne den Wert der int-Variablen selbst zu verändern), dann erfolgt eine Gleitpunkt-Division und dann die Zuweisung des Gleitpunkt-Ergebnisses an die float-Variable.

Erweitern Sie das Programm DemoTypausweitung um folgende Anweisung und führen Sie das Programm aus:

```
WertFloat3 = ((float)WertInt1) / WertInt2;
```

Welches Ergebnis erhalten Sie und warum?

Basistext

Explizite Typeinengung *(casting)*

Eine Typeinengung erfolgt, wenn der gewünschte Typ, eingeschlossen in Klammern und gefolgt von dem Variablen- bzw. Konstantennamen, im Ausdruck hingeschrieben wird: `(Zieltyp) Wert`

Beispiel

```
int a ; float b = 10.52f;
a = (int) b;
a = (int) (b / 3.3f + 5.73f);
```

Durch diese Typeinengung wird der `float`-Wert `10.52f` in den `int`-Wert `10` gewandelt. Der Bruchanteil wird abgeschnitten. In der zweiten Anweisung erfolgt die Typanpassung erst nach der Ausführung der Berechnung `b / 3.3f + 5.73f`.

Bei Typeinengungen tritt in der Regel ein Informationsverlust ein. Um Fehler im Programm möglichst frühzeitig zu entdecken, soll durch die explizite Typkonversion der Programmierer daran erinnert werden, mit welchen Typen er arbeitet. Der Java-Compiler kann Typverletzungen erkennen und als Fehler melden. Eine Typeinengung zwischen Werten vom Typ `boolean` und numerischen Typen ist *nicht* möglich.

Beispiel

```
// Es sollen Zinsen für ein Kapital k mit dem Prozentsatz
// p für t Tage berechnet werden:
double z, k, p; int t;
z = k * p * (double) t / 100.0 / 360.0;
```

Wichtig ist, dass die Werte `100` und `360` als Gleitpunkt-Literale hingeschrieben werden. Da in diesem Fall für die Variable `t` eine Typausweitung erfolgt, ist eine explizite Typumwandlung *nicht* erforderlich, aber erlaubt.

Runden statt Abschneiden

Soll bei einer Typeinengung der Bruchanteil einer Gleitpunkt-Zahl *nicht* abgeschnitten, sondern gerundet werden, dann kann dazu die Operation `round` aus der Java-Mathematik-Klasse verwendet werden.

Wenn der Typ `int` auf den Typ `byte` eingeengt wird, dann wird der Modulo-Wert der Variablen vom Typ `byte` zugewiesen, wenn der `int`-Wert größer als der `byte`-Wertebereich ist. Analog gilt dies auch bei der Typeinengung anderer Typen auf `byte`.

Beispiel

```
//Beispiele für Typumwandlungen
class Typwandlung
{
 public static void main (String args[])
 {
  double zahl1 = 10.5;
  double zahl2 = 10.49;
  int zahl1int = (int)zahl1;
  int zahl1intgerundet = (int)Math.round(zahl1);
  int zahl2int = (int)zahl2;
  int zahl2intgerundet = (int)Math.round(zahl2);
  System.out.println("Zahl1: " + zahl1);
  System.out.println("Zahl1 abgeschnitten: " + zahl1int);
  System.out.println("Zahl1 gerundet: " + zahl1intgerundet);
  System.out.println("Zahl2: " + zahl2);
  System.out.println("Zahl2 abgeschnitten: " + zahl2int);
  System.out.println("Zahl2 gerundet: " + zahl2intgerundet);
  byte b; //Wertebereich 0 bis 255
  int i = 260;
  b = (byte)i;
    //führt zu einer Modulo-256-Operation (Rest = 4)
  System.out.println("i: " + i + " b: " + b);
 }
}
```

Es werden folgende Ergebnisse ausgegeben:

```
Zahl1: 10.5
Zahl1 abgeschnitten: 10
Zahl1 gerundet: 11
Zahl2: 10.49
Zahl2 abgeschnitten: 10
Zahl2 gerundet: 10
i: 260 b: 4
```

Glossar

Typumwandlung *(type conversion)* Explizite oder implizite Anpassung der Typen von Variablen und Konstanten, wenn in einem Ausdruck oder einer Zuweisung Variablen bzw. Konstanten mit unterschiedlichen Typen vorhanden sind.

Basistext

4 Das Wichtigste zum Testen *

Ziel jeder Programmentwicklung ist es, ein Programm zu erstellen, das die Anforderungen des Auftraggebers erfüllt und möglichst keine oder nur wenige Fehler enthält.

Testfälle aufstellen

Bevor Sie ein Programm entwickeln, sollten Sie aus den Programmanforderungen mögliche Eingabedaten und die zu erwartenden Ergebnisse in Form von **Testfällen** zusammenstellen. Ist das Programm oder sind Teile des Programms fertiggestellt, dann sollten Sie das Programm mit den vorher aufgestellten Testfällen durchführen:

- »Einfaches Testen« (S. 126)

Regressionstest

Während einer Programmentwicklung entstehen durch Änderungen oder Erweiterungen immer neue Programmversionen, die jeweils neu mit Testfällen getestet werden müssen. Empfehlenswert ist es, die **Testdaten** in Dateien zu speichern und bei neuen Programmversionen die bisherigen Testdaten automatisch aus diesen Dateien zu lesen:

- »Regressionstest« (S. 130)

Stapelverarbeitung

Um die Durchführung von Tests zu automatisieren, gibt es die Möglichkeit sogenannte Stapelverarbeitungsprogramme zu erstellen:

- »Stapelverarbeitungsprogramme« (S. 135)

Auswahl von Testdaten

Das Finden von Fehlern hängt wesentlich davon ab, welche Testdaten gewählt werden:

- »Zur Auswahl von Testdaten« (S. 142)

4.1 Einfaches Testen *

Bevor man ein Programm entwickelt, sollte man eine klare Vorstellung davon haben, was das Programm tun soll. Auf dieser Grundlage wird ein Test erstellt, der prüft, ob das Programm die Anforderungen erfüllt. Während der Weiterentwicklung können sich Fehler in ein Programm einschleichen. Daher muss getestet werden, ob die neue Version die ursprünglichen Anforderungen weiterhin wie erwartet erfüllt.

Programme sollen bestimmten Anforderungen genügen, damit sie für vorgesehene Aufgaben eingesetzt werden können. Aus den Anforderungen ergeben sich mögliche Eingabewerte und die durch das Programm zu ermittelnden Ausgabewerte.

Beispiel

Angenommen, Sie entwickeln ein Programm, das einen Nettobetrag einliest und den entsprechenden Bruttobetrag inklusive Mehrwertsteuer (MWST) und die MWST selbst ausgibt. Bei einem Mehrwertsteuersatz von 16 Prozent müsste die Eingabe eines Nettobetrags von € 100,00 zur Anzeige des Bruttobetrags von € 116,00 und des MWST-Betrags von € 16,00 führen. Das folgende Programm soll diese Anforderungen realisieren:

Brutto1

```
/**************************************************
Programm zur Berechnung des Brutto-Betrags und
der MWST aus dem Netto-Betrag. Der Nettowert
wird über die Konsole eingelesen. Ausgegeben
werden der Bruttowert, der Nettowert und die MWST
**************************************************/
import ConsoleInOut.*;
class Brutto1
{
 //Berechnet die MWST und den Bruttobetrag
 public static void main (String args[])
 {
   final float VOLLE_MWST = 16.0f;
```

```
    float Netto, Brutto, MWST;
    System.out.println(
     "Geben Sie bitte den Nettobetrag ein " +
       "(Nachkommastellen durch Punkt getrennt!)");
    Netto = Console.console_in_float(); //Einlesen
    Brutto = Netto * ((100.0f + VOLLE_MWST) / 10.0f);
    MWST = Brutto - Netto;
    System.out.println("Brutto " + Brutto + " Euro");
    System.out.println("Netto " + Netto + " Euro");
    System.out.println("MWST " + MWST + " Euro");
  }
}
```

Wenn Sie dieses Programm übersetzen und ausführen, dann stellen Sie fest, dass *nicht* die gewünschten Ergebnisse ausgegeben werden:

```
Geben Sie bitte den Nettobetrag ein
(Nachkommastellen durch Punkt getrennt!) 100.00
Brutto 1160.0 Euro
Netto 100.0 Euro
MWST 1060.0 Euro
```

Eine Überprüfung Ihres Programms ergibt, dass Sie in der Zeile

```
Brutto = Netto * ((100.0f + VOLLE_MWST) / 10.0f);
```

statt durch 100 nur durch 10 dividiert haben. Sie korrigieren den Fehler und führen das Programm mit demselben Eingabewert nochmals aus. Jetzt erhalten Sie das richtige Ergebnis:

```
Geben Sie bitte den Nettobetrag ein
(Nachkommastellen durch Punkt getrennt!) 100
Brutto 116.0 Euro
Netto 100.0 Euro
MWST 16.0 Euro
```

Werden Programme mit Eingabewerten ausgeführt, um die Richtigkeit der Programmergebnisse zu überprüfen, dann nennt man diese Eingabewerte **Testdaten**. Im Beispiel wurde als Testdatum der Wert € 100.- eingegeben. Oft benötigen Programme mehr als ein Testdatum zur Ausführung. Al-

Basistext

le Testdaten, die benötigt werden, um einen Programmlauf von der Eingabe bis zum Ergebnis durchzuführen, bezeichnet man als **Testfall**.

Beispiel

Sie entschliessen sich Ihr Programm `Brutto1` zu überarbeiten, da die Anweisung

```
Brutto = Netto * ((100.0f + VOLLE_MWST) / 100.0f);
```

rechenzeitaufwändig und unübersichtlich ist. Da Sie *nicht* wissen, ob Ihr neues Programm auf Anhieb richtig ist, heben Sie das alte Programm `Brutto1` auf und nennen das neue Programm `Brutto2`:

Brutto2

```
import ConsoleInOut.*;
class Brutto2
{
 //Berechnet die MWST und den Bruttobetrag
 public static void main (String args[])
 {
   final float VOLLE_MWST = 1.16f;
   float Netto, Brutto, MWST;
   System.out.println(
    "Geben Sie bitte den Nettobetrag ein " +
      "(Nachkommastellen durch Punkt getrennt!)");
   Netto = Console.console_in_float(); //Einlesen
   Brutto = Netto * VOLLE_MWST;
   MWST = Brutto - Netto;
   System.out.println("Brutto " + Brutto + " Euro");
   System.out.println("Netto " + Netto + " Euro");
   System.out.println("MWST " + MWST + " Euro");
  }
}
```

Sie geben auch in dieses Programm das Testdatum € 100.- ein und erhalten das gewünschte Ergebnis.

Tipp

Neue Programmversionen mit neuem Namen

Wird ein Programm verändert, dann muss das Programm erneut getestet werden. Die neue Programmversion sollte unter einem anderen Namen abgespeichert werden. Die alte Programmversion sollte *nicht* gelöscht werden. Die verschiedenen Programmversionen sollten durch aufsteigende Nummern am Ende des Namens gekennzeichnet werden, z.B. `Brutto1`, `Brutto2` usw.

Zuerst Tests entwerfen, dann Programmieren
Eine inzwischen bewährte Vorgehensweise bei der Programmierung ist der **Test-First-Ansatz**. Zuerst werden ein oder mehrere Testfälle entworfen, bevor ein Teil des Programms entwickelt wird.

Empfehlung

Am einfachsten kann man zwei Programmversionen überprüfen, indem man beide Programme mit den gleichen Eingaben aufruft und die Ausgabe vom Programm 1, z.B. `Brutto1`, mit der Ausgabe vom Programm 2, z.B. `Brutto2`, vergleicht. Der Vergleich zeigt dann, ob beide Programme bei gleichen Eingaben übereinstimmende Ausgaben produzieren.

Prüfung von zwei Programmversionen

Der Vergleich der Ausgabe von zwei Programmversionen bei gleicher Eingabe wird **Regressionstest** genannt (siehe: »Regressionstest« (S. 130)).

Regressionstest

Sie benötigen für ein Zeiterfassungssystem ein Programm, das aus Stunden, Minuten und Sekunden die Gesamtzeit in Sekunden ermittelt. Überlegen Sie – bevor Sie das Programm entwerfen – einige Testfälle, d.h. schreiben Sie sich einige Eingabedaten auf und berechnen Sie mit dem Taschenrechner die Gesamtzeit. Prüfen Sie anschließend, ob Ihr Programm die richtigen Ergebnisse liefert.

Test-First-Ansatz *(test first approach)* Der Test-First-Ansatz geht davon aus, dass der Entwurf von Tests und deren Ausführung auch das Design des Programms vorantreibt. Bevor ein Stück eines Programms geschrieben wird, wird zuerst ein Test entworfen. Anschließend wird nur soviel Programmcode geschrieben, wie der Test verlangt. Dementsprechend findet die Programmentwicklung in einer raschen Folge von Test- und Implementierungsschritten statt.

Glossar

Testdatum *(test data)* Stichprobe der möglichen Eingabewerte eines Programms, die für die Testdurchführung verwendet wird. In der Regel ist ein Testdatum Teil eines Testfalls.

Testfall *(test case)* Satz von Testdaten, der die vollständige Ausführung eines Pfads des zu testenden Programms verursacht.

4.2 Regressionstest *

Beim Regressionstest werden in Dateien gespeicherte Testfälle für den erneuten Test geänderter Programme genutzt. Die Testergebnisse werden ebenfalls in Textdateien gespeichert. Dadurch können sie automatisch auf Gleichheit überprüft werden.

Wiederholung von Tests nach Programmänderungen

Während einer Programmentwicklung werden Programme modifiziert und erweitert. Wurde die erste Programmversion mit Testfällen getestet, dann muss ein modifiziertes oder erweitertes Programm erneut getestet werden. Dieselbe Situation liegt auch vor, wenn aufgrund von Programmfehlern das Programm verbessert wird. Auch dann müssen die Tests wiederholt werden, um sicherzustellen, dass nach der Fehlerbeseitigung nicht neue Fehler durch die Korrektur entstanden sind.

Regressionstest

Wird ein Programm nach einer Änderung erneut mit den gleichen **Testfällen** ausgeführt, dann spricht man von einem **Regressionstest**.

Testfälle in Textdateien speichern

Um die Testfälle, die bei komplexen Programmen sehr umfangreich sein können, nicht alle »per Hand« neu eingeben zu müssen, ist es sinnvoll die Testdaten in Textdateien zu speichern und die Eingabedaten – statt vom Konsolenfenster oder einer grafischen Benutzungsoberfläche aus – aus den Textdateien zu lesen.

Die Testergebnisse des ursprünglichen Programms müssen mit den Testergebnissen des modifizierten Programms verglichen werden. Um diesen Vergleich automatisch vornehmen zu können, ist es sinnvoll, die Testergebnisse ebenfalls in eine Textdatei zu schreiben. Um zwei Dateien auf Gleichheit zu überprüfen, gibt es eine Reihe von Programmen, die dies tun.

Test-ergebnissse in Textdateien speichern

Damit Sie ein Gefühl dafür bekommen, wie ein solcher Regressionstest in Java ablaufen kann, wird das Paket `ConsoleInOut` um die Klasse `FileIO` mit folgenden Methoden ergänzt:

Java

- `int_in(String filename)`: Liest eine ganze Zahl von der Datei mit dem Dateinamen `filename` ein.
- `float_in(String filename)`: Liest eine Gleitpunktzahl von der Datei mit dem Dateinamen `filename` ein.
- `out(int Zahl, String filename)`: Schreibt eine ganze Zahl in die Datei mit dem Dateinamen `filename`.
- `out(float Zahl, String filename)`: Schreibt eine Gleitpunktzahl in die Datei mit dem Dateinamen `filename`.

Wenn Sie alle Programme bereits heruntergeladen haben, dann enthält die Datei `ConsoleInOut` bereits diese zusätzliche Klasse `FileIO`. Öffnen Sie die Datei `FileIO` und sehen Sie sich die Methoden an.

Hinweis

Sie wollen das Programm `Brutto1Datei` mit dem Testdatum `50.- Euro` testen. Als Testergebnis erwarten Sie `Brutto = 58.- Euro` und als `MWST = 8.- Euro`. Das Testdatum `50.- Euro` schreiben Sie in die Textdatei `netto1.txt`. Das Java-Programm sieht folgendermaßen aus:

Beispiel

```
/**************************************************
Programm zur Berechnung des Brutto-Betrags und
der MWST
Der Nettowert wird über eine Textdatei eingelesen
Ausgegeben werden der Bruttowert und die MWST
**************************************************/
import ConsoleInOut.*;
class Brutto1Datei
{
 //Berechnet die MWST und den Bruttobetrag
 public static void main (String args[])
 {
   final float VOLLE_MWST = 16.0f;
   float Netto, Brutto, MWST;
   System.out.println
    ("Geben Sie bitte den Eingabedateinamen ein: ");
   String filenameIn = Console.console_in();
   System.out.println
    ("Geben Sie bitte den Ausgabedateinamen ein: ");
   String filenameOut = Console.console_in();
   Netto = FileIO.float_in(filenameIn); //Einlesen
   Brutto = Netto * ((100.0f + Volle_MWST) / 100.0f);
   MWST = Brutto - Netto;
   System.out.println("Brutto " + Brutto + " Euro");
   FileIO.out(Brutto, filenameOut); //Ausgabe in Datei
   System.out.println("Netto " + Netto + " Euro");
   FileIO.out(Netto, filenameOut); //Ausgabe in Datei
   System.out.println("MWST " + MWST + " Euro");
   FileIO.out(MWST, filenameOut); //Ausgabe in Datei
   System.exit(0); //Ende des Programms
 }
}
```

Wenn Sie als Dateinamen für die Ausgabe `netto1aus.txt` wählen, dann stehen die Ergebnisse anschließend wie folgt in dieser Textdatei:

```
58.0
50.0
8.0
```

Zusätzlich werden die Werte auch noch im Konsolenfenster angezeigt.

Basistext

Anschließend ändern Sie Ihr Programm `Brutto1Datei` in `Brutto2Datei` wie folgt:

```
/**************************************************
Programm zur Berechnung des Brutto-Betrags und
der MWST
Der Nettowert wird über eine Textdatei eingelesen
Ausgegeben werden der Bruttowert und die MWST
**************************************************/
import ConsoleInOut.*;
class Brutto2Datei
{
 //Berechnet die MWST und den Bruttobetrag
 public static void main (String args[])
 {
   final float VOLLE_MWST = 1.16f;
   float Netto, Brutto, MWST;
   System.out.println
    ("Geben Sie bitte den Eingabedateinamen ein: ");
   String filenameIn = Console.console_in();
   System.out.println
    ("Geben Sie bitte den Ausgabedateinamen ein: ");
   String filenameOut = Console.console_in();
   Netto = FileIO.float_in(filenameIn); //Einlesen
   Brutto = Netto * VOLLE_MWST;
   MWST = Brutto - Netto;
   System.out.println("Brutto " + Brutto + " Euro");
   FileIO.out(Brutto, filenameOut); //Ausgabe in Datei
   System.out.println("Netto " + Netto + " Euro");
   FileIO.out(Netto, filenameOut); //Ausgabe in Datei
   System.out.println("MWST " + MWST + " Euro");
   FileIO.out(MWST, filenameOut); //Ausgabe in Datei
   System.exit(0); //Ende des Programms
 }
}
```

Beim Start dieses Programms `Brutto2Datei` geben Sie als Eingabedatei wieder `netto1.txt` ein, als Ergebnisdatei `netto2aus.txt`.

Programm FC

Im Konsolenfenster können Sie mit dem Programm FC, das standardmäßig auf der Windows-Plattform zur Verfügung steht, zwei Dateien auf Gleichheit überprüfen:

- `fc filename1 filename2`:
  Befehl, der die Differenzen der beiden Dateien `filename1` und `filename2` ausgibt.

Hinweis

Anderes Programm unter Linux

Auf Linux-Plattformen steht ein anderes Programm für den Vergleich zwischen zwei Dateien zur Verfügung. Der Befehl lautet dort `cmp filename1 filename2`. Einen Überblick über die Unterschiede zwischen Windows- und Linux-Plattformen finden Sie im Wissensbaustein »Stapelverarbeitungsprogramme« (S. 135).

Beispiel

Der Vergleich der Dateien `netto1aus.txt` und `netto2aus.txt` im Konsolenfenster führt zu folgendem Ergebnis:

```
C:\>fc C:\Java\Brutto1Datei\netto1aus.txt
C:\Java\Brutto2Datei\netto2aus.txt
Vergleichen der Dateien
C:\JAVA\BRUTTO1DATEI\netto1aus.txt und
C:\JAVA\BRUTTO2DATEI\NETTO2AUS.TXT
FC: Keine Unterschiede gefunden
```

Führen Sie diese Programme – wie oben beschrieben – auf Ihrem Computersystem aus. Ändern Sie das Programm `Brutto2Datei` so ab, dass ein fehlerhaftes Ergebnis entsteht und führen Sie einen erneuten Regressionstest durch.

Glossar

Regressionstest *(regression test)* Wiederholung der bereits durchgeführten Tests nach Änderungen des Programms. Er dient zur Überprüfung der korrekten Funktion eines Programms nach Modifikationen, z.B. Fehlerkorrekturen.

4.3 Stapelverarbeitungsprogramme: .bat-Dateien **

Befehlsfolgen, z.B. Start von Programmen, die oft in gleicher Reihenfolge ausgeführt werden müssen, können zu sogenannten Stapelverarbeitungsprogrammen *(batch processing)* zusammengefasst und in einer Datei abgespeichert werden (bei Windows sogenannte `.bat`-Dateien). Beim Aufruf der Datei, z.B. durch Eingabe des Dateinamens im Konsolenfenster, werden dann die in der Datei aufgeführten Befehle nacheinander ausgeführt. Dadurch erspart man sich das wiederholte Eintippen derselben Befehlsfolgen in das Konsolenfenster. Durch die Vergabe von Parametern können variable Befehlsfolgen »programmiert« werden.

Windows-Plattformen

Auf Windows-Plattformen ist es im Konsolenfenster möglich, Befehle hinzuschreiben und ausführen zu lassen, z.B. Start des Java-Programms `Brutto3` durch `java Brutto3`.

Java

Hinter dem Befehl `java` kann nicht nur der Name des Java-Programms angegeben werden, das ausgeführt werden soll, sondern es können weitere Angaben gemacht werden, die an das Java-Programm übergeben werden (siehe: »Felder als Eingabeparameter« (S. 292)).

Beispiel

An das Java-Programm `Brutto3Datei` sollen die Dateinamen `Eingabe.txt` und `Ausgabe.txt` übergeben werden. Aus der Datei `Eingabe.txt` sollen die Testdaten gelesen und die Ergebnisse sollen in die Datei `Ausgabe.txt` geschrieben werden. Der Befehl im Konsolenfenster sieht dann folgendermaßen aus:

```
java Brutto3Datei Eingabe.txt Ausgabe.txt
```

Zwischen den einzelnen Angaben muss jeweils ein Leerzeichen stehen. Was geschieht nun mit diesen Angaben im

Java-Programm? Jede Java-Anwendung besitzt eine sogenannte `main`-Methode, die wie folgt aussieht:

```
public static void main (String args[])
```

In Klammern steht `String args[]`, das bedeutet, dass Angaben, die im Befehl `java` nach dem Programmnamen angegeben sind als sogenannte Eingabeparameter an die `main`-Methode übergeben werden. Den Wert des ersten Parameters, hier `"Eingabe.txt"`, kann man einer Variablen vom Typ `String` zuweisen, z.B. durch `String Eingabedatei = args[0]`. Den Wert des zweiten Parameters kann man ebenfalls einer String-Variablen zuweisen, z.B. durch `String Ausgabedatei = args[1]`. Ändert man nun das Java-Programm so ab, dass diese Dateiangaben an die entsprechenden Ein- und Ausgabemethoden weitergegeben werden, dann ist eine gesonderte Eingabe der Dateinamen nach dem Start des Programms nicht mehr erforderlich:

```
/*************************************************
Programm zur Berechnung des Brutto-Betrags und
der MWST. Der Nettowert wird über eine
Eingabedatei eingelesen. Ausgegeben werden der
Bruttowert, der Nettowert und die MWST in eine Datei
*************************************************/
import ConsoleInOut.*;
class Brutto3Datei
{
 //Berechnet die MWST und den Bruttobetrag
 public static void main (String args[])
 {
   final float Volle_MWST = 16.0f;
   float Netto, Brutto, MWST;
   //Übernahme des Namens der Eingabedatei von args[0]
   String filenameIn = args[0];
   //Übernahme des Namens der Ausgabedatei von args[1]
   String filenameOut = args[1];
   Netto = FileIO.float_in(filenameIn); //Einlesen
   Brutto = Netto * ((100.0f + Volle_MWST) / 100.0f);
   MWST = Brutto - Netto;
   System.out.println("Brutto " + Brutto + " Euro");
   FileIO.out(Brutto, filenameOut); //Ausgabe in Datei
```

```
   System.out.println("Netto " + Netto + " Euro");
   FileIO.out(Netto, filenameOut); //Ausgabe in Datei
   System.out.println("MWST " + MWST + " Euro");
   FileIO.out(MWST, filenameOut); //Ausgabe in Datei
   System.exit(0); //Ende des Programms
 }
}
```

Und so sieht eine Ausführung im Konsolenfenster aus:

```
C:\Java\Brutto3Datei>
java Brutto3Datei netto1.txt netto1aus.text
Brutto 58.0 Euro
Netto 50.0 Euro
MWST 8.0 Euro
```

Wird das Programm mit BlueJ ausgeführt, dann öffnet sich ein Fenster mit `Brutto3Datei.main({})`. Zwischen die geschweiften Klammern muss folgendes eingegeben werden: `"netto1.txt", "netto1aus.txt"`, d.h. die Dateinamen müssen in Anführungszeichen (es sind Zeichenketten) gesetzt und durch Komma getrennt eingegeben werden.

Führen Sie das Programm `Brutto3Datei` auf Ihrem Computersystem aus.

In vielen Fällen sind mehrere Programme direkt hintereinander auszuführen, ohne dass der Benutzer eingreifen soll oder muss.

Beispiel

Beim Regressionstest werden zwei Programmversionen hintereinander ausgeführt. Beide Programme lesen aus derselben Testdatendatei und geben ihre Ergebnisse in unterschiedliche Dateien aus. Anschließend werden beide Ausgabedateien auf Gleichheit geprüft. Folgende Befehle sind dazu notwendig:

```
java Brutto3Datei netto1.txt netto1aus.txt
java Brutto4Datei netto1.txt netto2aus.txt
fc netto1aus.txt netto2aus.txt > vergleich.txt
type vergleich.txt
```

Basistext

Der vorletzte Befehl bewirkt, dass die beiden Ausgabedateien durch das Programm `fc` verglichen werden. Das Vergleichsergebnis wird nicht im Konsolenfenster angezeigt, sondern in die Datei `vergleich.txt` »umgelenkt«. Der letzte Befehl zeigt den Inhalt der Datei `vergleich.txt` an.

Müssen Vorgänge oft mit kleinen Variationen wiederholt werden, dann ist es mühsam die erforderlichen Befehle immer wieder neu hinzuschreiben.

Beispiel

Beim Regressionstest müssen neue Programmversionen mit vorhandenen Testdateien ausgeführt werden. Das erneute Eingeben von drei Befehlen ist mühsam und fehleranfällig.

.bat-Dateien

Auf **Windows-Plattformen** ist es möglich, Befehlsfolgen, die im Konsolenfenster ausgeführt werden sollen, in sogenannten `.bat`-Dateien – auch Batch-Dateien genannt – abzuspeichern. Bei diesen Dateien handelt es sich um normale Textdateien, die jedoch die Dateiendung `.bat` besitzen. Wird im Konsolenfenster dann der Name der `.bat`-Datei (mit oder ohne Dateiendung) angegeben, dann wird die Befehlsfolge, die in dieser Datei steht, abgearbeitet. Die Ausführung solcher abgespeicherten Befehlsfolgen bezeichnet man als **Stapelverarbeitung** *(batch processing).*

Shell-Skripte

Auf **Linux-Plattformen** werden `Shell`-Skripte benutzt, um eine Abfolge von Befehlen auszuführen. Sie haben die gleiche Funktion wie Batch-Dateien unter Windows. Sie besitzen die Dateiendung `.sh` und werden ausgeführt, indem der folgende Befehl in eine `bash` eingegeben wird: `sh Skriptname.sh`.

Beispiel für Windows

Die oben bereits aufgeführte Befehlsfolge wird in einer Datei testbrutto.bat gespeichert:

```
java Brutto3Datei netto1.txt netto1aus.txt
java Brutto4Datei netto1.txt netto2aus.txt
fc netto1aus.txt netto2aus.txt > vergleich.txt
type vergleich.txt
```

Im Konsolenfenster muss dann nur noch testbrutto eingetippt werden und alle Befehle werden nacheinander ausgeführt:

```
C:\Java\BruttoTest>testbrutto

C:\Java\BruttoTest>
java Brutto3Datei netto1.txt netto1aus.txt
Brutto 58.0 Euro
Netto 50.0 Euro
MWST 8.0 Euro

C:\Java\BruttoTest>
java Brutto4Datei netto1.txt netto2aus.txt
Brutto 58.0 Euro
Netto 50.0 Euro
MWST 8.0 Euro

C:\Java\BruttoTest>
fc netto1aus.txt netto2aus.txt  1>vergleich.txt
C:\Java\BruttoTest>type vergleich.txt
Vergleichen der Dateien netto1aus.txt und NETTO2AUS.TXT
FC: Keine Unterschiede gefunden
```

Das Shell-Skript unter Linux sieht ganz ähnlich aus. Lediglich zwei Befehle lauten dort anders.

Beispiel für Linux

```
java Brutto3Datei netto1.txt netto1aus.txt
java Brutto4Datei netto1.txt netto2aus.txt
cmp netto1aus.txt netto2aus.txt > vergleich.txt
cat vergleich.txt
```

echo off / echo

Wird eine .bat-Datei ausgeführt, dann werden alle in ihr enthaltenen Befehle im Konsolenfenster angezeigt. Mit dem Befehl echo off können Sie die Befehlsausgabe im Konsolenfenster verhindern. Soll nach einem Befehl `echo off` dennoch etwas im Konsolenfenster ausgegeben werden, dann kann der Befehl `echo` – gefolgt von dem anzuzeigenden Text – verwendet werden. Soll ein einzelner Befehl *nicht* angezeigt werden, dann steht vor ihm ein Klammeraffe (`@`). Soll beispielsweise der Befehl `echo off` selbst nicht angezeigt werden, dann muss `@echo off` geschrieben werden.

`rem` Längere Stapelverarbeitungs-Programme sollten durch Kommentare beschrieben werden. Eine Kommentarzeile beginnt mit `rem`.

`pause` Der Befehl `pause` bewirkt, dass die Abarbeitung der `.bat`-Datei angehalten wird und erst nach der Betätigung einer beliebigen Taste weiterläuft.

`more` Soll der Inhalt einer Textdatei seitenweise angezeigt werden, dann kann dazu der Befehl `more` verwendet werden.

Parameter Eine ganz wichtige Eigenschaft von Stapelverarbeitungs-Programmen ist die Möglichkeit, Daten, die sich von Ausführung zu Ausführung ändern, als sogenannte Parameter anzugeben.

Beispiel Ist eine neue Programmversion `Brutto5Datei` entstanden, die mit dem Programm `Brutto4Datei` verglichen werden soll, dann muss in dem bisherigen Stapelverarbeitungsprogramm `testbrutto.bat` der Programmname `Brutto3Datei` gegen `Brutto4Datei` und der Programmname `Brutto4Datei` gegen `Brutto5Datei` ausgetauscht werden. Bei jeder neuen Programmversion sind solche Änderungen vorzunehmen.

`%1`, `%2` usw. Durch die Platzhalter `%1`, `%2` usw. ist es möglich sich ändernde Werte als Parameter in dem Stapelverarbeitungs-Programm anzugeben. Beim Start der Batch-Datei werden dann hinter dem Dateinamen die aktuellen Werte für die Parameter angegeben.

Basistext

Beispiel für Windows

Anstelle von `Brutto3Datei` wird in dem Stapelverarbeitungs-Programm `%1` und anstelle von `Brutto4Datei` wird `%2` angegeben:

```
@echo off
rem Regressionstest
echo Regressionstest von %1 und %2
java %1 netto1.txt netto1aus.txt
java %2 netto1.txt netto2aus.txt
fc netto1aus.txt netto2aus.txt > vergleich.txt
more vergleich.txt
```

Im Konsolenfenster sieht dies folgendermaßen aus:

```
C:\Java\BruttoTest>testbrutto2 Brutto3Datei Brutto4Datei
Regressionstest von Brutto3Datei und Brutto4Datei
Brutto 58.0 Euro
Netto 50.0 Euro
MWST 8.0 Euro
Brutto 58.0 Euro
Netto 50.0 Euro
MWST 8.0 Euro
Vergleichen der Dateien netto1aus.txt und NETTO2AUS.TXT
FC: Keine Unterschiede gefunden
```

Tab. 4.3-1 zeigt die wichtigsten Befehle für Windows-Plattformen und Linux-Plattformen auf einen Blick.

Windows	Linux	Bedeutung
rem	#	Kommentar
echo	echo	Textausgabe
type	cat	Ausgabe von Dateien
more	more	Seitenorientierte Dateiausgabe
%1	$1	Parameter
pause	sleep	Unterbrechung
cls	clear	Inhalt des Konsolenfensters löschen
fc	cmp	Dateivergleich

Tab. 4.3-1: Windows- und Linux-Befehle auf einen Blick.

Basistext

4.4 Zur Auswahl von Testdaten **

Um Programmierfehler zu finden, sollte ein Programm mit unterschiedlichen Eingabewerten getestet werden. Die Eingabedaten sollten repräsentativ für den erlaubten Wertebereich sein. Zusätzlich können Extremwerte gewählt werden, die am Rande erlaubter Wertebereiche liegen. Besonders sensibel reagieren Programme oft auf spezielle Eingabewerte, z.B. `0` oder `1`.

unterschiedliche Testdaten

In Abhängigkeit von Eingabewerten können sich Programme unterschiedlich verhalten. Daher sollten Sie jedes Programm mit *unterschiedlichen* Datensätzen testen. Die Auswahl der Eingabedaten sollten Sie systematisch vornehmen. Eine Möglichkeit besteht darin, **repräsentative Eingabedaten** zu verwenden. Außerdem ist es möglich, **Extremwerte** als Eingabedaten auszuwählen. Oft treten Fehler auch bei **speziellen Werten** auf, z.B. bei dem Eingabewert `0`. Bei der Eingabe von Zeichenketten sind Sonderzeichen oder Steuerzeichen besonders zu überprüfen. Besonders wirksam ist die Kombination dieser drei Möglichkeiten.

Beispiel 1a

Sie wollen in die USA verreisen. Sie stellen bei Ihren Web-Recherchen fest, dass in den USA alle Temperaturangaben in Fahrenheit sind. Sie entschliessen sich, ein Umrechnungsprogramm `Fahrenheit in Celsius` und `Celsius in Fahrenheit` zu schreiben. Sie finden im Web eine entsprechende Umrechnungstabelle (Tab. 4.4-1).

Beim Recherchieren im Web erfahren Sie noch, dass die Fahrenheit-Temperaturskala nach dem Physiker und Instrumentenbauer Daniel Gabriel Fahrenheit benannt wurde, der am 24. Mai 1686 in Danzig geboren wurde. Fahrenheit wählte als Nullpunkt seiner Temperaturskala die tief-

°F	°C	°F	°C
0	-17,8	70	21,1
1	-17,2	80	26,7
5	-15,0	90	32,2
10	-12,2	100	37,8
20	-6,7	110	43,3
30	-1,1	120	48,9
32	0,0	130	54,4
40	4,4	140	60,0
50	10,0	150	65,6
60	15,6	212	100

Tab. 4.4-1: Umrechnungstabelle Fahrenheit – Celsius.

ste Temperatur des strengen Winters 1708/1709 in seiner Heimatstadt Danzig. Mit einer Mischung aus Eis, Salmiak und Wasser (Kältemischung) konnte er danach den Nullpunkt wieder herstellen (-17,8 °C). Fahrenheit wollte dadurch negative Temperaturen vermeiden, wie sie bei der Römer-Skala schon im normalen Alltagsgebrauch auftraten. Seine eigene Körpertemperatur legte er bei 100 Grad fest. Seine ursprüngliche Skala sah nur zwölf Unterteilungen vor, später teilte er diese jedoch noch einmal durch acht gleiche Gradabstände, wodurch er letztlich auf 96 Grade kam. Fahrenheit bemerkte, dass der Gefrierpunkt von reinem Wasser (Eispunkt) bei 32 °F und der Siedepunkt bei 212 °F liegt.

Als **repräsentative Testdaten** wählen Sie die Fahrenheit-Werte 50 und 80 Grad aus, als **Extremwerte** die Fahrenheit-Temperaturen 0 und 212 sowie als **speziellen Wert** 32.

Basistext

Damit Sie Ihr Programm automatisch testen können, legen Sie die Testdaten jeweils in eine Textdatei. Außerdem erstellen Sie folgende Batch-Datei `fahrenheit.bat`:

```
@echo off
rem Test Fahrenheit
echo Test des Programms %1
java %1 f1.txt f1aus.txt
java %1 f2.txt f2aus.txt
java %1 f3.txt f3aus.txt
java %1 f4.txt f3aus.txt
java %1 f5.txt f5aus.txt
```

Sie finden im Web die Formel

`Celsius = (Fahrenheit - 32) * 5 / 9`

zur Umrechnung und erstellen damit folgendes Programm:

```
/*************************************************
Programm zur Berechnung der Celsius-Temperatur
aus einer Fahrenheit-Temperatur.
Die Fahrenheit-Temperatur wird aus einer Datei
eingelesen und das Ergebnis in eine Datei ausgegeben.
*************************************************/

import ConsoleInOut.*;
class Fahrenheit1
{
 public static void main (String args[])
 {
   float Fahrenheit, Celsius;
   //Übernahme des Namens der Eingabedatei von args[0]
   String filenameIn = args[0];
   //Übernahme des Namens der Ausgabedatei von args[1]
   String filenameOut = args[1];
   Fahrenheit = FileIO.float_in(filenameIn); //Einlesen
   Celsius = (Fahrenheit - 32.0f) * 5.0f / 9.0f;
   //Testausgabe
   System.out.println
     ("Fahrenheit: " + Fahrenheit + " Celsius: " + Celsius);
   FileIO.out(Celsius, filenameOut); //Ausgabe in Datei
   System.exit(0); //Ende des Programms
 }
}
```

Basistext

Die Ausführung der Batch-Datei führt zu folgenden Ergebnissen, die mit den Werten in der Fahrenheit-Celsius-Tabelle übereinstimmen:

```
C:\Java\Fahrenheit>fahrenheit Fahrenheit1
Regressionstest von Fahrenheit1
Fahrenheit: 50.0 Celsius: 10.0
Fahrenheit: 80.0 Celsius: 26.666666
Fahrenheit: 0.0 Celsius: -17.777779
Fahrenheit: 32.0 Celsius: 0.0
Fahrenheit: 212.0 Celsius: 100.0
```

Bei der Analyse Ihres Programms stellen Sie fest, dass es sinnvoll ist, die Berechnung zu optimieren. Anstelle von

```
Celsius = (Fahrenheit - 32.0f) * 5.0f / 9.0f;
```

berechnen Sie einmal `5/9 = 0.55` und schreiben nun folgende Anweisung in Ihr Programm `Fahrenheit2`:

```
Celsius = (Fahrenheit - 32.0f) * 0.55f;
```

Um einen Regressionstest durchzuführen, ändern Sie die Batch-Datei wie folgt:

```
@echo off
rem Regressionstest Fahrenheit
cls
if exist (vergleich?.txt) del vergleich?.txt
rem ******************************************
echo Regressionstest von %1 und %2
echo 1. Testdatensatz
java %1 f1.txt f1aaus.txt
java %2 f1.txt f1baus.txt
fc f1aaus.txt f1baus.txt > vergleich1.txt
more vergleich1.txt
pause
rem ******************************************
echo 2. Testdatensatz
java %1 f2.txt f2aaus.txt
java %2 f2.txt f2baus.txt
fc f2aaus.txt f2baus.txt > vergleich2.txt
more vergleich2.txt
pause
```

```
rem *******************************************
echo 3. Testdatensatz
java %1 f3.txt f3aaus.txt
java %2 f3.txt f3baus.txt
fc f3aaus.txt f3baus.txt > vergleich3.txt
more vergleich3.txt
pause
rem *******************************************
echo 4. Testdatensatz
java %1 f4.txt f4aaus.txt
java %2 f4.txt f4baus.txt
fc f4aaus.txt f4baus.txt > vergleich4.txt
more vergleich4.txt
pause
rem *******************************************
echo 5. Testdatensatz
java %1 f5.txt f5aaus.txt
java %2 f5.txt f5baus.txt
fc f5aaus.txt f5baus.txt > vergleich5.txt
more vergleich5.txt
pause
rem *******************************************
echo Testende
```

.bat-Befehle

Mit dem Befehl `cls` wird das Konsolenfenster gelöscht (`cls` steht für *clear screen*).

Der Befehl `if exist (vergleich?.txt) del vergleich?.txt` besteht aus einer Abfrage und einer Aktion. Die Abfrage prüft, ob eine Datei, die zu dem Muster `vergleich?.txt` passt, existiert. Wenn ja, wird die nachstehende Aktion ausgeführt.

Der Befehl `del vergleich?.txt` löscht alle Dateien, die zum angegebenen Muster passen. Damit werden die Ergebnisse früherer Vergleiche gelöscht.

Beispiel 1b

Sie führen nun einen Regressionstest durch:

```
C:\Java\Fahrenheit>
fahrenheitregression Fahrenheit1 Fahrenheit2
Regressionstest von Fahrenheit1 und Fahrenheit2
1. Testdatensatz
Fahrenheit: 50.0 Celsius: 10.0
Fahrenheit: 50.0 Celsius: 9.900001
Vergleichen der Dateien f1aaus.txt und F1BAUS.TXT
***** f1aaus.txt
10.0
***** F1BAUS.TXT
9.900001
*****

Drücken Sie eine beliebige Taste . . .
2. Testdatensatz
Fahrenheit: 80.0 Celsius: 26.666666
Fahrenheit: 80.0 Celsius: 26.400002
Vergleichen der Dateien f2aaus.txt und F2BAUS.TXT
***** f2aaus.txt
26.666666
***** F2BAUS.TXT
26.400002
*****

Drücken Sie eine beliebige Taste . . .
3. Testdatensatz
Fahrenheit: 0.0 Celsius: -17.777779
Fahrenheit: 0.0 Celsius: -17.6
Vergleichen der Dateien f3aaus.txt und F3BAUS.TXT
***** f3aaus.txt
-17.777779
***** F3BAUS.TXT
-17.6
*****

Drücken Sie eine beliebige Taste . . .
4. Testdatensatz
Fahrenheit: 32.0 Celsius: 0.0
Fahrenheit: 32.0 Celsius: 0.0
Vergleichen der Dateien f4aaus.txt und F4BAUS.TXT
FC: Keine Unterschiede gefunden

Drücken Sie eine beliebige Taste . . .
```

```
5. Testdatensatz
Fahrenheit: 212.0 Celsius: 100.0
Fahrenheit: 212.0 Celsius: 99.0
Vergleichen der Dateien f5aaus.txt und F5BAUS.TXT
***** f5aaus.txt
100.0
***** F5BAUS.TXT
99.0
*****

Drücken Sie eine beliebige Taste . . .
Testende
```

Sie stellen zu Ihrem Erstaunen fest, dass die Genauigkeit von zwei Stellen hinter dem Komma nicht ausreicht. Sie geben daher eine Genauigkeit von 10 Stellen hinter dem Komma an. Ein erneuter Regressionstest zeigt, dass auch jetzt noch Differenzen vorhanden sind. Daraufhin entschliessen Sie sich, die erste Programmversion beizubehalten.

1 Sammeln Sie Ihre eigenen Erfahrungen mit der Auswahl von Testdaten und dem Regressionstest. Modifizieren Sie das obige Programm so, dass nach folgender Formel aus Celsius-Werten Fahrenheit-Werte berechnet werden:

```
Fahrenheit = [Grad Celsius] * 9 / 5 + 32
```

2 Für ein Zeiterfassungssystem sollen die eingegebenen Stunden, Minuten und Sekunden in eine Gesamtzahl Sekunden umgerechnet werden. Überlegen Sie sich einige Testfälle mit geeigneten Testdaten, die die oben aufgeführten Kriterien erfüllen.

Basistext

5 Kontrollstrukturen *

In der Programmierung werden prinzipiell zwei Arten von **Anweisungen** *(statements)* unterschieden:

- einfache Anweisungen und
- Steueranweisungen – Kontrollstrukturen genannt.

Einfache Anweisungen sind Zuweisungen mit oder ohne Ausdrücke.

Beispiel

```
Radius = Durchmesser / 2.0f; //einfache Anweisung
```

Kontroll-strukturen

Kontrollstrukturen *(control structures)* steuern die Ausführung von Anweisungen, d.h. sie geben an, in welcher Reihenfolge, ob bzw. wie oft Anweisungen ausgeführt werden sollen.

Ziele

Kontrollstrukturen sollen

- es ermöglichen, Problemlösungen in problemangepaßter, natürlicher Form zu beschreiben,
- so beschaffen sein, dass sich die Problemstruktur im Programm widerspiegelt,
- leicht lesbar und verständlich sein,
- eine leichte Zuordnung zwischen statischem Programmtext und dynamischem Programmzustand erlauben,
- mit minimalen, orthogonalen Konzepten ein breites Anwendungsspektrum abdecken,
- Korrektheitsbeweise von Algorithmen erleichtern.

Eine problemadäquate Umsetzung von Problemlösungen in Kontrollstrukturen wird durch folgende vier semantisch unterschiedliche Kontrollstrukturen ermöglicht (siehe Abb. 5.0-1):

- Sequenz,
- Auswahl,
- Wiederholung,
- Aufruf anderer Programme.

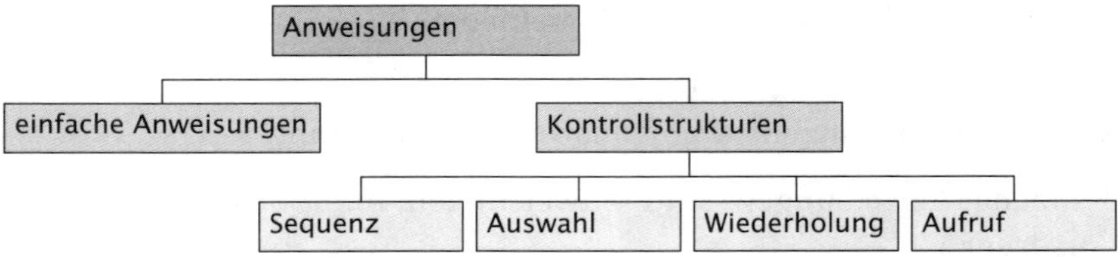

Abb. 5.0-1: Gliederung von Anweisungen.

strukturierte Programmierung

Seit der Entwicklung der strukturierten Programmierung Anfang der 70er Jahre gilt es als »Stand der Technik«, nur diese vier Kontrollstrukturen zu verwenden (siehe »Strukturierte Programmierung« (S. 220)).

Die Semantik dieser vier Kontrollstrukturen wird in den folgenden Wissensbausteinen skizziert:

- »Die Sequenz« (S. 156)
- »Die ein- und zweiseitige Auswahl« (S. 160)
- »Die Mehrfachauswahl« (S. 170)
- »Bedingte Wiederholung & n + 1/2-Schleife« (S. 177)
- »Die Zählschleife & die Endlosschleife« (S. 188)
- »Der Aufruf« (S. 197)

3 Notationen

Gleichzeitig werden sie in drei Notationen angegeben:

- Struktogramm-Notation,
- Java-Syntax und
- Aktivitätsdiagramm in der UML-Notation.

Struktogramme

Die **Struktogramm-Notation** beruht auf einem Vorschlag von /Nassi, Sheiderman 73/, daher auch **Nassi-Shneiderman-Diagramm** genannt, und ermöglicht eine grafische

Darstellung von Kontrollstrukturen. Die Notation ist in /DIN 66261/ genormt.

Aktivitätsdiagramm

Eine moderne grafische Darstellungsform von Programmen und Modellen ermöglicht die sogenannte **UML** *(unified modeling language)*, die verschiedene Diagrammformen unterscheidet. Das **Aktivitätsdiagramm** der UML ermöglicht es, Kontrollstrukturen in Fluss-Notation zu beschreiben. Es benutzt Rechtecke mit abgerundeten Ecken zur grafischen Darstellung von Aktionen *(actions)* sowie kleine Rauten *(diamonds)* zur Darstellung von Verzweigungen *(decision nodes)* und Zusammenführungen *(merge nodes)*. Die Symbole werden durch Pfeile miteinander verbunden, die den möglichen Kontrollfluss angeben. Alternativ gibt es noch eine kompakte Knoten-Notation.

PAP

Die Aktivitätsdiagramme können als Nachfolger der **Programmablaufpläne** (PAPs) angesehen werden, bei denen ebenfalls grafische Symbole verwendet werden, die durch Linien miteinander verbunden sind. PAPs – auch **Flussdiagramme** genannt – sind bereits seit 1969 in Gebrauch und genormt /DIN 66001/. Da die UML-Notation heute Industrie-Standard ist und durch entsprechende Werkzeuge unterstützt wird, verlieren PAPs immer mehr an Bedeutung. Sowohl Aktivitätsdiagramme in Fluss-Notation als auch PAPs sind aus Sicht der strukturierten Programmierung (siehe »Strukturierte Programmierung« (S. 220)) für die Konzeption von Programmen *nicht* gut geeignet. Die Aktivitätsdiagramme in Knoten-Notation unterstützen dagegen die strukturierte Programmierung. Einen Quervergleich grafischer Notationen für Kontrollstrukturen enthält /DIN EN 28631/.

Java

Ein Java-Programm besteht aus einer oder mehreren **Klassen**. Jede Klasse wiederum besteht aus einer oder mehreren Operationen – in Java **Methoden** genannt. Eine Methode löst eine eigenständige Teilaufgabe innerhalb einer Klasse (siehe »Prozeduren, Funktionen und Methoden« (S. 275)).

Methoden-Deklaration

Die Beschreibung einer Methode wird **Methoden-Deklaration** *(method declaration)* genannt – analog wie die Beschreibung einer Variablen als Variablen-Deklaration bezeichnet wird. Eine Methoden-Deklaration wiederum besteht aus einem **Methoden-Kopf** *(method header)* und einem **Methoden-Rumpf** *(method body)*.

Beispiel

Im einfachsten Fall besteht eine Klasse in Java aus einem Hauptprogramm, der sogenannten `main`-Methode:

```
class Klasse
{
 //main-Methode
 public static void main (String args[]) //Methoden-Kopf
 {
   //Hier steht der Methodenrumpf
   int Zahl; //Lokale Variablendeklaration
   Zahl = Zahl + 1; //einfache Anweisung
 }
}
```

In Java besteht der Rumpf einer Methode aus lokalen Variablen- und Konstantendeklarationen *(local declaration statements)* sowie aus Anweisungen *(statements)* (Abb. 5.0-2).

Syntax

Einen Überblick über den vollständigen Aufbau eines Java-Methoden-Rumpfes gibt die Abb. 5.0-2. Auf die einzelnen Syntaxkonstrukte wird in den jeweiligen Wissensbausteinen eingegangen.

Einen zusammenfassenden Überblick über die Kontrollstrukturen gibt die Abb. 5.0-3.

Schachtelung

Kontrollstrukturen können beliebig ineinander geschachtelt werden. Dadurch ist es möglich, komplexe Problemstellungen zu programmieren:

- »Geschachtelte Kontrollstrukturen« (S. 201)

Gruppierung

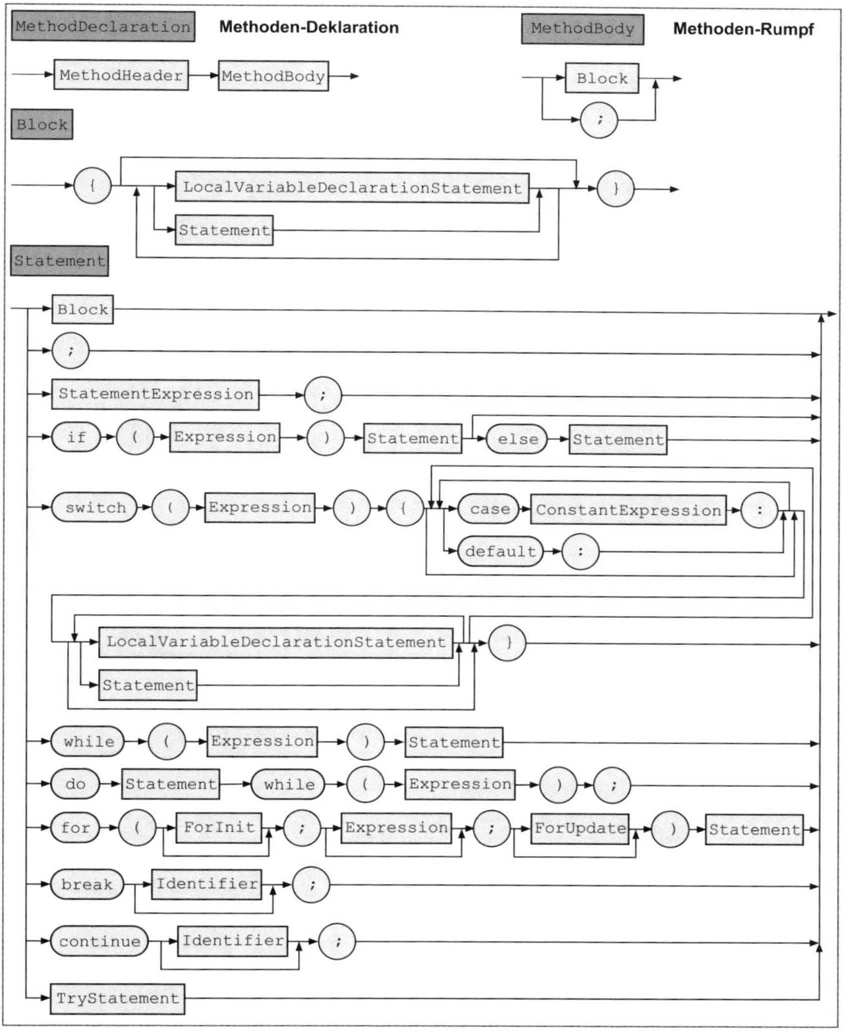

Abb. 5.0-2: So sieht die Syntax für eine Methodendeklaration in Java aus.

Gruppierung

Sprachkonzept	Struktogramm	Java

Sequenz		`Anweisung1;`
		`Anweisung2;`
		`Anweisung3;`

Ein- und zwei-seitige Auswahl	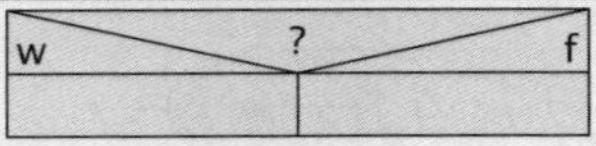	**if**(expression) {...} [**else** {...}]

Auswahlketten	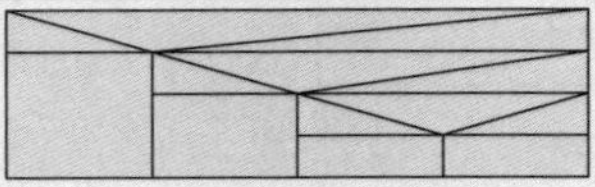	**if**(expression)
		    {...}
		else if(expression)
		        {...}
		//kein eigenes Konstrukt

Mehrfachauswahl	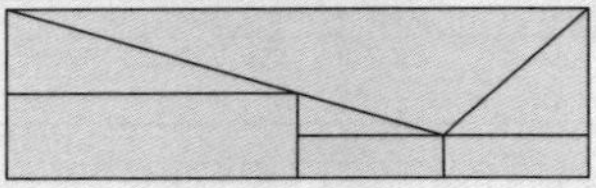	**switch**(expression)
		{ **case** expression: ...; **break**;
		      case...:...; **break**;
		      default:...; **break**;
		}

while-Schleife		**while**(expression) {... }

n+1/2-Schleife		**while**(**true**)
		{...
		    if(expression) **break**;
		}
		//kein eigenes Konstrukt

Schleife mit Bedingung am Ende		**do** {... } **while**(expression);
Zählschleife		**for**(i=1; i<=10; i=i+1) {... }
Aufruf		Methodenname(Parameter1, Parameter2, ...);

Legende: [ ] = optional

Abb. 5.0-3: Kontrollstrukturen im Überblick.

Fallstudie

Mithilfe geschachtelter Kontrollstrukturen können auch ein Zeitvergleich und eine Funktionsauswahl für die Fallstudie OptiTravel programmiert werden:

Gruppierung

- »OptiTravel: Zeitvergleich« (S. 208)
- »OptiTravel: Funktionsauswahl« (S. 210)

richtige Anordnung

In Abhängigkeit von der Problemstellung muss eine effiziente Anordnung von Auswahlanweisungen ermittelt werden:

- »Anordnung von Auswahlanweisungen« (S. 212)

richtige Wahl

Wichtig für die richtige Wahl einer Kontrollstruktur ist besonders die grundlegende Unterscheidung zwischen einer Auswahl und einer Wiederholung:

- »Auswahl von Kontrollstrukturen« (S. 217)

strukturiert

In »alten« Programmiersprachen und in maschinennahen Sprachen gibt es nur die Möglichkeit, mithilfe der Sprachkonstruktion `goto` (gehe nach) an eine beliebige Stelle im Programm zu springen. Eine Unterscheidung zwischen einer Auswahl und einer Wiederholung gibt es *nicht*. Da diese Sprachkonstruktion zu vielen Programmierfehlern geführt hat, wurde die strukturierte Programmierung eingeführt:

- »Strukturierte Programmierung« (S. 220)

Ausnahmen

Ein im Einsatz befindliches Programm darf durch Eingabefehler des Benutzers oder andere Fehler, z.B. Division durch Null, *nicht* »abstürzen«, d.h. darf das Computersystem weder zum Stillstand bringen noch seine Arbeit willkürlich beenden. Egal was passiert, der Programmierer muss dafür sorgen, dass ein Programm immer definiert zum Abschluss kommt. In modernen Programmiersprachen steht dem Programmierer dafür das Konzept der Ausnahmebehandlung zur Verfügung:

- »Behandlung von Ausnahmen« (S. 224)

Zusicherungen

Um Fehler während der Programmentwicklung zu finden, gibt es die Möglichkeit, in das Programm sogenannte Zusicherungen »einzubauen«. Eine Zusicherung überprüft, ob die in der Zusicherung angegebenen Werte von Variablen zutreffen. Wenn nein, dann wird ein Fehler ausgelöst und das Programm abgebrochen:

- »Zusicherungen« (S. 231)

Glossar

Kontrollstrukturen *(control structures)* Geben an, in welcher Reihenfolge (Sequenz) und ob (Auswahl) bzw. wie oft (Wiederholung) Anweisungen ausgeführt werden sollen (lineare Kontrollstrukturen), bzw. ob andere Programme aufgerufen werden (Aufruf).

Nassi-Shneiderman-Diagramm *(Nassi-Shneiderman diagram)* Struktogramm-Notation.

Programmablaufplan-Notation *(control flow notation)* In DIN 66001 genormte, grafische Darstellungsform für Kontrollstrukturen von Algorithmen. Syn.: Flussdiagramm-Notation

Struktogramm-Notation *(Nassi-Shneiderman diagram)* Grafische Darstellung linearer Kontrollstrukturen (siehe auch).

UML (*UML*; Unified Modeling Language) Notation zur grafischen Darstellung von Programmierkonzepten. Zur grafischen Darstellung gehören unter anderem Klassendiagramme, Sequenzdiagramme und Aktivitätsdiagramme.

5.1 Die Sequenz *

Durch Semikolon getrennte Anweisungen werden als Sequenz bezeichnet und von rechts nach links und von oben nach unten ausgeführt. Mehrere Anweisungen können zu Blöcken zusammengefasst werden (eingeschlossen in `{...}`), die geschachtelt werden können. Innerhalb eines Blocks können lokale Variable deklariert werden, die nur in diesem Block und allen eingeschachtelten Blöcken existieren.

Basistext

Erfordert eine Problemlösung, dass mehrere Anweisungen hintereinander auszuführen sind, dann formuliert man eine **Sequenz** bzw. eine Aneinanderreihung von Anweisungen. Einen Überblick über die Darstellung der Sequenz in den verschiedenen Notationen gibt die Abb. 5.1-1.

Sequenz	allgemein	Erläuterung
Struktogramm	Anweisung1 Anweisung2 Anweisung3	Ein beliebig groß gewähltes Viereck wird nach jeder Anweisung mit einer horizontalen Linie abgeschlossen.

Java	`Anweisung1;`
	`Anweisung2;`
	`Anweisung3;`
		Die einzelnen Anweisungen werden jeweils durch ein Semikolon (;) voneinander getrennt.

UML	↓ Anweisung1 ↓ Anweisung2 ↓ Anweisung3 ↓	Einfache Anweisungen werden durch Rechtecke mit abgerundeten Ecken (Aktionen) dargestellt, die wiederum durch Pfeile verbunden werden, die den Kontrollfluss angeben.

Abb. 5.1-1: Notationen für die Darstellung einer Sequenz.

Java-Syntax

Alle Anweisungen, die sequenziell, d.h. hintereinander ausgeführt werden sollen, werden durch ein **Semikolon** (;) voneinander getrennt (Abb. 5.1-2). Dies ist in fast allen Programmiersprachen – und auch in Java – so. Bei der Sequenz erfolgt die Abarbeitung, d.h. die Ausführung der Anweisungen, immer *von oben nach unten* und *von links nach rechts* (falls in Java mehr als eine Anweisung in einer Zeile steht).

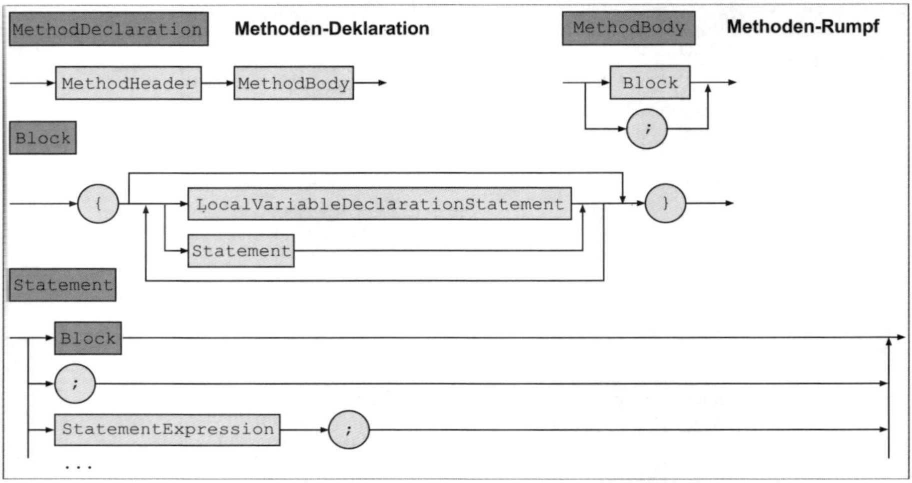

Abb. 5.1-2: Java-Syntax für sequenziell auszuführende Anweisungen.

Beispiel

```
class BeispielSequenz
{
 public static void main (String args[])
 {
    int a,b,c,d;
    a = 10; b = 20; //Zuerst a = 10, dann b = 20
    c = a + b; //dann diese Anweisung
    d = c * a; //dann diese Anweisung
 }
}
```

Blöcke

Bestehen Methoden-Rümpfe aus vielen Anweisungen, dann ist es sinnvoll, eine Strukturierung durch **Blöcke** *(blocks)* vorzunehmen. In Java bestehen Blöcke aus einem geschweiften Klammerpaar `{...}` (Abb. 5.1-2). Neben Anweisungen können in einem solchen Block auch **lokale Variable** deklariert werden, die dann nur bis zum Ende des Blocks sichtbar und existent bzw. gültig sind. **Lokale Variable** sind immer dann sinnvoll, wenn z.B. Zwischenergebnisse innerhalb eines Blocks zwischengespeichert werden müssen, die aber außerhalb des Blocks *nicht* mehr benötigt werden.

Beispiel

```
//Beispiel für Blöcke
class DemoBlock
{
 public static void main (String args[])
 {
   //lokale Variable in einem Methoden-Rumpf
   int MerkeZahl = 0;
   MerkeZahl = MerkeZahl + 10;
   System.out.println("Merkezahl: " + MerkeZahl);

   { //Block1
     int MerkeZahl2 = 20; //lokale Variable in Block1
     MerkeZahl = MerkeZahl + 20;
     System.out.println
       ("Merkezahl in Block1: " + MerkeZahl);
     MerkeZahl2 = MerkeZahl;
     //MerkeZahl ist in Block1 sichtbar
     System.out.println
      ("Merkezahl2 in Block1: " + MerkeZahl2);
   } //Ende Block1
   //ab hier ist MerkeZahl2 nicht mehr sichtbar

   MerkeZahl = MerkeZahl + 50;
   System.out.println("Merkezahl: " + MerkeZahl);
 } // Ende des Methoden-Rumpfs
}
```

Das Ergebnis sieht folgendermaßen aus:

```
Merkezahl: 10
Merkezahl in Block1: 30
Merkezahl2 in Block1: 30
Merkezahl: 80
```

Blöcke können beliebig ineinander **geschachtelt** werden. Schachtelung

Glossar

Sequenz *(sequence)* Mehrere Anweisungen werden hintereinander, von links nach rechts und von oben nach unten, ausgeführt (Aneinanderreihung). Die Anweisungen werden in der Regel durch ein Semikolon voneinander getrennt.

5.2 Die ein- und zweiseitige Auswahl *

Eine Auswahl-Anweisung ermöglicht die Auswahl einer bestimmten Anweisung oder Anweisungsfolge (Block) während der Ausführung eines Programms. Bei der ein- und zweiseitigen Auswahl wird eine Anweisung oder Anweisungsfolge in Abhängigkeit von einer Bedingung ausgewählt. Bei einer zweifachen Auswahl sollte im `else`-Teil als Kommentar angegeben werden, welche Bedingungen gelten.

Sollen Anweisungen nur in Abhängigkeit von bestimmten Bedingungen ausgeführt werden, dann verwendet man das Konzept der **Auswahl** – auch **Verzweigung** oder **Fallunterscheidung** genannt.

3 Konzepte

Es gibt drei verschiedene Auswahl-Konzepte, die jeweils für bestimmte Problemlösungen geeignet sind:

- einseitige Auswahl (Abb. 5.2-1),
- zweiseitige Auswahl (Abb. 5.2-1),
- Mehrfachauswahl (siehe »Die Mehrfachauswahl« (S. 170)).

In der UML gibt es zwei Möglichkeiten, eine ein- und zweiseitige Auswahl darzustellen. Die linke Darstellung (siehe Abb. 5.2-1) zeigt durch die Pfeile detailliert den Kontrollfluss (Fluss-Notation). In der kompakten rechten Darstellung wird die Auswahl durch einen sogenannten **Entscheidungsknoten** *(conditional node)* repräsentiert (Knoten-Notation). Der Entscheidungsknoten ist ein Sonderfall des strukturierten Knotens der UML *(structured activity node)*. Der Entscheidungsknoten wird durch ein gestricheltes Rechteck mit abgerundeten Ecken dargestellt, das aus mehreren Bereichen besteht. Der `if`-Bereich enthält den Ausdruck, der über den weiteren Kontrollfluss entscheidet. Ist

Auswahl (ein- und zweiseitig)	allgemein	Erläuterung
Strukto-gramm	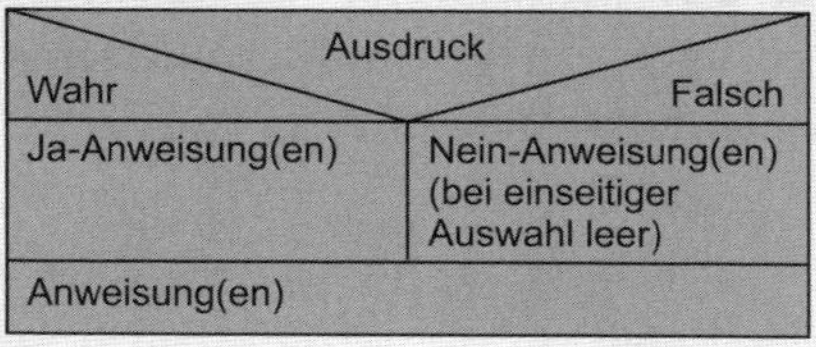	Ist der Ausdruck wahr, dann werden die Ja-Anweisungen, sonst die Nein-Anweisungen ausgeführt.

Java	**if** (Ausdruck)
	    Ja-Anweisung;
	else
	    Nein-Anweisung;
	Anweisung(en);
		Semantik analog zum Strukto-gramm. Bei der einseitigen Auswahl fehlt »**else** Anweisung«. Das Ergebnis des Ausdrucks muss vom Typ **boolean** sein. Anstelle von **Anweisung;** kann auch ein Block stehen: **{Anweisungen;}**

UML	Fluss-Notation 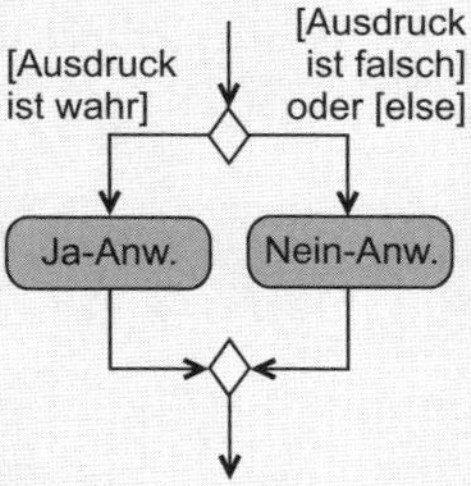 Knoten-Notation 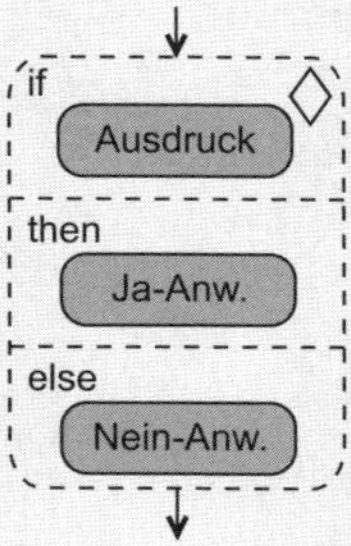	Semantik analog zu Java. Bei der einseitigen Auswahl entfällt das abgerundete Rechteck mit Nein-Anweisungen. In eckigen Klammern steht an den Pfeilen ein Wächter *(guard)*. Der Ausdruck muss wahr sein, damit der Kontrollfluss entlang des jeweiligen Pfeiles verlaufen kann.

Abb. 5.2-1: Darstellungsformen für die ein- und zweiseitige Auswahl.

der Ausdruck wahr, dann werden die Anweisungen im `then`-Bereich ausgeführt, sonst die Anweisungen im `else`-Bereich. Der `else`-Bereich kann auch fehlen. In diesem Fall liegt eine einfache Auswahl vor.

Die Java-Syntax sieht folgendermaßen aus: Java-Syntax

```
if-Statement ::=
if ( Expression ) Statement [ else Statement ]
```

zweiseitige Auswahl

Durch die Bedingung – genauer gesagt durch das Ergebnis der Auswertung eines Ausdrucks *(expression)* – wird eine Auswahl der auszuführenden Anweisungen vorgenommen. Ist die Bedingung erfüllt bzw. wahr (`true`), dann werden die Ja-Anweisungen ausgeführt, sonst die Nein-Anweisungen (`false`).

Beispiel

```
/*****************************************************
Programm, das feststellt,
ob eine Ziffer eingegeben wurde
*****************************************************/
import ConsoleInOut.*;
class DemoAuswahl
{
 public static void main (String args[])
 {
  char Zchn;   String Text;
  System.out.println("Geben Sie bitte ein Zeichen ein");
  Zchn = Console.console_in_char();
  if (Zchn >= '0' && Zchn <= '9')
   Text = "eine Ziffer";
  else
   Text = "keine Ziffer";
  System.out.println("Das Zeichen " + Zchn + " ist " +Text);
 }
}
```

Die zweimalige Ausführung des Programms ergibt folgende Ausgaben:

```
Geben Sie bitte ein Zeichen ein
2
Das Zeichen 2 ist eine Ziffer
Geben Sie bitte ein Zeichen ein
a
Das Zeichen a ist keine Ziffer
```

Das Struktogramm und die UML-Notationen zeigt die Abb. 5.2-2.

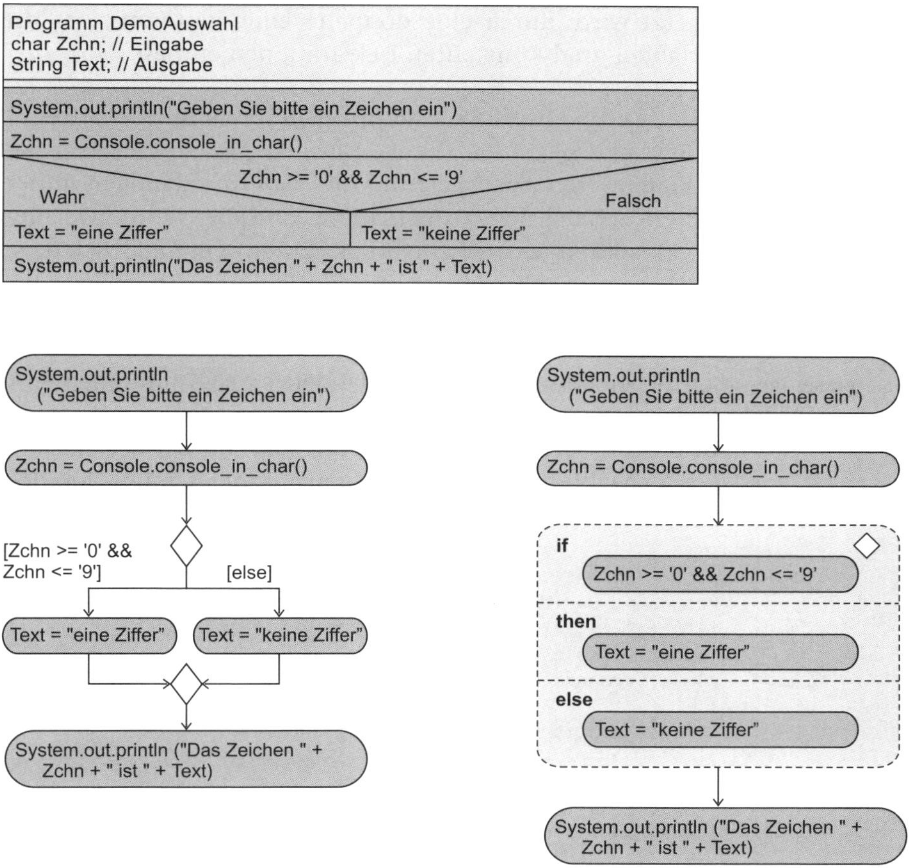

Abb. 5.2-2: Struktogramm und UML-Aktivitätsdiagramm in Fluss- und Knotennotation des Programms `DemoAuswahl`*.*

Hinweis

Obwohl Struktogramme ursprünglich nur zur Darstellung von Anweisungen entwickelt wurden, sollte man sich angewöhnen, die Variablen- und Konstanten-Deklarationen ebenfalls anzugeben. Dies kann dadurch geschehen, dass vor den Anweisungsteil des Struktogramms immer ein Viereck

Basistext

gesetzt wird (durch eine doppelte Linie getrennt), das die Variablen- und Konstanten-Deklarationen enthält.

Konvention

Ja- und Nein-Anweisungen in jeweils neuer Zeile
Bei Java beginnen die Ja-Anweisungen hinter dem geklammerten Ausdruck und die Nein-Anweisungen hinter dem Schlüsselwort `else`. Die Ja- und die Nein-Anweisungen sollten textuell eingerückt unter dem Ausdruck bzw. dem `else`-Schlüsselwort in jeweils einer neuen Zeile beginnen.

einseitige Auswahl

Bei der einseitigen Auswahl handelt es sich um einen Sonderfall der zweiseitigen Auswahl. Im `else`-Zweig steht *keine* Anweisung. Bei Programmiersprachen fehlt bei der einseitigen Auswahl der `else`-Zweig, ebenso in der Knoten-Notation der UML.

Beispiel

```
/*************************************************
Programm, das die Versandkosten ermittelt
*************************************************/
import ConsoleInOut.*;
class Versandkosten
{
 public static void main (String args[])
 {
  float Warenwert, Versandkosten = 0.0f, Gesamtkosten;
  System.out.println("Geben Sie bitte den Warenwert ein");
  Warenwert = Console.console_in_float();
  if (Warenwert < 20)
     Versandkosten = 3.0f;
  Gesamtkosten = Warenwert + Versandkosten;

  System.out.println("Warenwert " + Warenwert);
  System.out.println("Versandkosten " + Versandkosten);
  System.out.println("Gesamtkosten " + Gesamtkosten);
 }
}
```

Ein Programmlauf liefert folgendes Ergebnis:

```
Geben Sie bitte den Warenwert ein
18.22
Warenwert 18.22
Versandkosten 3.0
Gesamtkosten 21.22
```

Zeichnen Sie das zugehörige Struktogramm sowie die zwei UML-Notationen.

Gehören zum Ja-Teil und/oder zum Nein-Teil mehrere Anweisungen, dann müssen sie in Java als **Block** (eingeschlossen in geschweifte Klammern) geschrieben werden.

Schachtelung

Innerhalb einer Auswahl kann wieder eine Auswahl stehen usw. Es liegen dann geschachtelte Auswahlanweisungen vor.

Beispiel

Die Mitarbeiter einer Firma erhalten am Jahresende eine Prämie. Ist die Anzahl der Dienstjahre kleiner oder gleich zwei Jahre, dann bekommen sie keine Prämie. Liegen die Dienstjahre unter fünf Jahren, dann beträgt die Prämie € 200.-. Ist der Mitarbeiter fünf oder mehr Jahre bei der Firma, dann bekommt er € 100.- und für jedes Dienstjahr € 20.- zusätzlich. Ist der Mitarbeiter länger als fünf Jahre bei der Firma und außerdem älter als 50 Jahre, dann erhält er noch eine Zulage von € 100.-.

```
/**************************************************
* Prämienberechnung in Abhängigkeit von den
* Dienstjahren und dem Alter
**************************************************/
import ConsoleInOut.*;
class Praemie
{
 public static void main (String args[])
 {
  final int Grundpraemie1 = 200, Grundpraemie2 = 100,
  Zulage1 = 20, Zulage2 = 100; //Konstanten
  int Dienstjahre, Alter; //Eingabe
  int Praemie = 0; //Ausgabe
```

```
  System.out.println("Dienstjahre?");
  Dienstjahre = Console.console_in_int();
  System.out.println("Alter?");
  Alter = Console.console_in_int();
  if (Dienstjahre > 5)
  { //Block
        Praemie = Grundpraemie2 + Zulage1 * Dienstjahre;
        if (Alter > 50) //eingeschachtelt
            Praemie = Praemie + Zulage2;
   }//Ende Block
  else //Dienstjahre <= 5
    if (Dienstjahre > 2) //eingeschachtelt
        Praemie = Grundpraemie1;
  System.out.println("Dienstjahre:\t" + Dienstjahre);
  System.out.println("Alter:\t\t" + Alter);
  System.out.println("Prämie:\t\t" + Praemie);
 }
}
```

Ein Programmlauf führt zu folgenden Ergebnissen:

```
Dienstjahre?
25
Alter?
55
Dienstjahre:    25
Alter:          55
Prämie:     700
```

Das zugehörige Struktogramm zeigt die Abb. 5.2-3, das UML in der Fluss-Notation die Abb. 5.2-4 und in der Knoten-Notation die Abb. 5.2-5.

Hinweis

Da mehrere hintereinander angeordnete Anweisungen von der Programmkonzeption her unkritisch sind, können Sie im Struktogramm in *ein* Viereck gezeichnet werden (siehe Abb. 5.2-3).

Tipp

else-Teil mit Kommentar

Bei einer zweifachen Auswahl sollten Sie im `else`-Teil als Kommentar immer angeben, welche Bedingungen im `else`-Teil gelten. Die Verneinung der Bedingung, die

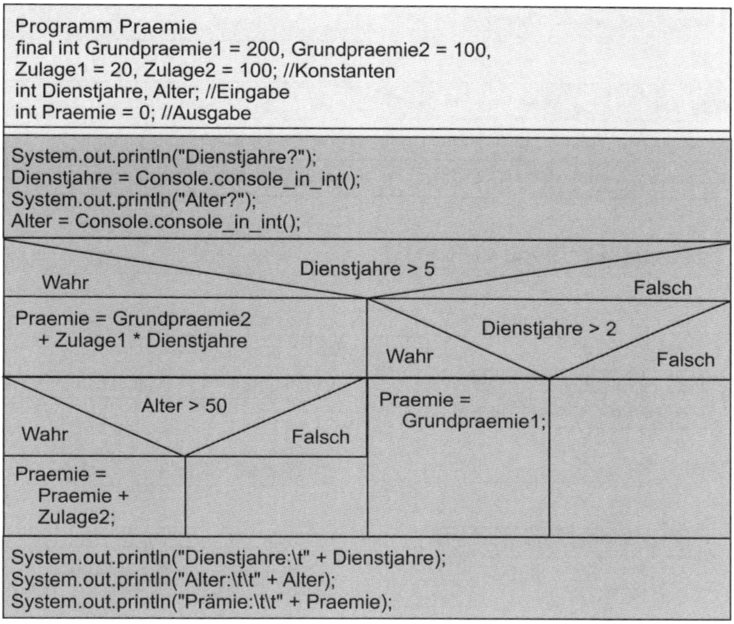

Abb. 5.2-3: Struktogramm des Programms `Praemie`.

im `then`-Teil gilt, ist bei kombinierten Bedingungen oft schwer zu überblicken. Die Fluss-Notation der UML eignet sich dafür besonders gut.

Beispiel

Das Struktogramm zur Lösung von zwei linearen Gleichungen mit zwei Variablen: `ax + by = c; dx + ey = f` zeigt die Abb. 5.2-6.

Wandeln Sie das Struktogramm zur Lösung von zwei linearen Gleichungen in die zwei UML-Notationen und erstellen Sie ein entsprechendes Java-Programm.

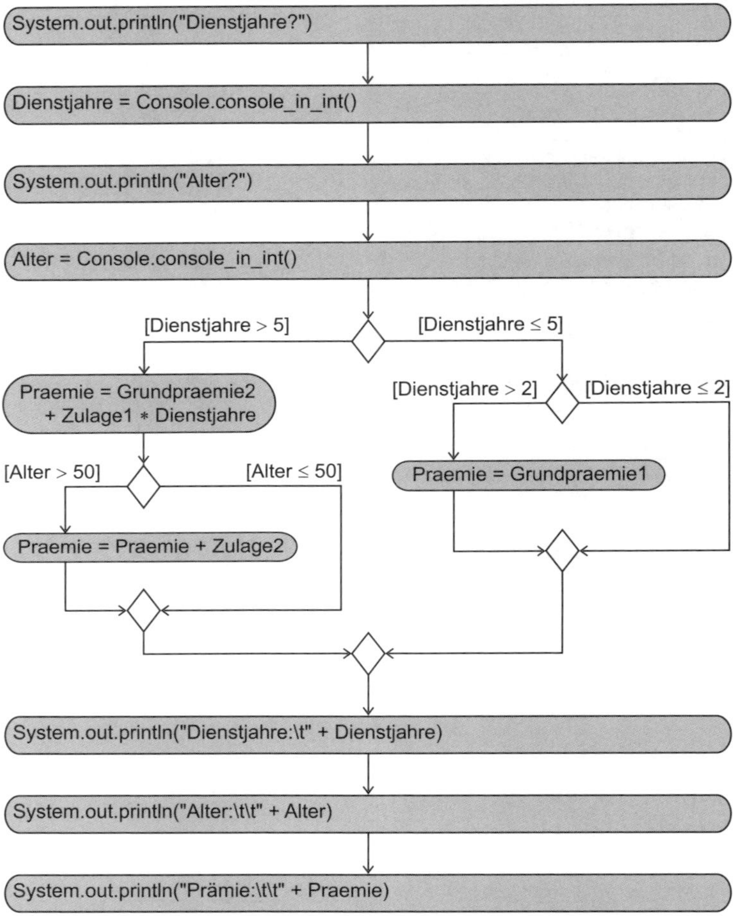

Abb. 5.2-4: UML-Aktivitätsdiagramm in Flussnotation des Programms `Praemie`.

Basistext

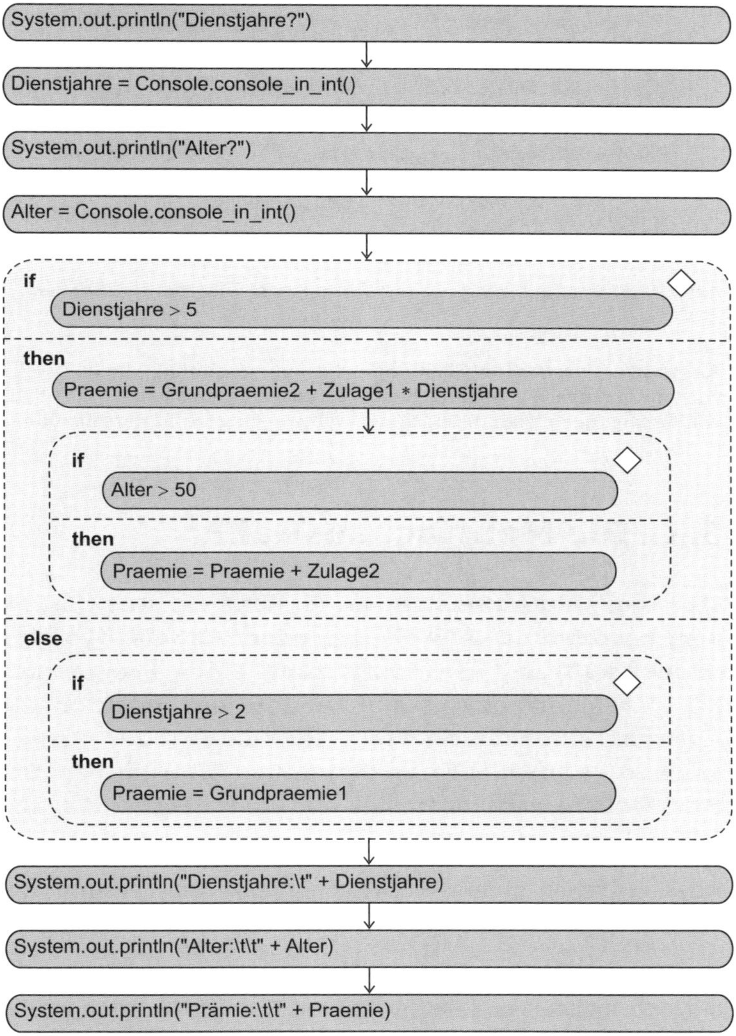

Abb. 5.2-5: UML-Aktivitätsdiagramm in Knotennotation des Programms `Prämie`.

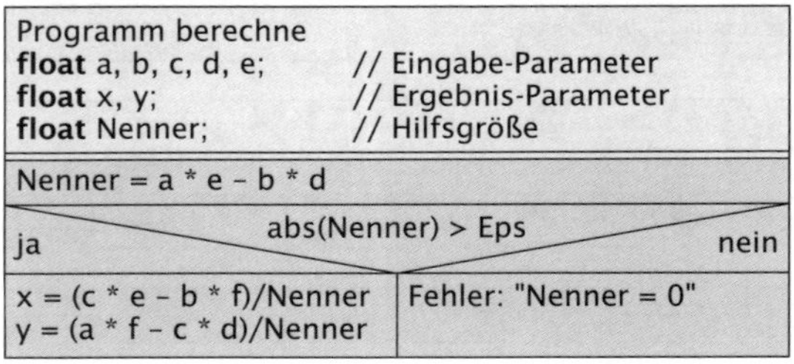

Abb. 5.2-6: Struktogramm zur Lösung von zwei linearen Gleichungen.

Glossar

Auswahl *(selection)* Ausführung von Anweisungen in Abhängigkeit von Bedingungen. Man unterscheidet die einseitige, die zweiseitige und die Mehrfachauswahl. Syn.: Verzweigung, Fallunterscheidung

5.3 Die Mehrfachauswahl *

Eine Auswahl-Anweisung ermöglicht die Auswahl einer bestimmten Anweisung oder Anweisungsfolge (Block) während der Ausführung eines Programms. Bei der Mehrfach-Auswahl steuert ein Selektor die Auswahl einer markierten Anweisung oder Anweisungsfolge aus mehreren disjunkten Alternativen. Die Mehrfachauswahl ist immer mit einem Fehlerausgang (`default`) zu versehen.

Mehrfachauswahl

Muss zwischen mehr als zwei Möglichkeiten gewählt werden, dann wird die Mehrfachauswahl verwendet (Abb. 5.3-1).

Die UML-Notationen kennen keine spezielle Darstellung für die Mehrfachauswahl. In der Knoten-Notation werden in den Entscheidungsknoten mehrere `if`-Bereiche eingetragen, für jeden Fall ein `if`-Bereich.

Basistext

Mehrfach-auswahl | **allgemein** | **Erläuterung**

Struktogramm

/Nassi, Shneiderman 73/

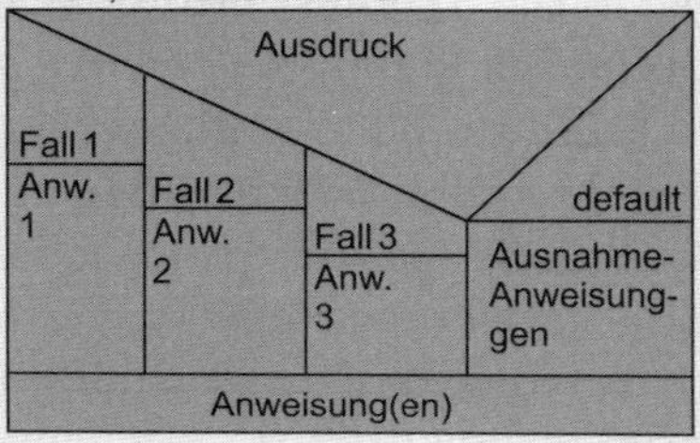

/DIN 66261/

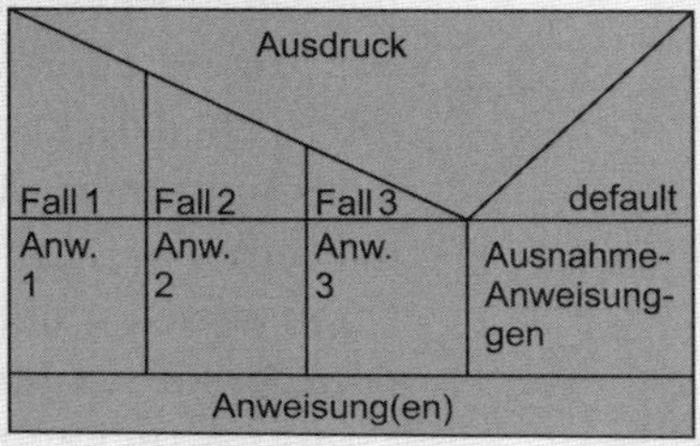

Java

```
switch(Ausdruck)
{
    case konstanterAusdruck1:
         Anweisung(en); break;
    case konstanterAusdruck2:
         Anweisung(en); break;
    ...
    default: Anweisung;
}
Anweisung(en);
```

Der Ausdruck dient als Selektor zum Auswählen der einzelnen Fälle. Ist ein entsprechender Fall nicht aufgeführt, wird die Anweisung hinter `default` ausgeführt.

UML

Fluss-Notation

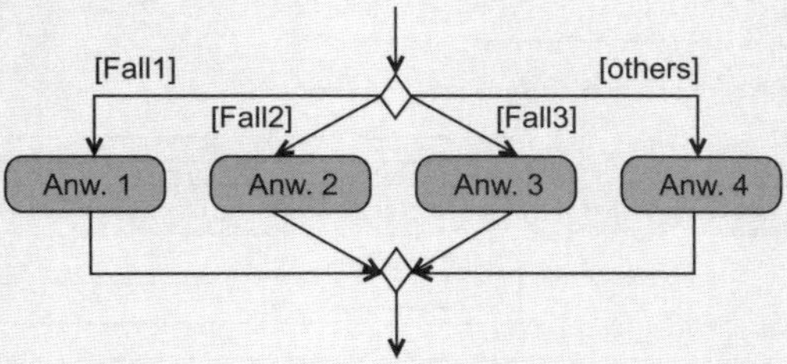

Knoten-Notation

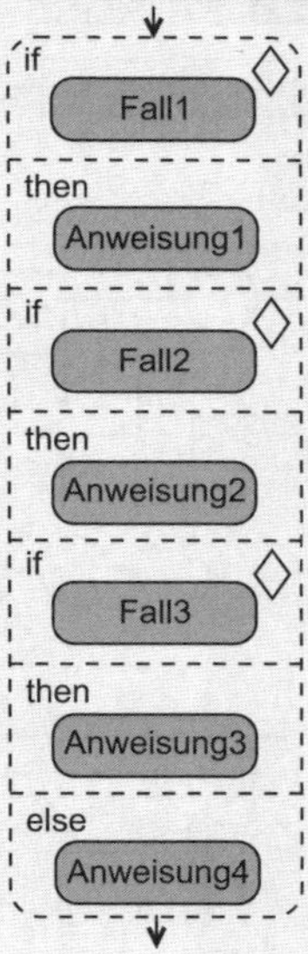

Abb. 5.3-1: Darstellungsformen für die Mehrfach-Auswahl.

Java

In Java übergibt die `switch`-Anweisung in Abhängigkeit vom Wert des Ausdrucks hinter `switch` die Kontrolle an eine von mehreren Anweisungen. Der Typ des Ausdrucks muss `char`, `byte`, `short` oder `int` sein. Der Rumpf einer `switch`-Anweisung muss ein Block sein. Jede im Block enthaltene Anweisung kann mit einer oder mehreren `case`-Markierungen und maximal einer `default`-Markierung markiert sein. Jeder konstante Ausdruck einer `case`-Markierung muss typverträglich mit dem Ausdruck hinter `switch` sein. Die Werte der konstanten `case`-Ausdrücke müssen *disjunkt* sein.

Java-Syntax

Die Java-Syntax der Mehrfachauswahl zeigt die Abb. 5.3-2.

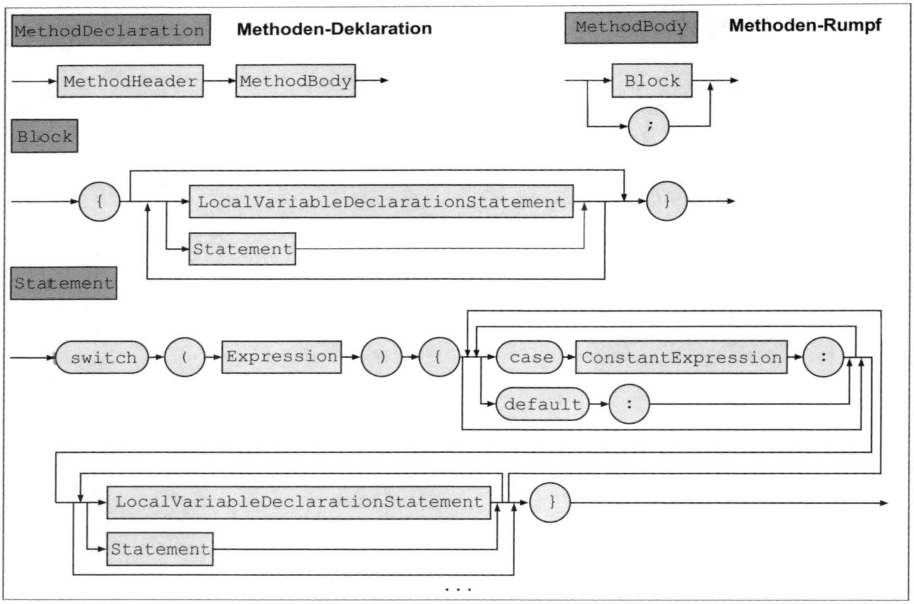

Abb. 5.3-2: Java-Syntax für eine Mehrfachauswahl-Anweisung.

Beispiel

```
/************************************************
Programm, das die Frachtkosten in Abhängigkeit
von der Tarifzone ermittelt
************************************************/
import ConsoleInOut.*;
class Frachtberechnung
{
 public static void main (String args[])
 {
  int Tarifzone; //Eingabe
  float Frachtkostenanteil = 0.0f; //Ausgabe
  boolean OK = true;

  System.out.println("Geben Sie bitte die Tarifzone ein");
  //Aufruf der Methode console_in_int
  Tarifzone = Console.console_in_int();
  switch (Tarifzone)
  { //Block
      case 1: Frachtkostenanteil = 15.0f; break;
      case 2: Frachtkostenanteil = 25.5f; break;
      case 3: Frachtkostenanteil = 35.5f; break;
      case 4: Frachtkostenanteil = 40.0f; break;
      default: OK = false;
  }
  if ( OK )
    System.out.println("Frachtkostenanteil: "
        + Frachtkostenanteil);
  else
    System.out.println("Keine gültige Tarifzone: "
        + Tarifzone);
 }
}
```

Die zweimalige Ausführung führt zu folgenden Ergebnissen:

```
Geben Sie bitte die Tarifzone ein
3
Frachtkostenanteil: 35.5
Geben Sie bitte die Tarifzone ein
6
Keine gültige Tarifzone: 6
```

Eine `switch`-Anweisung wird folgendermaßen abgearbeitet:

Basistext

1 Der Ausdruck hinter `switch` wird ausgewertet.

2 Ist eine der `case`-Konstanten gleich dem Wert des Ausdrucks, dann tritt der entsprechende Fall ein, und alle Anweisungen hinter dieser `case`-Markierung werden der Reihe nach ausgeführt. Die optionale `break`-Anweisung sorgt für einen Sprung an das Ende der `switch`-Anweisung. Fehlt die `break`-Anweisung, dann werden alle Anweisungen bis zum nächsten `break` oder dem Ende der `switch`-Anweisung durchgeführt.

3 Trifft kein Fall zu und gibt es eine `default`-Anweisung, dann werden alle Anweisungen hinter `default` ausgeführt.

4 Trifft kein Fall zu und gibt es keine `default`-Anweisung, dann wird nichts unternommen, und es wird hinter der `switch`-Anweisung fortgefahren.

Das Struktogramm zur Frachtberechnung zeigt die Abb. 5.3-3.

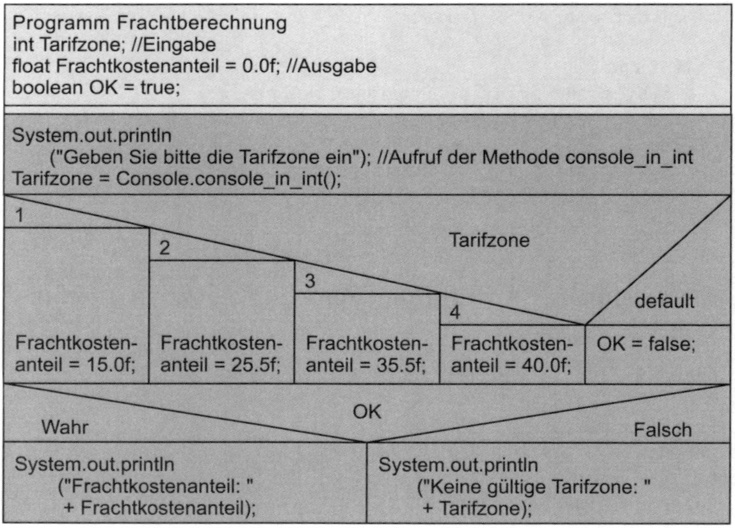

Abb. 5.3-3: Struktogramm des Programms `Frachtberechnung`.

Basistext

Die UML-Notationen zeigen die Abb. 5.3-4 und die Abb. 5.3-5.

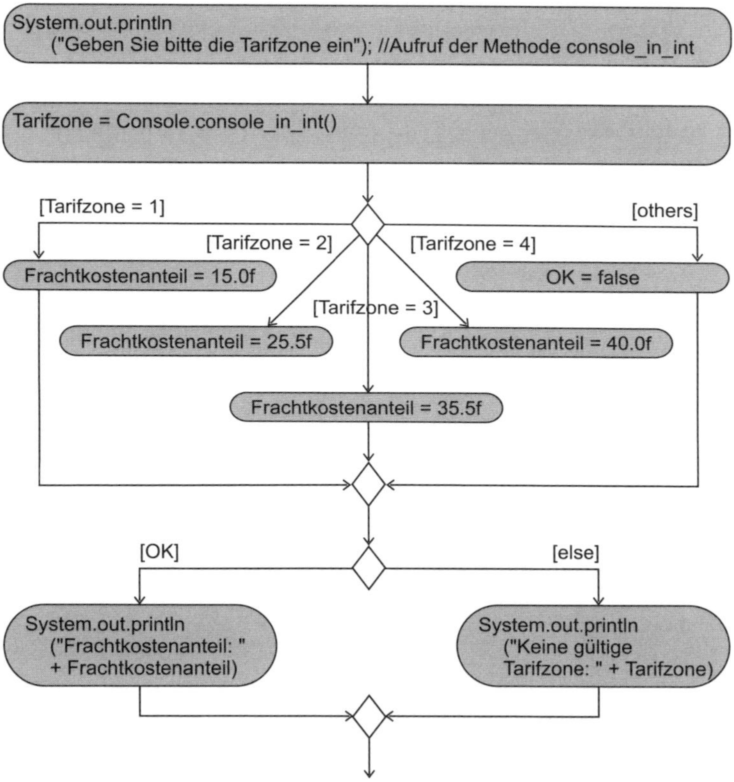

Abb. 5.3-4: UML-Aktivitätsdiagramm in Flussnotation des Programms `Frachtberechnung`.

Entfernen Sie aus dem Programm `Frachtberechnung` die `break`-Anweisungen und führen Sie das Programm dann mit mehreren Tarifzonen aus. Was stellen Sie fest?

Basistext

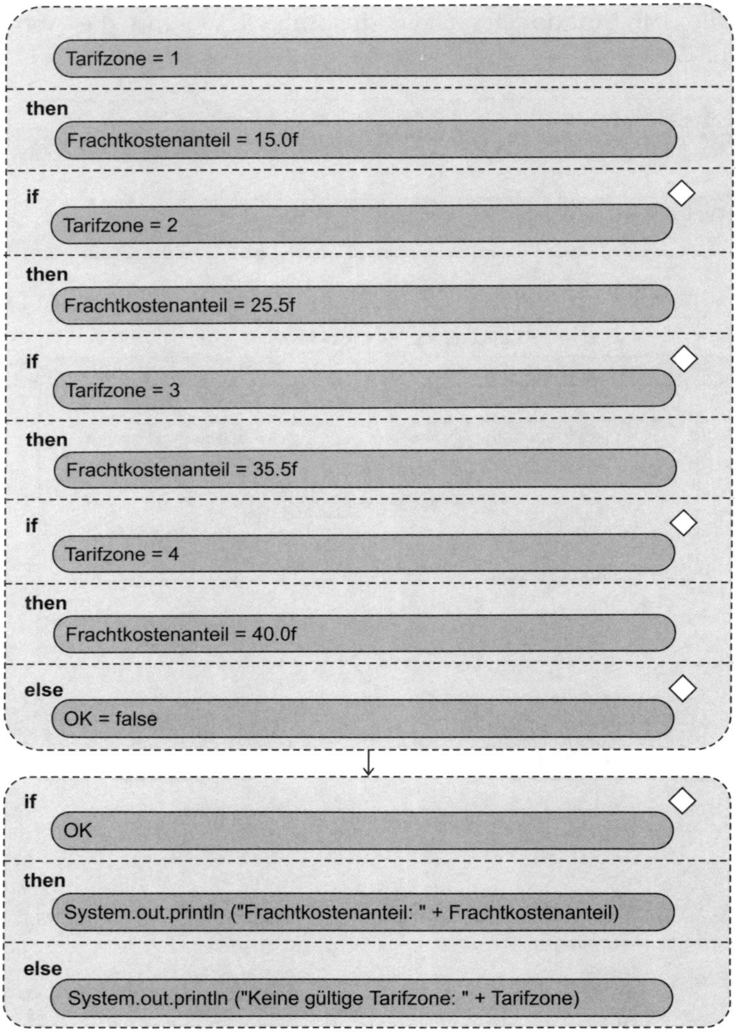

Abb. 5.3-5: UML-Aktivitätsdiagramm in Knotennotation des Programms `Frachtberechnung` *(Ausschnitt).*

Basistext

default und break in jedes switch

Regeln

Aus Gründen einer sicheren Programmierung sollten Sie bei der `switch`-Anweisung folgende Regeln einhalten:

- Immer einen `default`-Fall vorsehen.
- Den `default`-Fall als letzten Fall hinschreiben.
- Jeden Fall mit `break` abschließen, sonst wird *nicht* an das `switch`-Ende gesprungen, sondern die nächste `case`-Anweisung ausgeführt (»Fall durch die Markierung«). Der Java-Interpreter wertet nur einmal zu Beginn der `switch`-Anweisung den Ausdruck aus und springt dann zu der entsprechenden Marke. Ab da sind für ihn alle Marken uninteressant.

5.4 Die bedingte Wiederholung und die n + 1/2-Schleife *

Bedingte Wiederholungen erlauben es, Anweisungen solange zu wiederholen, solange eine Bedingung erfüllt ist. Bei der abweisenden Wiederholung (`while ...`) wird vor der ersten Wiederholung die Bedingung überprüft. Bei der akzeptierenden Wiederholung (`do ...`) wird jeweils nach der Wiederholung die Bedingung überprüft. Mit `break` kann innerhalb einer Wiederholung die Wiederholung abgebrochen werden (z.B. in einem Fehlerfall). Mit `continue` kann die laufende Wiederholung abgebrochen und die Bedingung erneut überprüft werden (n + 1/2-Schleife).

Sollen eine oder mehrere Anweisungen (Blöcke) in Abhängigkeit von einer Bedingung wiederholt durchlaufen werden, dann ist das Konzept der **Wiederholung** bzw. **Schleife** zu verwenden. Zwei bedingte Wiederholungskonstrukte werden unterschieden (Abb. 5.4-1):

Basistext

2 bedingte Wiederholungskonstrukte

- Wiederholung mit Abfrage vor jedem Wiederholungsdurchlauf,
- Wiederholung mit Abfrage nach jedem Wiederholungsdurchlauf.

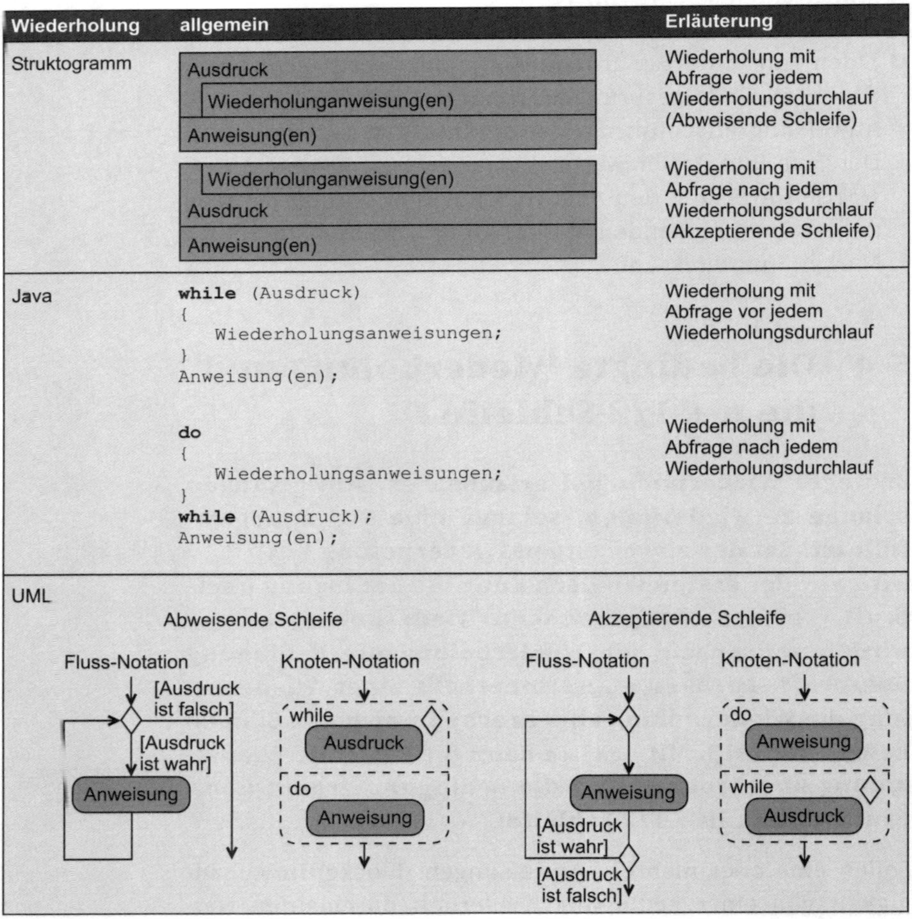

Abb. 5.4-1: Notationen für bedingte Wiederholungen.

Basistext

Zusätzlich gibt es noch den Sonderfall, dass eine Wiederholung abgebrochen werden muss, z.B. wenn ein Fehler aufgetreten ist. Diesen Fall bezeichnet man als n + 1/2-Schleife.

Wie die Abb. 5.4-1 zeigt, gibt es bei der UML sowohl eine Fluss- als auch eine Knoten-Notation zur Darstellung der bedingten Wiederholung. Bei der Knoten-Notation wird eine Wiederholung durch einen **Schleifenknoten** *(loop node)* dargestellt. Er wird durch ein Rechteck mit abgerundeten Ecken und gestrichelten Linien gezeichnet, das in zwei Bereiche aufgeteilt ist. Der `while`-Bereich enthält die Bedingung. Ist diese wahr, wird der Schleifenrumpf erneut durchlaufen. Andernfalls wird die nächste Anweisung nach der Wiederholung ausgeführt. Die Java-Syntax zeigt Abb. 5.4-2.

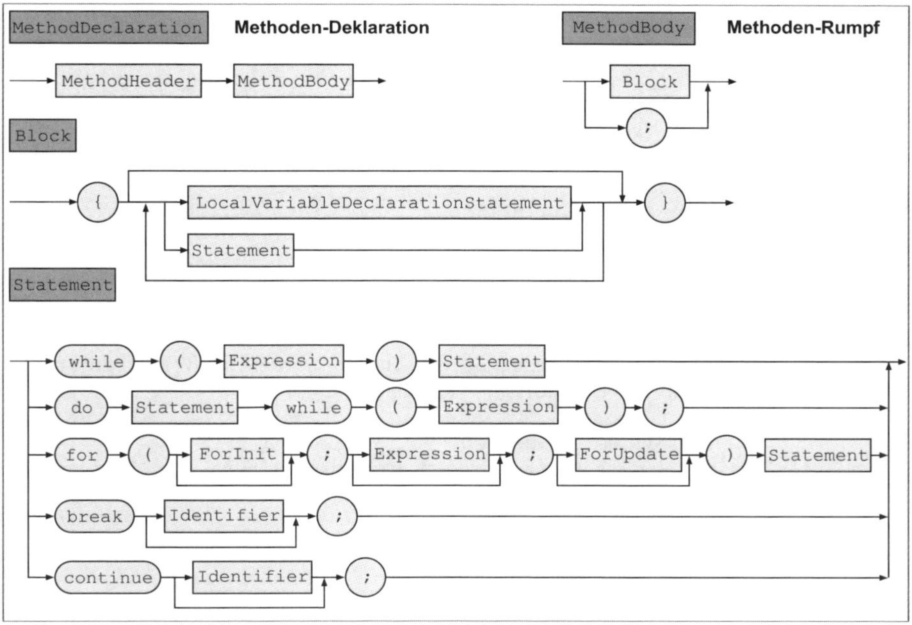

Abb. 5.4-2: Java-Syntax für Wiederholungs-Anweisungen.

Abfrage vor Wiederholung

Bei der Wiederholung mit Abfrage *vor* jedem Wiederholungsdurchlauf wird solange wiederholt, wie die Bedingung erfüllt ist. Dann wird hinter der zu wiederholenden Anweisung bzw. Anweisungsfolge fortgefahren. Ist die Bedingung bereits am Anfang *nicht* erfüllt, dann wird die Wiederholungsanweisung *keinmal* ausgeführt. Die Bedingung muss daher am Anfang der Wiederholung bereits einen eindeutigen Wert besitzen.

Beispiel

```
/*************************************************
Programm, das die Eingabe von Münzen zählt
*************************************************/
import ConsoleInOut.*;
class Parkscheinautomat
{
 public static void main (String args[])
 {
  int Gebuehr = 350; //in Cent
  int Muenze; //Eingabe
  int Einzahlung = 0; //Ausgabe

  System.out.println
        ("Die Gebühr beträgt (in Cent):" + Gebuehr);
  System.out.println
        ("Bitte verwenden Sie nur 10, 20, 50 Cent " +
        "und 1 Euro-Münzen");
  System.out.println
        ("Achtung: Überzahlungen werden nicht erstattet!");
  while (Einzahlung < Gebuehr)
  {
    System.out.println
         ("Bitte Münzwert eingeben (1 Euro als 100 Cent)");
    Muenze = Console.console_in_int();
    switch (Muenze)
    {
      case 10:
      case 20:
      case 50:
      case 100:
      Einzahlung = Einzahlung + Muenze;
```

```
      System.out.println
       ("Es fehlen noch: "+(Gebuehr - Einzahlung)+" Cent");
      break;
      default: System.out.println
                 ("Keine zulässige Münzart!");
     }
  }
  System.out.println("Sie haben die Gebühr bezahlt! Danke");
  System.out.println
    ("Gebühr: " + Gebuehr + " Einzahlung: " + Einzahlung);
 }
}
```

Ein Programmlauf sieht folgendermaßen aus:

```
Die Gebühr beträgt (in Cent):350
Bitte verwenden Sie nur 10, 20, 50 Cent und 1 Euro-Münzen
Achtung: Überzahlungen werden nicht erstattet!
Bitte Münzwert eingeben (1 Euro als 100 Cent)
100
Es fehlen noch: 250 Cent
Bitte Münzwert eingeben (1 Euro als 100 Cent)
50
Es fehlen noch: 200 Cent
Bitte Münzwert eingeben (1 Euro als 100 Cent)
30
Keine zulässige Münzart!
Bitte Münzwert eingeben (1 Euro als 100 Cent)
20
Es fehlen noch: 180 Cent
Bitte Münzwert eingeben (1 Euro als 100 Cent)
100
Es fehlen noch: 80 Cent
Bitte Münzwert eingeben (1 Euro als 100 Cent)
50
Es fehlen noch: 30 Cent
Bitte Münzwert eingeben (1 Euro als 100 Cent)
50
Es fehlen noch: -20 Cent
Sie haben die Gebühr bezahlt! Danke
Gebühr: 350 Einzahlung: 370
```

Dieses Beispiel zeigt, dass es in Sonderfällen sinnvoll sein kann, die Mehrfachauswahl ohne `breaks` zu verwenden (Durchfallen durch die Fälle!, siehe »Die Mehrfachauswahl«

Basistext

(S. 170)). Die Struktogramm-Notation zeigt die Abb. 5.4-3, die UML-Knoten-Notation die Abb. 5.4-4.

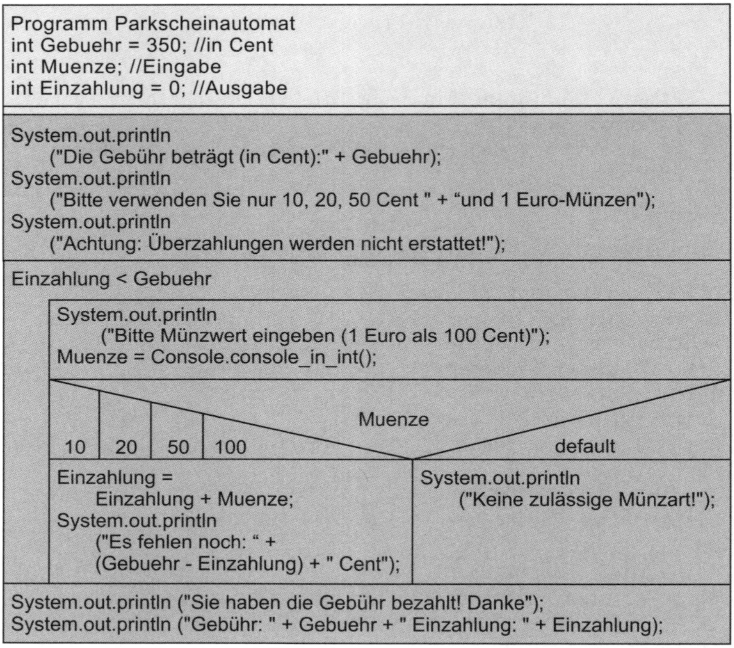

Abb. 5.4-3: Struktogramm des Programms `Parkscheinautomat`.

Erweitern Sie das Programm `Parkautomat` so, dass der Benutzer eine Parkzeit wählt und anhand der Parkzeit die Gebühr angezeigt bekommt.

Basistext

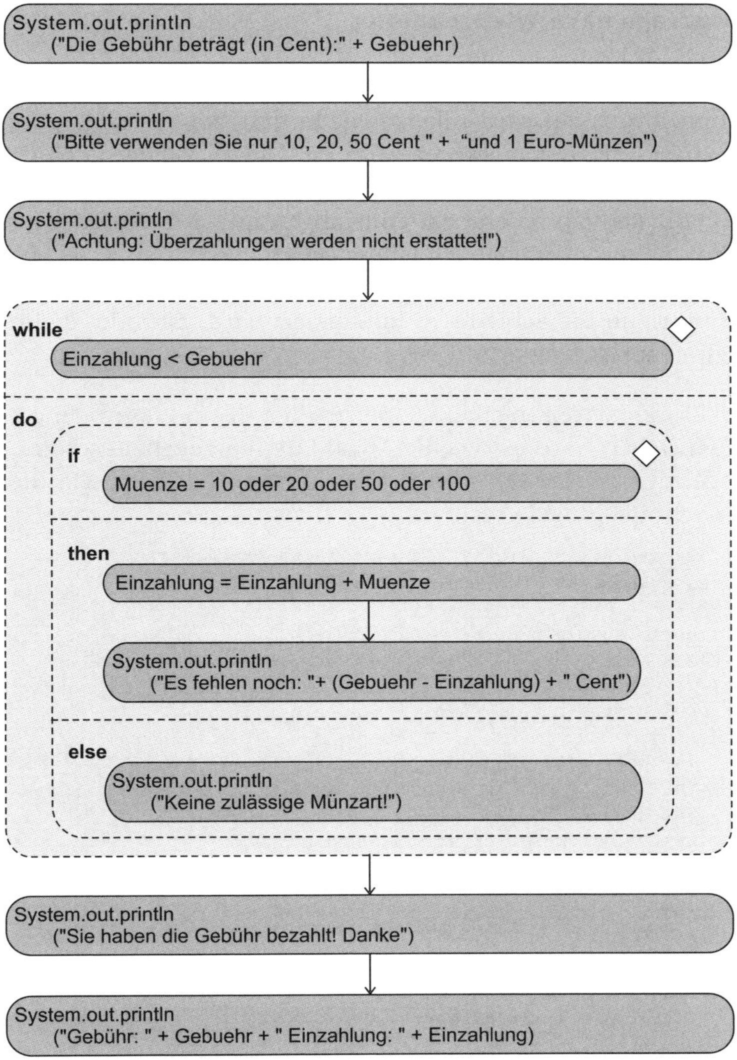

Abb. 5.4-4: UML-Aktivitätsdiagramm des Programms `Parkscheinautomat`.

Basistext

Abfrage nach Wiederholung

Bei der Wiederholung mit Abfrage *nach* jedem Wiederholungsdurchlauf wird solange wiederholt, wie die Bedingung erfüllt bzw. der Ausdruck wahr ist. Die zu wiederholenden Anweisungen werden also in jedem Fall einmal ausgeführt, da die Bedingung erst am Ende abgefragt wird. Eine Wiederholung mit Abfrage nach jedem Durchlauf läßt sich auf eine Wiederholung mit Abfrage vor jedem Durchlauf zurückführen, wenn die Schleife so initialisiert wird, dass die Bedingung am Anfang erfüllt ist.

Beispiel

Für die Kassen in einem Supermarkt soll ein Programm geschrieben werden, das die Anzahl der eingegebenen Beträge, den minimalen und den maximalen Betrag sowie die Gesamtsumme berechnet:

```
/**************************************************
Kassensumme mit Min und Max berechnen
**************************************************/
import ConsoleInOut.*;
class Kasse
{
 public static void main (String args[])
 {
  int Wert = 0; //in Cent, Maximaler Wert: 100000
  int Summe = 0, Min = 100000, Max = 0, AnzahlPos = -1;
  int Ende = -999;
  System.out.println("Bitte Werte eingeben ");
  System.out.println("Ende bei Eingabe von -999:");

  do
  {
    Summe = Summe + Wert;
    AnzahlPos = AnzahlPos + 1;
    if (Wert < Min && Wert > 0)
      Min = Wert;
    if (Wert > Max)
      Max = Wert;
    Wert = Console.console_in_int();
  } while (Wert != Ende);
```

```
    if (AnzahlPos > 0)
    {
     System.out.println("Summe: " + Summe);
     System.out.println("Anzahl Positionen: " + AnzahlPos);
     System.out.println("Maximaler Betrag: " + Max);
     System.out.println("Minimaler Betrag: " + Min);
    }
    else
     System.out.println("Kein Wert eingegeben");
  }
}
```

Zwei Programmläufe sehen folgendermaßen aus:

```
Bitte Werte eingeben
Ende bei Eingabe von -999:
-999
Kein Wert eingegeben
Bitte Werte eingeben
Ende bei Eingabe von -999:
23
76
42
4
56
-999
Summe: 201
Anzahl Positionen: 5
Maximaler Betrag: 76
Minimaler Betrag: 4
```

Den Unterschied im Ablauf zwischen einer `while`- und einer `do`-Wiederholung veranschaulicht nochmals die Abb. 5.4-5. `while` vs. `do`

Zeichnen Sie ein Struktogramm des Programms `Kasse` sowie ein UML-Diagramm in der Knoten-Notation.

n + 1/2 -Schleife

Es gibt Fälle, in denen es notwendig ist, innerhalb der Wiederholungsanweisungen die laufende Wiederholung abzubrechen. Dies ist insbesondere dann sinnvoll, wenn z.B. bei

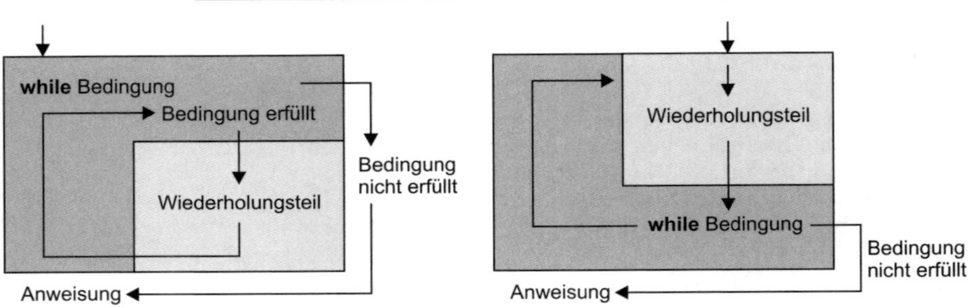

Abb. 5.4-5: Unterschied zwischen einer `while-do` *und einer* `do-while`*-Wiederholung.*

einer Berechnung innerhalb einer Wiederholung Fehler auftreten, die eine weitere Verarbeitung der Wiederholungsanweisungen überflüssig machen. Die Abbildung in der Marginalspalte zeigt eine mögliche Darstellung in einem Struktogramm. Diese Darstellung wird aber *nicht* einheitlich verwendet.

Konzeptionell hat man die Kontrollstruktur Wiederholung so verallgemeinert, dass

Struktogramm-Darstellung (nicht einheitlich verwendet)

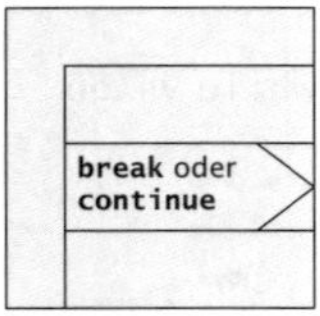

- innerhalb des Wiederholungsteils ein oder mehrere Unterbrechungen *(breaks)* oder Aussprünge programmiert werden können, die bewirken, dass aus dem Wiederholungsteil hinter das Ende der Wiederholung verzweigt bzw. gesprungen wird,
- die aktuelle Wiederholung abgebrochen wird und sofort eine neue Wiederholung beginnt *(continue)*, d.h. es wird zur jeweiligen Wiederholungsbedingung verzweigt, und
- die Methode, in der sich die Wiederholung befindet, durch ein `return` beendet wird (In Java ist dies nicht nur in einer Funktion, sondern auch in einer Prozedur durch `return;` möglich, siehe »Prozeduren, Funktionen und Methoden« (S. 275)).

Wird eine Wiederholung auf eine dieser beiden Arten verlassen, dann spricht man von einer **n + 1/2 -Schleife**.

Beispiel

Für die Auswertung von Wetterdaten wird ein Programm benötigt, das die Anzahl der Frostwerte und die durchschnittliche Frosttemperatur berechnet.

```
/************************************************
Auswertung von Wetterdaten
************************************************/
import ConsoleInOut.*;
class Wetter
{
 public static void main (String args[])
 {
  float Temperatur = 0, SummeMinus = 0;
  int AnzahlTemp = -1, AnzahlTempMinus = 0;
  int Ende = 999;
  System.out.println("Bitte Temperaturen eingeben");
  System.out.println("Ende bei Eingabe von 999:");

  do
  {
    AnzahlTemp = AnzahlTemp + 1;
    Temperatur = Console.console_in_int();
    if (Temperatur > 0)
     continue;
    AnzahlTempMinus ++;
    SummeMinus = SummeMinus + Temperatur;
   } while (Temperatur != Ende);

  if (AnzahlTemp > 0)
  {
   System.out.println("Durchschnittlicher Minuswert: "
        + (SummeMinus / AnzahlTempMinus));
   System.out.println("Anzahl Temperaturwerte: "
        + AnzahlTemp);
   System.out.println("Anzahl Temperaturwerte im Minus: "
        + AnzahlTempMinus);
  }
  else
   System.out.println("Kein Wert eingegeben");
 }
}
```

Basistext

Ein Programmlauf sieht wie folgt aus:

```
Bitte Temperaturen eingeben
Ende bei Eingabe von 999:
12
-12
67
-16
-22
999
Durchschnittlicher Minuswert: -16.666666
Anzahl Temperaturwerte: 5
Anzahl Temperaturwerte im Minus: 3
```

Durch die `continue`-Anweisung werden die Berechnungen für die Frostwerte übersprungen und es wird am Anfang der Wiederholung fortgefahren.

Zeichnen Sie zu dem Programm Wetter ein Struktogramm und ein UML-Diagramm in Fluss-Notation.

Glossar

Wiederholung *(iterative construct)* Wiederholte Ausführung von Anweisungen in Abhängigkeit von einer Bedingung oder für eine gegebene Wiederholungszahl. Man unterscheidet Wiederholungen mit Abfrage der Wiederholungsbedingung vor jedem Wiederholungsdurchlauf, nach jedem Wiederholungsdurchlauf und Wiederholungen mit fester Wiederholungsanzahl. Syn.: Schleife

5.5 Die Zählschleife und die Endlosschleife *

Ist es in einer Problemstellung nötig, Anweisungen zu wiederholen und ist die Anzahl der Wiederholungen im Voraus bekannt, dann wird dazu die Zählschleife verwendet – in Java `for (int von; bis; schrittweite)`. Für Sonderfälle kann durch `for (;;)` eine Endlosschleife programmiert werden.

Basistext

Sollen eine oder mehrere Anweisungen (Blöcke) für eine gegebene Zahl von Wiederholungen durchlaufen werden, so ist das Konzept der **Zählschleife** – auch Laufanweisung genannt – zu verwenden (Abb. 5.5-1).

Wiederholung	allgemein	Erläuterung
Struktogramm	**for** (Startausdruck, Endeausdruck, Schrittweite) Wiederholungsanweisung(en) Anweisung(en)	Wiederholung mit fester Wiederholungszahl (Zählschleife, Laufanweisung)

Java	`for (Startausdruck, Endeausdruck,`
	`Schrittweite)`
	`{`
	`Wiederholungsanweisungen;`
	`}`
	`Anweisung(en);`
		Wiederholung mit fester Wiederholungszahl (Zählschleife, Laufanweisung)

UML	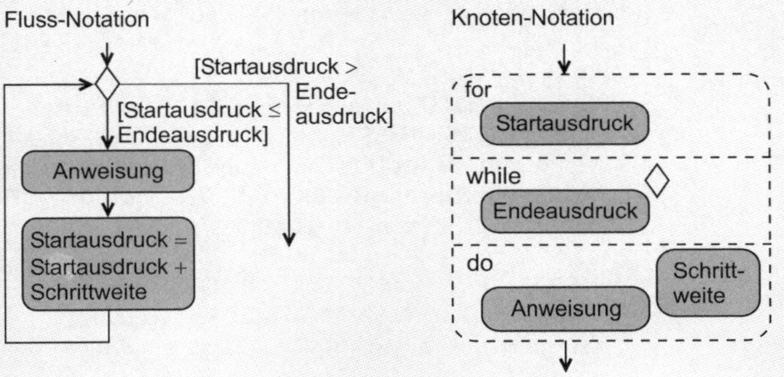	

Abb. 5.5-1: Notationen für Zählschleifen.

Die Anzahl der Wiederholungen wird durch eine Zählvariable mitgezählt und die Bedingung so gewählt, dass nach der geforderten Wiederholungszahl der Abbruch erfolgt. Einige Probleme erfordern auch ein Abwärtszählen. Auch dies kann mit der Zählschleife programmiert werden.

Java-Syntax Die Syntax sieht in Java wie folgt aus:

for-Statement ::=

`for` ([*ForInit*] ; [*Expression*] ; [*ForUpdate*]) *Statement*

Einsatz Die Zählschleife eignet sich besonders gut für die **Erstellung von Tabellen** und für das **Durchlaufen von Feldern** (siehe »Felder« (S. 235)).

Beispiel Es wird eine Tabelle benötigt, die die den Nettobetrag, die volle Mehrwertsteuer (MwSt), den Bruttobetrag, die ermäßigte MwSt und den Bruttobetrag für € 1.- bis € 100.- in Einerschritten aufführt.

```
/**************************************************
Ausgabe einer MWST-Tabelle
**************************************************/
class MWSTTabelle
{
 public static void main (String args[])
 {
  final int MWST_VOLL = 16;
  final int MWST_ERMAESSIGT = 7;
  float MWST16, MWST7;
  System.out.println("MWST-Tabelle in Euro");
  System.out.println("Netto\t16%\tBrutto\t\t7%\tBrutto");
  for (int i = 1; i <= 100; i++)
    {
    MWST16 = i * MWST_VOLL / 100.0f;
    MWST7 = i * MWST_ERMAESSIGT / 100.0f;
    System.out.println(i +  "\t" + MWST16 +
     "\t" + (i + MWST16) +  "\t\t"
     + MWST7 + "\t" + (i + MWST7));
    }
  }
 }
```

Die Ausgabe sieht wie folgt aus (Ausschnitt):

```
MWST-Tabelle in Euro
Netto   16%     Brutto          7%      Brutto
1       0.16    1.16            0.07    1.07
2       0.32    2.32            0.14    2.14
3       0.48    3.48            0.21    3.21
```

Basistext

4	0.64	4.64	0.28	4.28
5	0.8	5.8	0.35	5.35
6	0.96	6.96	0.42	6.42
7	1.12	8.12	0.49	7.49
8	1.28	9.28	0.56	8.56
9	1.44	10.440001	0.63	9.63
10	1.6	11.6	0.7	10.7

Durch Rundungsfehler gibt es an einigen Stellen Verschiebungen in der Tabelle.

1 Fügen Sie in das Programm nach jeweils 10 Ausgabezeilen einen Querstrich ein, um die Lesbarkeit zu verbessern.

2 Ändern Sie das Programm so ab, dass der Benutzer eingibt, von welchem Startwert bis zu welchem Zielwert er die Tabelle haben möchte. Stellen Sie dabei sicher, dass der Startwert kleiner als der Zielwert ist.

3 Zeichnen Sie ein Struktogramm und ein UML-Diagramm in Knoten-Notation für das Programm `MWSTTabelle`.

Java

In Java wird im Startausdruck der Zählschleife die **Zählervariable** deklariert und initialisiert. Die Zählervariable ist dann nur innerhalb der for-Schleife gültig und kann außerhalb *nicht* abgefragt werden. Der Endeausdruck definiert die Abbruchsgrenze. Bei Schrittweite handelt es sich um einen Ausdruck, der angibt, ob die Zählervariable erhöht oder erniedrigt werden soll und um welchen Betrag. Die Zählervariable wird als Nebeneffekt des Schrittweiten-Ausdrucks pro Durchlauf entsprechend modifiziert.

Beispiel

```
for (int Grad = VonWinkel; Grad <= BisWinkel;
         Grad = Grad  + 1)
{ ...
}
```

Soll der Wert der Zählervariablen auch außerhalb der `for`-Schleife abgefragt werden, z.B. nach einem Verlassen der Schleife durch `break`, dann muss die Zählervariable außerhalb der `for`-Schleife deklariert werden. Dies sollte jedoch der Sonderfall sein.

Programmierhinweis

Die Java-Syntax erlaubt noch mehr Möglichkeiten. Insbesondere können Ausdrücke weggelassen werden. Auf diese Möglichkeit sollte verzichtet werden. Die `for`-Anweisung in Java ist bei undisziplinierter Verwendung eine gefährliche Konstruktion. Sie sollte daher nur defensiv – wie im obigen Beispiel – benutzt werden.

Konvention

> **Namen der Zählervariablen i, j, k**
> Als Bezeichner für die Zählervariablen werden oft die Buchstaben i, j und k verwendet.

Vorsicht, wenn das Abbruchkriterium eine Gleitpunktzahl ist und auf Gleichheit getestet wird. Durch Rundungsfehler kann es sonst zu einer Endlosschleife kommen (siehe »Rechengenauigkeit« (S. 99)).

Beispiel

WRONG WAY

Die `for`-Schleife

```
for (float x = 0.0f ; x != 25.0f; x = x + 0.02f )
```

endet wahrscheinlich nie!

n + 1/2-Schleife

Wie bei der bedingten Wiederholung (siehe »Bedingte Wiederholung & n + 1/2-Schleife« (S. 177)) kann eine `for`-Schleife mit den Anweisungen `break` und `continue` vorzeitig verlassen werden.

Endlosschleife

In einigen Sonderfällen ist es nötig, eine Schleife endlos zu durchlaufen.

Beispiele

- Eine Ampelsteuerung muss »rund um die Uhr« die Ampeln steuern.
- Eine Messdatenerfassung muss laufend die Messwerte auswerten.

In Java kann eine Endlosschleife auf drei Arten programmiert werden:

Java

- `for ( ; ; )`
- `while (true) { }` (siehe »Bedingte Wiederholung & n + 1/2-Schleife« (S. 177))
- `do { } while true`

5.6 Termination von Schleifen *

Um sicherzustellen, dass Programme mit bedingten Wiederholungen terminieren, müssen Anweisungen innerhalb des Wiederholungsteils eine Rückwirkung auf die Wiederholungsbedingung haben. Mit Hilfe einer Wertetabelle und einem manuellen Durchgehen von Wiederholungen lassen sich Terminationsfehler oft identifizieren.

Problem: bedingte Wiederholungen

Enthält ein Programm Wiederholungsanweisungen, dann muss sichergestellt sein, dass sie nach endlich vielen Wiederholungen beendet werden. Ausnahmen davon sind bewusst programmierte Endlosschleifen für Spezialfälle (siehe: »Die Zählschleife & die Endlosschleife« (S. 188)). Ein Programm endet in der Regel immer, wenn es keine bedingten Wiederholungen enthält. Das Hauptaugenmerk ist daher auf die **bedingten Wiederholungen** zu richten.

Überlegen Sie, welche Bedingungen erfüllt sein müssen, damit eine bedingte Wiederholung überhaupt enden kann?

Beispiel 1a

Ein Teilprogramm zur Erstellung von Rechnungen soll die Rechnungsposten auf der Rechnung addieren.

```
/****************************************************
Programm, das Rechnungsposten in einer Rechnung
addiert
****************************************************/
import ConsoleInOut.*;
class Rechnungsposten
{
 public static void main (String args[])
 {
  float Teilsumme; //Eingabe
  float Summe = 0.0f; //Ausgabe
  int Anzahl = 0; //Hilfsgröße

  System.out.println("Geben Sie bitte die Teilsumme ein");
  Teilsumme = Console.console_in_int();
  while (Teilsumme > 0)
  {
      Summe = Summe + Teilsumme;
      Anzahl = Anzahl + 1;
  }
  System.out.println("Anzahl Rechnungsposten: " + Anzahl);
  System.out.println("Summe Rechnungposten: " + Summe);
 }
}
```

Für eine Rechnung liegen folgende Teilsummen vor: 50, 200, 30, 40, 0.

Prüfen Sie mit diesen Teilsummen das Programm `Rechnungsposten`.

Tipp

Trockentest mit Wertetabelle

Vor der Ausführung eines Programms ist es immer sinnvoll, zunächst einen »Trockentest« durchzuführen. Dazu wird eine Wertetabelle aufgestellt, in die die aktuellen Werte jeder Variablen eingetragen werden. Jeder Variablenname wird aufgeführt. Die Zuweisungen von Werten zu Variablen, die bei der Ausführung des Programms vorgenommen werden, werden in die Tabelle eingetragen.

Wird einer Variablen ein neuer Wert zugewiesen, dann wird der alte Wert durchgestrichen und der neue notiert.

Beispiel 1b

Für das Beispiel 1a erhält man die Tab. 5.6-1. Wie die Tabelle zeigt, ist die Wiederholungsbedingung immer erfüllt. Die Wiederholung wird also unendlich oft ausgeführt. Das Programm endet nicht. Der Wiederholungsteil enthält einen Fehler. Es wurde vergessen, im Wiederholungsteil den neuen Wert für Teilsumme einzulesen:

```
System.out.println("Geben Sie bitte die Teilsumme ein");
Teilsumme = Console.console_in_int();
```

Durch die Ausführung des Programms mit der Hand und dem Eintragen der aktuellen Variablenwerte in eine Wertetabelle erkennt man solche Fehler.

Variable	aktueller Inhalt
Teilsumme	50
Anzahl	0 | 1 | 2 | 3 | 4 | ...
Summe	0 | 50 | 100 | 150 | 200 | ...
Teilsumme > 0	ja | ja | ja | ja | ja | ...

Tab. 5.6-1: Wertetabelle.

Das Beispiel zeigt deutlich die Gefahren einer while- und einer do-Wiederholung. Es muss immer sichergestellt sein, dass die Anzahl der Wiederholungen nach endlich vielen Durchläufen endet, d.h. die Wiederholungen dürfen *nicht* für irgendeine Eingabe unendlich sein. Es kann jedoch auch vorkommen, dass in einem Programm eine bestimmte Eingabemöglichkeit nicht bedacht wurde, so dass die Forderung nach **Termination** oder **dynamischer Endlichkeit** des Programms verletzt wird. Ebenso ist es möglich, dass ein Fehler in der Problemlösung vorliegt.

Wie kann man sicherstellen, dass ein Programm immer terminiert, d.h. für alle Eingaben endet? Wie kann man überprüfen, ob ein Programm in eine Endlosschleife kommen kann?

Terminationsbedingung

Ein Programm endet in der Regel immer, wenn es *keine* bedingten Wiederholungen enthält. Damit eine bedingte Wiederholung überhaupt enden kann, muss es innerhalb des Wiederholungsteils eine oder mehrere Anweisungen geben, die eine Rückwirkung auf die Wiederholungsbedingung haben.

Zur Sicherstellung der dynamischen Endlichkeit bei bedingten Wiederholungen muss deshalb folgende Minimalbedingung erfüllt sein:

Durch mindestens eine Anweisung im Wiederholungsteil muss eine Variable derart verändert werden, dass nach einer endlichen Anzahl von Durchläufen die Endebedingung erfüllt ist.

Methode

Allgemein kann man folgende Methode anwenden:
Man suche irgendeine ganzzahlige Größe G, die jedesmal, wenn die Wiederholung ausgeführt wird, einen niedrigeren (höheren) Wert hat als bei der vorherigen Wiederholung, aber nie kleiner (größer) werden kann als ein bestimmtes Minimum (Maximum).

Beispiel

```
class DemoTermination
{
 public static void main (String args[])
 {
  int G = 100; // ganzzahlig
  int Minimum = 0, Anzahl = 0;
  int Summe = 0;
  while (G > Minimum)
  {
      G = G - 1; //Verkleinern
      Anzahl = Anzahl + 1;
      Summe = Summe + Anzahl;
  }
```

```
  System.out.println
   ("Summe von 1 bis " + Anzahl + ": " + Summe);
 }
}
```

Der Programmlauf ergibt folgendes Ergebnis:

```
Summe von 1 bis 100: 5050
```

Wie sieht ein Programm aus, bei dem die Variable G hochgezählt wird. Wie sehen entsprechende Programme bei der do-Wiederholung aus?

Glossar

Termination *(termination)* Algorithmen und Programme müssen dynamisch endlich sein, d.h. sie müssen in endlicher Zeit ausgeführt werden können. Syn.: dynamische Endlichkeit

5.7 Der Aufruf *

Teilaufgaben werden in eigenständige Programme – in Java in eigenständige Methoden – ausgelagert. Solche Programme bzw. Methoden können von anderen Programmen aus aufgerufen werden. Ein Aufruf bewirkt, dass von der Aufrufstelle zum gerufenen Programm bzw. der gerufenen Methode verzweigt wird. Nach Ausführung des gerufenen Programms bzw. der gerufenen Methode wird *hinter* die Aufrufstelle des rufenden Programms zurückgekehrt und der Programmablauf wird im ursprünglichen Programm fortgesetzt. Da ein Aufruf den Kontrollfluss ändert, gehört er zu den Kontrollstrukturen.

Teilaufgaben = eigenständige Methoden

In vielen Programmen werden Teilaufgaben oft mehrmals benötigt. Solche Teilaufgaben werden daher als eigenständige Methoden formuliert und von der Methode aus, in der die Teilaufgabe benötigt wird, aufgerufen. **Aufruf** bedeutet, dass an der Stelle, an der die Teilaufgabe auszuführen ist, eine Verzweigung zu der Teilaufgabe, d.h. zu der entsprechenden Methode, erfolgt. Nach Abschluss der Teilaufgabe wird das Programm hinter der Aufruf- bzw. Verzweigungsstelle fortgesetzt. Der Methode, die aufgerufen wird, können noch sogenannte aktuelle Parameter übergeben werden. Auf diese Konzepte wird detailliert in »Prozeduren, Funktionen und Methoden« (S. 275) eingegangen. Die verschiedenen Notationen zeigt die Abb. 5.7-1.

Aufruf	allgemein	Erläuterung
Struktogramm	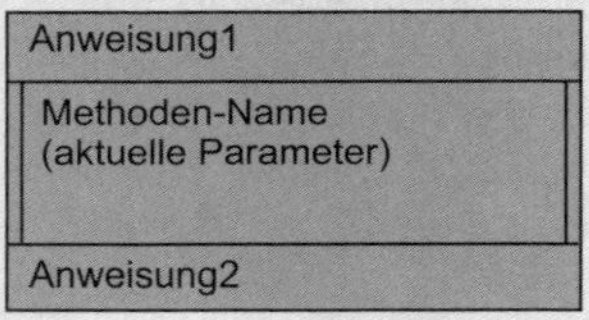	Nach Ausführung der aufgerufenen Methode wird die rufende Methode hinter der Aufrufstelle fortgesetzt (Anweisung2).

Java	`Anweisung1;`
	`Methoden-Name (aktuelleParameter);`
	`Anweisung2;`
		Ein Aufruf erfolgt durch Angabe des Methoden-Namens, gefolgt von der Liste der aktuellen Parameter.

UML	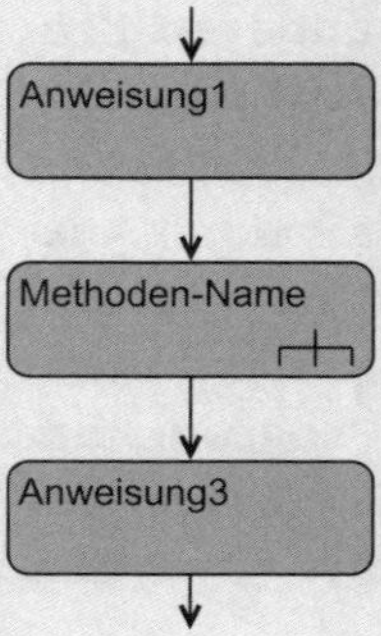	Durch ein Rechensymbol rechts unten in einem abgerundeten Rechteck wird ein Aktivitätsaufruf angegeben *(sub activity indicator).*

Abb. 5.7-1: Darstellungsformen des Aufrufs.

Basistext

Da durch einen Aufruf die sequenzielle Ausführung der Anweisungen unterbrochen wird, zählt der Aufruf zu den Kontrollstrukturen.

Beispiel

```
import IO.*; //Importieren der Bibliothek IO
class DemoAufruf
{
 static void Linie() //Methode
 {
    System.out.println("------------------------");
 }

 public static void main (String args[])
 {
  Linie(); //1. Aufruf
  System.out.println("Top 5 der Bücher");
  Linie(); //2. Aufruf
  System.out.println("Welt der geheimen Zeichen");
  System.out.println("HTML, XHTML & CSS");
  System.out.println("Webdesign & Web-Ergonomie");
  System.out.println("Praktische Projektplanung");
  System.out.println("Tabellenkalkulation");
  Linie(); // 3. Aufruf
 }
}
```

Der Programmlauf sieht wie folgt aus:

```
------------------------
Top 5 der Bücher
------------------------
Welt der geheimen Zeichen
HTML, XHTML & CSS
Webdesign & Web-Ergonomie
Praktische Projektplanung
Tabellenkalkulation
------------------------
```

In Java können in einer Klasse mehrere Methoden stehen, die sich gegenseitig aufrufen können. Beim Aufruf einer Methode steht hinter dem Methodennamen immer ein rundes Klammerpaar, in dem sich – falls vorhanden – die sogenannten aktuellen Parameter befinden.

Basistext

Die Abb. 5.7-3 zeigt das Programm in der UML-Notation, die Abb. 5.7-2 in der Struktogramm-Notation. In der UML-Notation kann ein Programm in ein Rechteck mit abgerundeten Ecken eingeschlossen werden. Der Programmname wird links oben eingetragen. Dadurch ist es möglich den Programmnamen in einem Aktivitätsdiagramm beim Aufruf zu referenzieren.

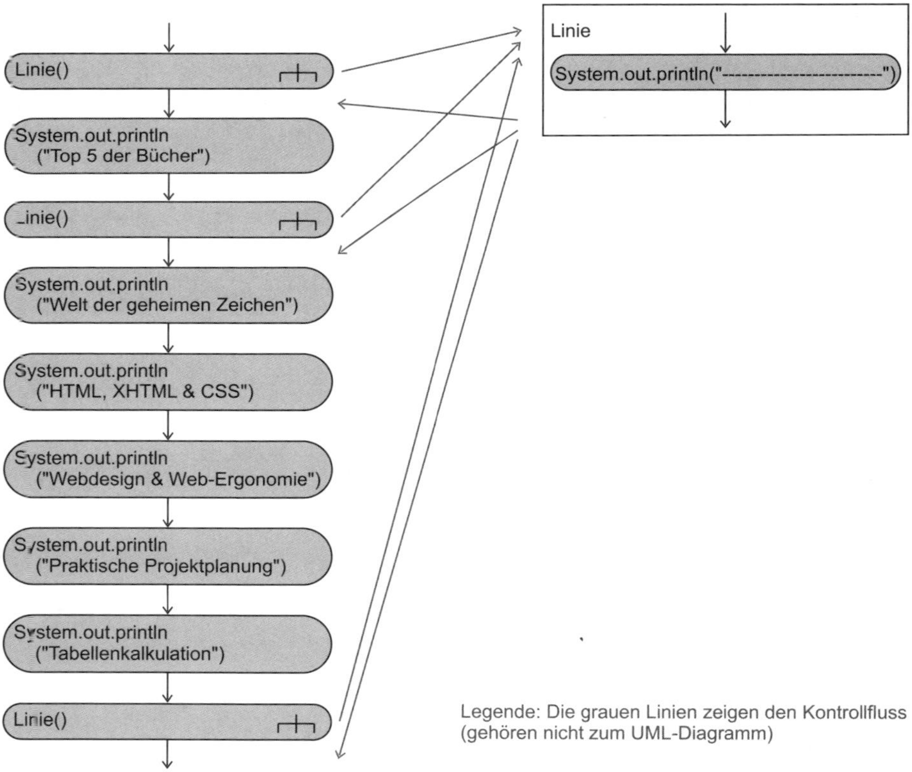

Abb. 5.7-2: Das Programm `DemoAufruf` *in UML-Notation mit Veranschaulichung der Aufrufe.*

Basistext

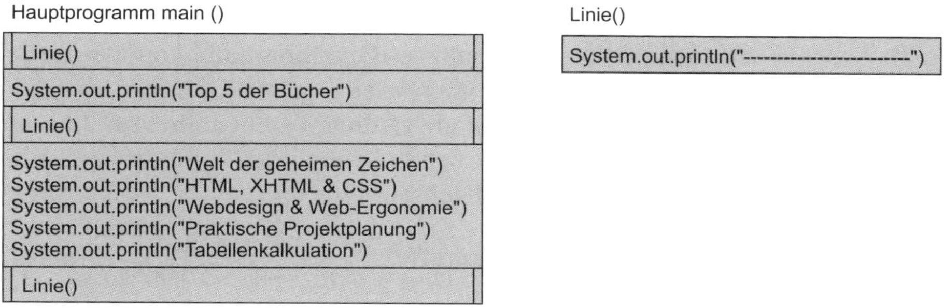

Abb. 5.7-3: Das Programm `DemoAufruf` *in der Struktogramm-Notation.*

Ergänzen Sie die Klasse `DemoAufruf` um eine weitere Methode, die statt einer Linie Gleichheitszeichen (=) ausgibt. Rufen Sie diese Methode hinter der Überschrift anstelle von `Linie()` auf.

5.8 Geschachtelte Kontrollstrukturen *

Kontrollstrukturen können beliebig tief ineinander geschachtelt werden, um komplexe Ablaufstrukturen zu programmieren. Auswahlketten liegen vor, wenn Auswahlanweisungen im else-Zweig wieder Auswahlanweisungen enthalten. In der UML-Knoten-Notation und in einigen Programmiersprachen gibt es dafür eine besondere Notation, in Java nicht. Bei ineinander geschachtelten Auswahlanweisungen ist durch Kommentare in Java (wegen seiner ungünstigen Syntaxstruktur) auf eine korrekte Schachtelung zu achten. Geschachtelte Kontrollstrukturen können mit Marken versehen werden, so dass mit `break` und `continue` verschachtelte Konstrukte verlassen werden können.

Basistext

Schachtelung

Komplexe Abläufe können durch Schachtelung von Kontrollstrukturen beschrieben werden. Innerhalb von Wiederholungsanweisungen können wieder Wiederholungsanweisungen oder/und Auswahlanweisungen stehen. Im Prinzip kann man die Kontrollstrukturen in beliebiger Kombination beliebig tief ineinander schachteln.

Beispiel

```
//Ausgabe einer Rabattstaffel
class Rabattstaffel
{
 public static void main (String args[])
 {
  System.out.println("Rabattstaffel");
  System.out.println("€\t5%\t10%\t15%\t20%\t25%");
  for (int Betrag = 100; Betrag <= 1000;
    Betrag = Betrag + 100)
  {
    System.out.print(Betrag);
    for (int Rabattsatz = 5; Rabattsatz <= 25;
     Rabattsatz = Rabattsatz + 5)
      System.out.print
       ("\t" + Betrag * Rabattsatz / 100.0f);
    System.out.println();
   }
 }
}
```

Das Ergebnis des Programmlaufs sieht wie folgt aus:

```
Rabattstaffel
€       5%      10%     15%     20%     25%
100     5.0     10.0    15.0    20.0    25.0
200     10.0    20.0    30.0    40.0    50.0
300     15.0    30.0    45.0    60.0    75.0
400     20.0    40.0    60.0    80.0    100.0
500     25.0    50.0    75.0    100.0   125.0
600     30.0    60.0    90.0    120.0   150.0
700     35.0    70.0    105.0   140.0   175.0
800     40.0    80.0    120.0   160.0   200.0
900     45.0    90.0    135.0   180.0   225.0
1000    50.0    100.0   150.0   200.0   250.0
```

Die UML-Darstellung zeigt die Abb. 5.8-1, die Struktogramm-Darstellung die Abb. 5.8-2.

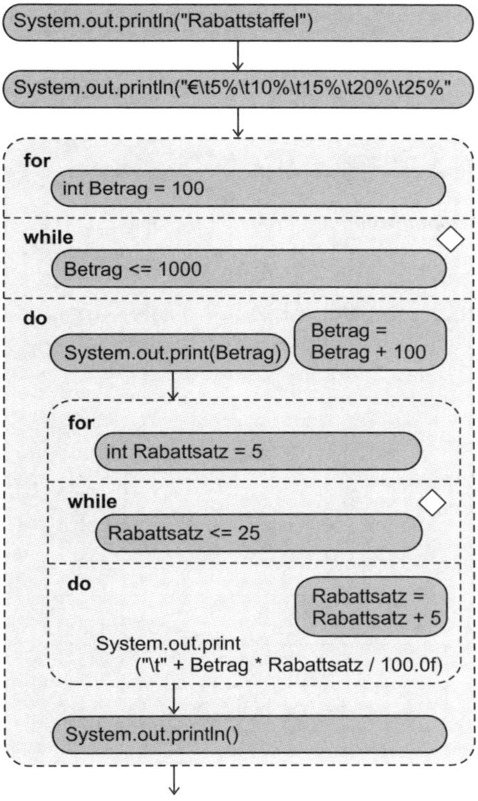

Abb. 5.8-1: UML-Aktivitätsdiagramm in Knotennotation des Programms `Rabattstaffel`.

Insbesondere bei geschachtelten Auswahlanweisungen ist auf den korrekten Abschluss jeder Anweisung zu achten. korrekter Abschluß

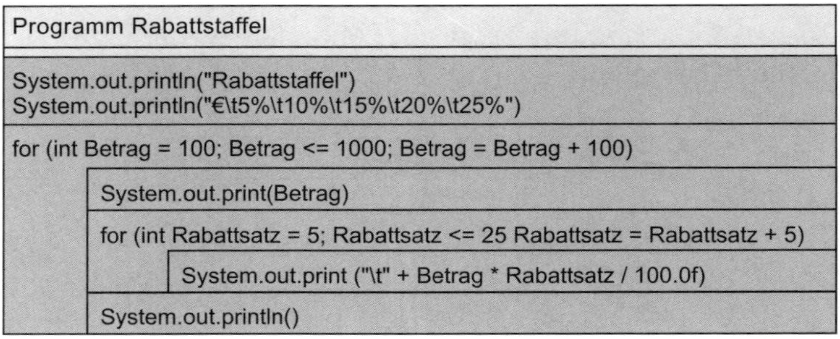

Abb. 5.8-2: Struktogramm des Programms `Rabattstaffel`.

Beispiele

Das Struktogramm der Abb. 5.8-3 sieht in Java folgendermaßen aus:

```
if (n > 0)
  if (a > b)
    Z = a;
  else
    Z = b;
  //end if
//end if
```

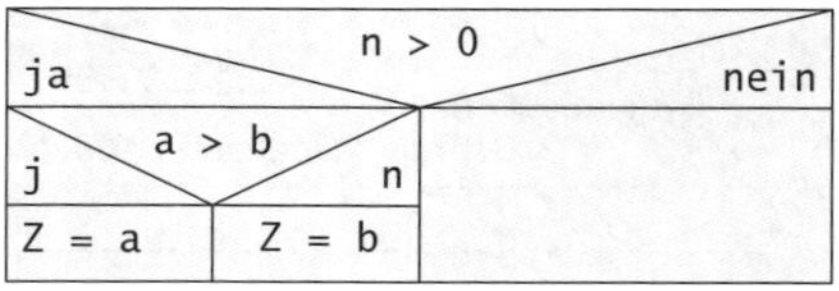

Abb. 5.8-3: Beispiel für die Schachtelung von `if`*-Anweisungen.*

Das in der Abb. 5.8-4 dargestellte, unwesentlich geänderte Programm sieht in Java folgendermaßen aus:

```
if (n > 0)
  {
    if (a > b)
      Z = a;
  } //end if
```

Basistext

```
else
  Z = b;
//end if
```

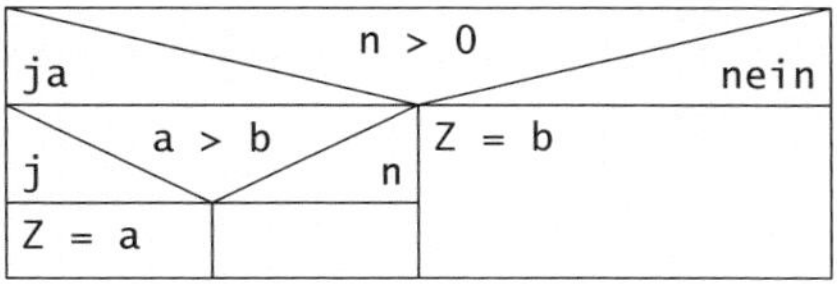

Abb. 5.8-4: Beispiel für die Schachtelung von `if`*-Anweisungen.*

Programmierhinweis

Ende-Kommentare einfügen
Durch die ungünstige Syntaxstruktur in Java kann es leicht zu Fehlinterpretationen der Semantik beim Lesen eines Programms kommen. Daher sind zusätzliche Kommentare unbedingt nötig!

Auswahlketten

Manche Problemlösungen enthalten regelmäßig ineinandergeschachtelte Auswahlanweisungen, sogenannte **Auswahlketten**. Einige Programmiersprachen besitzen zur Formulierung dieser Auswahlketten besondere Sprachkonstrukte, z.B. Ada mit `elsif`. Da in Java ein `if`-Konstrukt nicht mit `end if` abgeschlossen wird, ist ein besonderes Sprachkonstrukt *nicht* erforderlich. In der UML-Knoten-Notation gibt es eine besondere Darstellung für Auswahlketten (Abb. 5.8-6).

Beispiel

Das Struktogramm der Abb. 5.8-5 sieht in Java folgendermaßen aus:

```
if (Bedingung1)
  Anweisung1
else
  if (B2)
    A2;
```

```
else
  if (B3)
    A3;
  else A4;
```

Die Abb. 5.8-6 zeigt die Darstellung in der UML-Knoten-Notation.

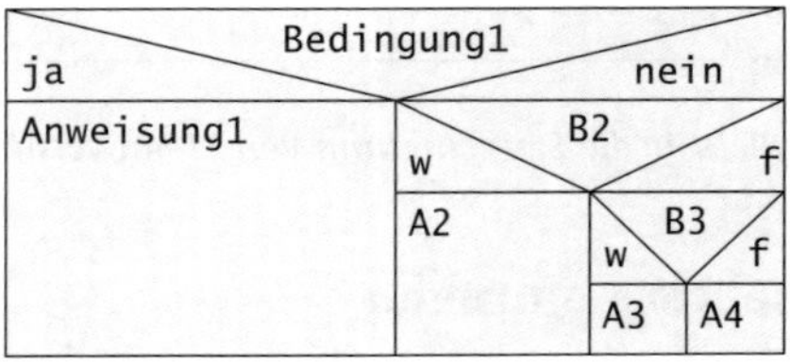

Abb. 5.8-5: Beispiel für die Darstellung einer Auswahlkette als Struktogramm.

Beenden geschachtelter Anweisungen

In der Praxis müssen z.B. aufgrund erkannter Fehler ineinandergeschachtelte Wiederholungsanweisungen und Mehrfach-Auswahlanweisungen vollständig verlassen werden. Ein Beenden der gerade aktiven Anweisung reicht dazu nicht aus.

Java

In Java ist es möglich, jede Anweisung und jeden Anweisungsblock mit einer Marke *(label)* zu versehen. Eine Marke ist ein Bezeichner gefolgt von einem Doppelpunkt, z.B. `Schleife1:`

Durch Marken versehene Anweisungen werden von den Anweisungen `break` oder `continue` »angesprungen«, die irgendwo innerhalb der mit Marken versehenen Anweisung auftreten. Hinter `break` oder `continue` muss dann der entsprechende Markenbezeichner angegeben werden.

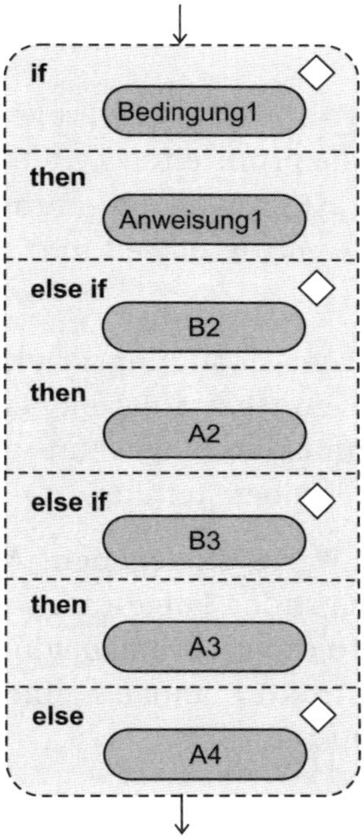

Abb. 5.8-6: Auswahlkette in UML-Notation als Aktivitätsdiagramm.

Beispiel

```
Schleife1: //Name der Schleife
while (Ausdruck)
{
  Anweisungen;
  while (Ausdruck)
  {
    Anweisungen;
    if (Fehler1) break Schleife1;
    Anweisungen;
    if (Fehler2) continue Schleife1;
    Anweisungen;
  }
  Anweisungen;
```

Mit `break` wird hinter das Ende der `Schleife1`, mit `continue` auf die Marke `Schleife1` verzweigt.

Fallstudie

5.9 OptiTravel: Zeitvergleich *

Frau Jung erhält den Auftrag, ein Programm zu schreiben, das es ermöglicht, die ermittelten Zeiten für Auto, Bahn und Flug zu vergleichen. Es sollen die Transportmittel sortiert nach minimaler Zeit, mittlerer Zeit und maximaler Zeit ausgegeben werden.

Da Frau Jung in ihrer Ausbildung gelernt hat, immer vom konkreten Problem zu abstrahieren, damit ein Programm auch in anderen Kontexten eingesetzt werden kann, verallgemeinert sie die Aufgabenstellung.

Es werden drei `int`-Werte eingegeben. Ausgegeben werden die Werte in aufsteigender Folge (min, mittel, max). Bevor Frau Jung mit der Programmierung beginnt, überlegt sie sich die Entscheidungsstruktur anhand eines **Entscheidungsbaums** (Abb. 5.9-1).

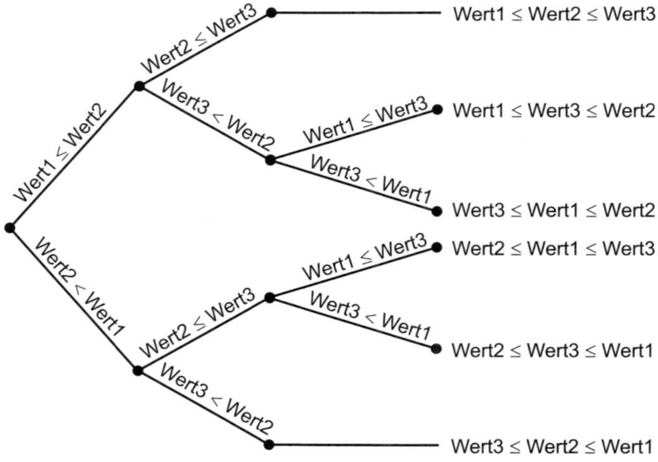

Abb. 5.9-1: Entscheidungsbaum, der die verschiendenen Alternativen anschaulich zeigt.

Fallstudie

Das anhand des Entscheidungsbaums entwickelte Programm sieht wie folgt aus:

```
//Vergleich von 3 Werten
import ConsoleInOut.*;
class Vergleich
{
 public static void main (String args[])
 {
  int Wert1, Wert2, Wert3; //3 Vergleichswerte
  System.out.print("Wert 1 eingeben: ");
  Wert1 = Console.console_in_int();
  System.out.print("Wert 2 eingeben: ");
  Wert2 = Console.console_in_int();
  System.out.print("Wert 3 eingeben: ");
  Wert3 = Console.console_in_int();
  if (Wert1 <= Wert2)
     if (Wert2 <= Wert3) //Wert 1 <= Wert 2 <= Wert 3
      {
          System.out.println("Min: Wert 1 = " + Wert1);
          System.out.println("Mittel: Wert 2 = " + Wert2);
          System.out.println("Max: Wert 3 = " + Wert3);
      }
      else //(Wert 1 <= Wert 2  und Wert 3 <= Wert 2)
        if (Wert1 <= Wert3)
         {
            System.out.println("Min: Wert 1 = " + Wert1);
            System.out.println("Mittel: Wert 3 = " + Wert3);
            System.out.println("Max: Wert 2 = " + Wert2);
         }
         else //Wert 3 < Wert 1
         {
            System.out.println("Min: Wert 3 = " + Wert3);
            System.out.println("Mittel: Wert 1 = " + Wert1);
            System.out.println("Max: Wert 2 = " + Wert2);
         }
   else //Wert 2 < Wert 1
   {
      if (Wert2 <= Wert3)
        if (Wert1 <= Wert3)
         {
            System.out.println("Min: Wert 2 = " + Wert2);
            System.out.println("Mittel: Wert 1 = " + Wert1);
            System.out.println("Max: Wert 3 = " + Wert3);
         }
         else //Wert 3 < Wert 1
```

```
            {
               System.out.println("Min: Wert 2 = " + Wert2);
               System.out.println("Mittel: Wert 3 = " + Wert3);
               System.out.println("Max: Wert 1 = " + Wert1);
            }

         else //Wert 3 < Wert 2
         {
             System.out.println("Min: Wert 3 = " + Wert3);
             System.out.println("Mittel: Wert 2 = " + Wert2);
             System.out.println("Min: Wert 1 = " + Wert1);
         }
      }
   }
}
```

Ein Programmlauf sieht wie folgt aus:

```
Wert 1 eingeben: 55
Wert 2 eingeben: 6
Wert 3 eingeben: 44
Min: Wert 2 = 6
Mittel: Wert 3 = 44
Max: Wert 1 = 55
```

Zeichnen Sie ein Struktogramm für dieses Programm.

5.10 OptiTravel: Funktionsauswahl *

Zur Vorbereitung auf die Einbindung der verschiedenen Funktionen für das Programm `OptiTravel`, erhält Frau Jung in Ihrer Rolle als Junior-Programmiererin die Aufgabe, eine Funktionsanzeige und -auswahl für die Konsole zu programmieren.

Frau Jung erinnert sich an die verschiedenen Möglichkeiten, die Kontrollstrukturen bieten und setzt eine endlose `for`-Schleife mit anschließender Mehrfachauswahl ein.

Fallstudie

Funktions-
auswahl

```
//Auswahl einer Funktion
import ConsoleInOut.*;
class Funktionsauswahl
{
 public static void main (String args[])
 {
  char Auswahl;
  for(;;)
  {
    System.out.println("Bitte Funktion auswählen:");
    System.out.println("Funktion 1");
    System.out.println("Funktion 2");
    System.out.println("Funktion 3");
    System.out.println("Abbruch: 9");
    System.out.println("Bitte Ziffer 1, 2, 3 oder 9 eingeben:");
    //Aufruf der Methode console_in_char()
    Auswahl = Console.console_in_char();
    if (Auswahl =='9') break;
    switch (Auswahl)
    {
      case '1': System.out.println
                      ("Funktion 1 wird ausgeführt"); break;
      case '2': System.out.println
                      ("Funktion 2 wird ausgeführt"); break;
      case '3': System.out.println
                      ("Funktion 3 wird ausgeführt"); break;
      default: System.out.println("Fehlerhafte Eingabe: " +
                 "Bitte nur 1, 2, 3 oder 9 eingeben");
                 continue;
    }
  };
  System.out.println("Ende des Programms");
 }
}
```

Ein Programmlauf sieht folgendermaßen aus:

```
Bitte Funktion auswählen:
Funktion 1
Funktion 2
Funktion 3
Abbruch: 9
Bitte Ziffer 1, 2, 3 oder 9 eingeben:
2
Funktion 2 wird ausgeführt
```

```
Bitte Funktion auswählen:
Funktion 1
Funktion 2
Funktion 3
Abbruch: 9
Bitte Ziffer 1, 2, 3 oder 9 eingeben:
7
Fehlerhafte Eingabe: Bitte nur 1, 2, 3 oder 9 eingeben
Bitte Funktion auswählen:
Funktion 1
Funktion 2
Funktion 3
Abbruch: 9
Bitte Ziffer 1, 2, 3 oder 9 eingeben:
9
Ende des Programms
```

Zeichnen Sie für das Programm `Funktionsauswahl` ein Struktogramm und ein UML-Diagramm in Knoten-Notation.

5.11 Anordnung von Auswahlanweisungen *

Oft legen Problemstellungen ein Hintereinanderreihen von Auswahlanweisungen nahe. Um die Laufzeit zu optimieren ist jedoch zu prüfen, ob durch eine Mehrfachauswahl oder geschachtelte Anweisungen die Bedingungsabfragen und die Berechnung von Ausdrücken reduziert werden können.

Ziel: geringste Laufzeit

Jede Bedingung, die bei der Ausführung eines Programms ausgewertet werden muss, kostet Zeit. In Abhängigkeit von der Aufgabenstellung muss daher genau analysiert werden, welche Anordnung der Auswahlanweisungen die geringste Laufzeit ermöglicht.

Beispiel 1a

Eine Schwachstromversicherung deckt alle Schäden an empfindlichen elektronischen Bürogeräten ab, die beispielsweise durch einen plötzlichen Stromausfall oder unsachgemäße Handhabung entstehen könnten. Der Jahresbeitrag für die Versicherungssumme errechnet sich im Falle einer Einzelversicherung für Büromaschinen aufgrund der Vertragsbedingungen (Auszug) der Tab. 5.11-1.

Versicherungssumme in Euro	Prämie in Promille
bis 5.000	16,8
von 5.001 bis 10.000	12,6
über 10.000	8,4

Tab. 5.11-1: Tarife für eine Schwachstromversicherung.

Eine unreflektierte Umsetzung dieser Aufgabenstellung führt zu der Lösung 1 (Abb. 5.11-1).

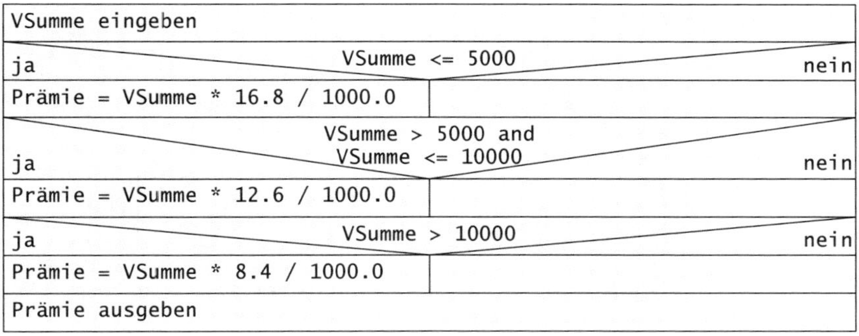

Abb. 5.11-1: Direkte Umsetzung einer Versicherungstabelle in Programmcode.

Bei dieser Lösung werden unabhängig von der konkreten Versicherungssumme nacheinander *immer* drei Bedingungen überprüft. Ist die konkrete `Versicherungssumme <= 5000` Euro, dann sind die beiden folgenden Abfragen eigentlich überflüssig. Dennoch werden sie ausgeführt. Dies führt zu einer unnötigen Verlängerung der Laufzeit des Programms.

Von der Aufgabenstellung her handelt es sich um eine Mehrfachauswahl. Aus drei Fällen muss genau ein Fall ausgewählt werden.

In Java läßt sich diese Aufgabe durch eine `switch`-Anweisung lösen.

```
// Laufzeitoptimierte Berechnung von
// Versicherungsprämien
// Einsatz des switch-Konstrukts
import ConsoleInOut.*;
class Versicherung1
{
 public static void main (String args[])
 {
  float VSumme;
  System.out.println
   ("Geben Sie bitte die" +
     " gewünschte Versicherungssumme ein: ");
  VSumme = Console.console_in_float();
  float praemie = 0.0f;
  // Lösung mit switch - case - Konstrukt
  int fall = (int)((VSumme - 0.01f) / 5000.0f);
  switch (fall)
  {
    case 0: praemie = VSumme * 16.8f / 1000.0f; break;
    case 1: praemie = VSumme * 12.6f / 1000.0f; break;
    default: praemie = VSumme * 8.4f / 1000.0f; break;
  }
  System.out.println("Prämie: " + praemie);
  //floor ist eine Methode der Klasse Math
  //floor ermittelt den größten float-Wert,
  //der nicht größer als das Argument (hier praemie)
  //und gleich einer ganzen Zahl ist
  System.out.println("Prämie: " +
   (float)Math.floor((float)(praemie * 100.0f)) / 100.0f);
 }
}
```

Basistext

Mehrere Programmläufe zeigen folgende Ergebnisse:

```
Geben Sie bitte die gewünschte Versicherungssumme ein:
5000
Prämie: 84.0
Prämie: 84.0
Geben Sie bitte die gewünschte Versicherungssumme ein:
5001
Prämie: 63.0126
Prämie: 63.01
Geben Sie bitte die gewünschte Versicherungssumme ein:
10001
Prämie: 84.0084
Prämie: 84.0
```

Die Anweisung `fall = (int)((VSumme - 0.01f) / 5000.0f);` dient dazu, die Versicherungsumme auf die drei Fälle `0`, `1` und `default` abzubilden.

In der Anweisung

```
(float)Math.floor((float)(praemie * 100.0)) / 100.0);
```

wird die berechnete Prämie zunächst mit 100 multipliziert. Damit liegen Cent vor. Dann werden mithilfe der Operation `floor` die Stellen nach dem Komma bzw. dem Punkt abgeschnitten, d.h. `floor` rundet ab. Anschließend wird das Ergebnis durch 100 dividiert. Dadurch erhält man wieder Euro mit Cents.

1 Prüfen Sie die Wirkung der beiden beschriebenen Anweisungen für verschiedene Werte.

2 Schreiben Sie ein Programm, das für die Werte −10.0f bis +10.0f in Schritten von 0.02 den Wert selbst und den mit `floor` abgeschnittenen Wert ausgibt.

Berechnungszeit

Bei der Lösung mit der Mehrfachauswahl muss die Zeit, die zum Berechnen des `switch`-Ausdrucks benötigt wird, mit berücksichtigt werden.

Schachtelung

Eine Verbesserung der 1. Lösung ist durch ein Schachteln von `if`-Anweisungen möglich. Dabei ist es wichtig zu wissen, welche Abfragen mit welcher Häufigkeit auftreten.

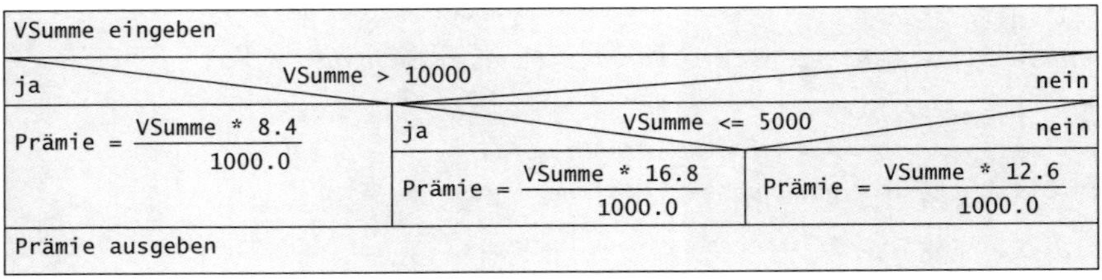

Abb. 5.11-2: Umsetzung einer Versicherungstabelle in geschachtelte `if`-*Anweisungen.*

Beispiel 1b

Ist beispielsweise in 70 Prozent aller Fälle die Versicherungssumme größer als 10 000,- Euro, dann ist die Lösung 2 (Abb. 5.11-2) die beste.

```
/**********************************************
* Laufzeitoptimierte Berechnung von
* Versicherungsprämien
* Einsatz von geschachtelteten if-Anweisungen
**********************************************/
import ConsoleInOut.*;
class Versicherung2
{
 public static void main (String args[])
 {
  float VSumme;
  System.out.println
   ("Geben Sie bitte die" +
     " gewünschte Versicherungssumme ein: ");
  VSumme = Console.console_in_float();
  float praemie = 0.0f;
  // Lösung mit switch - case - Konstrukt
  if (VSumme > 10000.0)
    praemie = VSumme * 8.4f / 1000.0f;
   else
     if (VSumme <= 5000.0f)
        praemie = VSumme * 16.8f / 1000.0f;
```

```
      else
         praemie = VSumme * 12.6f / 1000.0f;
    System.out.println("Prämie: " +
    (float)Math.floor((float)(praemie * 100.0f)) / 100.0f);
  }
}
```

Das Beispiel hat gezeigt, dass es in vielen Fällen sinnvoll ist, Auswahlanweisungen ineinander zu schachteln. In Abhängigkeit von den Annahmen und Voraussetzungen eines Problems spielt die richtige Wahl der Abfragereihenfolge eine große Rolle, um ein optimales Programm zu entwickeln.

Beispiel 1c

In 70 Prozent aller Fälle wird nur eine Bedingung ausgewertet, sonst zwei. Gegenüber der Lösung 1 ist die zusammengesetzte Bedingung entfallen.

5.12 Auswahl von Kontrollstrukturen *

Kontrollstrukturen sind so auszuwählen, dass sie die gegebene Problemstellung möglichst gut widerspiegeln. Wesentlich ist, dass klar zwischen einer **Auswahl** und einer **Wiederholung** unterschieden wird.

Auswahl

Eine Auswahl ist dadurch charakterisiert, dass entweder

- ein Fall in Abhängigkeit von einer Bedingung eintritt (einfache Auswahl) oder
- aus zwei Fällen bzw. Alternativen ein Fall ausgewählt werden muss (zweifache Auswahl) oder
- aus mehreren disjunkten Fällen ein Fall ausgewählt werden muss (Mehrfachauswahl).

Regeln

- Die Mehrfachauswahl ist immer dann zu verwenden, wenn es mehr als zwei disjunkte Alternativen gibt, aus denen genau eine zur Laufzeit auszuwählen ist.
- Die Mehrfachauswahl ist immer mit Fehlerausgang (`default`) zu verwenden, um übersehene Alternativen abfangen zu können.
- Wird in einer zweifachen Auswahl ein Zweig für die Fehlerbehandlung verwendet, dann sollte dies der `else`-Zweig sein.
- Bei geschachtelten Auswahlanweisungen sind wahrscheinliche Abfragehäufigkeiten zu berücksichtigen.

Wiederholung

Die Auswahlkriterien für die Wiederholungsanweisung zeigt die Abb. 5.12-1 (in Anlehnung an /Messer, Marshall 86, S. 285/).

Regeln

Folgende Regeln sollten bei Wiederholungsanweisungen beachtet werden:

- Endlos-Schleifen und n + ½ -Schleifen sind nur dann zu verwenden, wenn dies unbedingt erforderlich ist.
- Bei der `while`-Schleife muss die Bedingung am Anfang der Wiederholung bereits einen eindeutigen Wert besitzen.

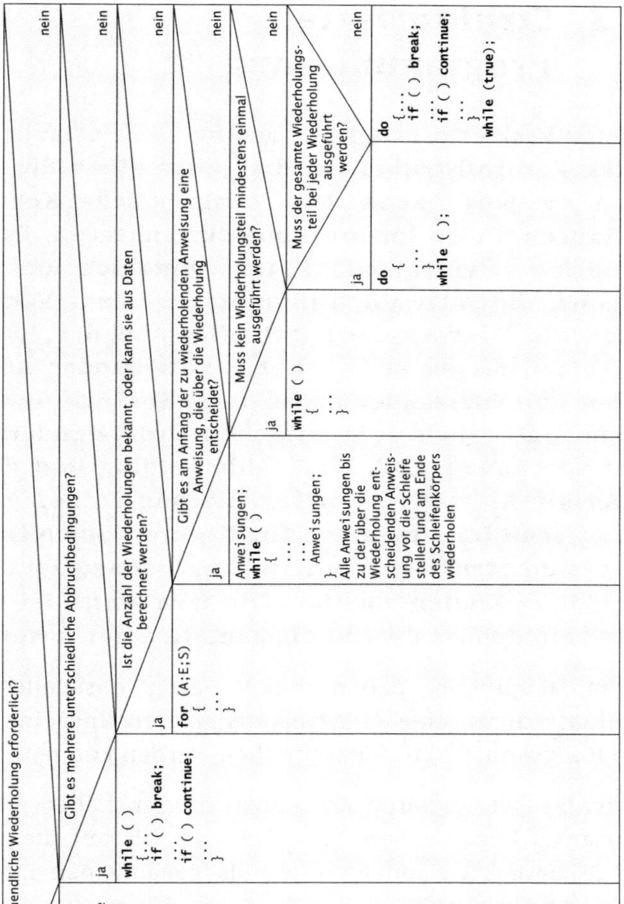

Abb. 5.12-1: Auswahlkriterien für die Wiederholungsanweisung.

Box

5.13 Strukturierte Programmierung ***

Die strukturierte Programmierung i.e.S. erlaubt nur solche Kontrollstrukturen, die genau einen Ein- und einen Ausgang haben. Man nennt solche Kontrollstrukturen daher lineare Kontrollstrukturen. Es lassen sich vier verschiedene Arten unterscheiden: die Sequenz, die Auswahl (Fallunterscheidung, Verzweigung), die Wiederholung (Schleife) und der Aufruf. Alle Arten lassen sich beliebig miteinander kombinieren und ineinander schachteln. Sprünge (goto-Anweisungen), wie sie in manchen Programmiersprachen vorhanden sind, sind fehleranfällig und daher in der strukturierten Programmierung verboten. Gute grafische Darstellungen für lineare Kontrollstrukturen sind Struktogramme und Aktivitätsdiagramme der UML in Knoten-Notation. Die Java-Syntax ist *nicht* optimal und muss durch Kommentare ergänzt werden.

/Böhm, Jacopini 66/ haben nachgewiesen, dass alle Kontrollflüsse durch eine Auswahlkonstruktion und eine Wiederholungskonstruktion beschrieben werden können.

Die in Java verfügbaren Kontrollstrukturen haben ein gemeinsames Kennzeichen: Sie besitzen – bis auf die break- und continue-Anweisungen – jeweils genau einen Eingang und einen Ausgang.

Prinzip der Lokalität

Zwischen dem Eingang und dem Ausgang gilt das **Lokalitätsprinzip**, d.h. der Kontrollfluss verlässt den durch Eingang und Ausgang definierten Kontrollbereich *nicht*. Betrachtet man jede Kontrollstruktur makroskopisch, dann verläuft der Kontrollfluss linear durch ein Programm, d.h. streng sequenziell vom Anfang bis zum Ende. Daher bezeichnet man diese Kontrollstrukturen auch als »lineare Kontrollstrukturen«.

Termination

Zur Korrektheitsprüfung eines Programms gehört der Nachweis der Termination. Ein Programm terminiert, wenn es nach endlich vielen Schritten abgearbeitet ist. Sind die Abbruchbedingungen in Wiederholungen falsch gesetzt, dann kann ein Programm in eine »unendliche« Schleife geraten.

Bei ausschließlicher Anwendung der Java-Konstrollstrukturen müssen nur die *bedingten Wiederholungen* überprüft werden. Damit eine bedingte Wiederholung überhaupt enden kann, muss es innerhalb des Wiederholungsteils eine oder mehrere Anweisungen geben, die eine **Rückwirkung auf die Bedingung** haben (siehe »Termination von Schleifen« (S. 193)).

Werden in einem Algorithmus oder in einem Programm nur lineare Kontrollstrukturen verwendet, dann spricht man auch von **Strukturiertem Programmieren im engeren Sinne**.

Dijkstra (/Dijkstra 69/, /Dijkstra 72/) prägte den Begriff *Structured Programming* und subsumierte unter diesem Begriff verschiedene methodische Ansätze, die zur Verbesserung der Programmzuverlässigkeit beitragen sollten. Die Weiterentwicklung dieser Ansätze in verschiedenen Richtungen führte zu oft sehr weit auseinanderliegenden Definitionen des Begriffs »Strukturierte Programmierung«.

Sprung, goto

Das in älteren Programmiersprachen noch enthaltene Steuerkonstrukt »Sprung« bzw. »goto-Anweisung« verstößt gegen die oben aufgestellten Anforderungen:

- Eine Sprunganweisung verwischt völlig den semantischen Unterschied zwischen einer Auswahl und einer Wiederholung. In vielen Sprachen (Assembler, Basic) und grafischen Darstellungen, z.B. in **Programmablaufplänen**, wird eine Kombination von einfacher Auswahl und Sprung zur Darstellung einer bedingten Wiederholung benutzt. Eine einfache Auswahl hat aber semantisch nichts mit einer Wiederholung zu tun.

- Lokalität und Linearität sind *nicht* garantiert, da mit Sprüngen an beliebige Stellen des Programms und damit auch in andere Kontrollstrukturen hineingesprungen werden kann.
- Die Terminierung kann *nicht* oder nur mit großem Aufwand sichergestellt werden, da bei einem Sprung nicht klar ist, ob er dazu dient, Anweisungen zu wiederholen oder ob es sich um Sprünge zur Realisierung von Auswahlbedingungen handelt.
- Das strukturierte Denken in Sequenz, Auswahl und Wiederholung wird *nicht* unterstützt, da durch einen Sprung jederzeit die »Notbremse gezogen werden kann«, d.h. wenn man einen Algorithmus formuliert hat und am Ende merkt, dass das Problem einen Rücksprung an den Anfang erfordert, dann wird man nicht gezwungen, den Algorithmus mit einer Wiederholung neu zu strukturieren.
- Syntax und Semantik einer Sprunganweisung sind *nicht* selbsterklärend.
- Die Fehleranfälligkeit steigt bei der Verwendung der Sprunganweisung.

Eine eingeschränkte und damit disziplinierte Form des »Sprungs« stellen die `break`- und `continue`-Anweisungen dar. In Java gibt es *keine* Sprunganweisungen (`goto`).

Wertung

Für die Darstellungen von Kontrollstrukturen sind die grafischen und textuellen Beschreibungsmittel unterschiedlich geeignet:

Struktogramme

Struktogramme ermöglichen eine optimale grafische Darstellung von linearen Kontrollstrukturen, da es *nicht* möglich ist, Sprünge darzustellen. Der in Struktogrammen verfügbare Platz ermöglicht außerdem die Wahl aussagekräftiger Namen. Die Variablen können am Anfang in einem eigenen Rechteck beschrieben werden. Das manuelle Zeichnen und Ändern ist aufwendig. Es gibt jedoch Struktogramm-Generatoren, die diese Arbeit automatisch erledigen. Besonders vorteilhaft bei Struktogrammen ist, dass die Auswahl in ablaufadäquater Form dargestellt wird, d.h. die Alternativen werden horizontal angeordnet, während in textuellen Darstellungsformen eine vertikale Anordnung erfolgt.

Programmiersprachen

Die Syntax einiger **Programmiersprachen** ist so gestaltet, dass die Syntax die Semantik der linearen Kontrollstrukturen optimal unterstützt. Die Wortsymbole sind selbsterklärend, und jede Konstruktion wird durch ein spezifisches Wortsymbol explizit abgeschlossen (`loop ... end loop; if .. end if`). Die Schachtelungsstruktur von Kontrollstrukturen wird dadurch optisch hervorgehoben, dass eingeschachtelte Kontrollstrukturen textuell nach rechts eingerückt werden (manuell oder automatisch durch Formatierer).

Java

Die Programmiersprache Java ist in dieser Hinsicht *nicht* vorbildlich. Daher sind ein konsequentes Einrücken und zusätzliche Kommentare erforderlich, um gut lesbare Kontrollstrukturen zu erhalten.

Aktivitätsdiagramm, PAP

Als schwerwiegender Nachteil des **Aktivitätsdiagramms** der UML in Fluss-Notation – wenn es für Kontrollstrukturen verwendet wird – und des **Programmablaufplanes** (PAP) erweist sich, dass es für grundlegende Kontrollstrukturen *keine* eigenen Symbole gibt (Mehrfachauswahl, Wiederholungen). Beide bieten dem Programmierer zu große Freiheiten, so dass sie zur Beschreibung von linearen Kontrollstrukturen nur beschränkt geeignet sind. Schachtelungsstrukturen sind z.B. kaum erkennbar. Die Variablen-Deklaration kann in die Symbolik *nicht* integriert werden.

Die Knoten-Notation für die Aktivitätsdiagramme der UML ist dagegen ähnlich gut zur Darstellung von Kontrollstrukturen geeignet wie die Struktogramme.

Vorteile

Die ausschließliche Verwendung von **linearen Kontrollstrukturen** bringt folgende Vorteile:

+ Vereinheitlichung der Programmierstile, d.h. Standardisierung der Kontrollflüsse.
+ Übersichtliche, gut lesbare und verständliche Anweisungsteile von Programmen.
+ Leichte Überprüfbarkeit der Terminierung.
+ Für gleichartige Probleme entstehen gleichartige Kontrollfluss-Strukturen.
+ Die Auswirkungen jeder Kontrollstruktur sind übersehbar.

Methodik

Von der Methodik her ist folgende Reihenfolge einzuhalten:

1 Immer zuerst die Kontrollstrukturen entwerfen.
2 Erst dann die elementaren Anweisungen überlegen.

Glossar

strukturiertes Programmieren i.e.S. *(Structured Programming)* Beschreibung eines Algorithmus durch ausschließliche Verwendung von linearen Kontrollstrukturen (keine goto – bzw. Sprungkonstrukte).

5.14 Behandlung von Ausnahmen *

Führt die Ausführung eines Programms zu einer Situation, in der eine reguläre Weiterarbeit *nicht* sinnvoll ist, z.B. bei einer Division durch Null, dann liegt eine Ausnahme-Situation *(exception)* vor. In vielen Programmiersprachen führt eine Ausnahmesituation zu einem Abbruch des laufenden Programms (das Programm »stürzt« ab). In Java können kritische Anweisungen in `try`**-Blöcke eingeschlossen werden, die im Fehlerfall auf** `catch`**-Blöcke verzweigen, um eine Feh-**

lerbehandlung durchzuführen. Sind Restarbeiten auszuführen, dann kann ein `finally`-Block angeschlossen werden.

Bei der Ausführung eines Programms kann es zu verschiedenen Fehlerarten kommen, die ein Weiterarbeiten unmöglich machen:

- Der Programmierer hat eine Fehlersituation übersehen, z.B. tritt bei einer mathematischen Berechnung eine Division durch Null auf.
- Der Benutzer des Programms gibt Werte ein, die nicht vorgesehen waren und nicht weiterverarbeitet werden können, z.B. wird ein Buchstabe statt einer Ziffer eingegeben.

Beide Fehlerarten können durch defensives Programmieren vermieden werden, d.h. jede mögliche Fehlersituation wird durch Abfragen versucht zu vermeiden.

Beispiel 1a

```
import ConsoleInOut.*;
class DemoAusnahme1
{
 public static void main (String args[])
 {
  int ZahlEin, ZahlAus;
  System.out.println("Geben Sie bitte eine ganze Zahl ein");
  ZahlEin = Console.console_in_int();
  ZahlAus = 100 / ZahlEin;
  System.out.println
   ("ZahlEin: " + ZahlEin + " 100/ZahlEin: " + ZahlAus);
 }
}
```

Eine Eingabe des Wertes `0` führt zum »Absturz« des Programms:

```
C:\DemoAusnahme1>java DemoAusnahme1
Geben Sie bitte eine ganze Zahl ein
0
Exception in thread "main" java.lang.ArithmeticException:
/ by zero at DemoAusnahme1.main(DemoAusnahme1.java:9)
```

Basistext

Der »Absturz« eines Programms beim Endbenutzer muss auf jeden Fall vermieden werden. Defensive Programmierung führt zu folgendem Programm:

Beispiel 1b

```
import ConsoleInOut.*;
class DemoAusnahme2
{
 public static void main (String args[])
 {
  int ZahlEin, ZahlAus;
  System.out.println("Geben Sie bitte eine ganze Zahl ein");
  ZahlEin = Console.console_in_int();
  if (ZahlEin != 0)
   {
     ZahlAus = 100 / ZahlEin;
     System.out.println
     ("ZahlEin: " + ZahlEin + " 100/ZahlEin: " + ZahlAus);
   }
  else
   System.out.println("Keine 0 eingeben!");
 }
}
```

Probleme

In vielen Situationen ist eine solche einfache Lösung durch eine »Abfang-Abfrage« *nicht* möglich.

Beispiel

Soll verhindert werden, dass bei der Multiplikation von ganzen Zahlen der Zahlenbereich überschritten wird (siehe »Ganzzahlige Typen« (S. 85)), wäre folgende Abfang-Abfrage nötig:

```
if (Zahl1 * Zahl2 <= groessteDarstellbareZahl)
```

Diese Abfrage führt aber genau zu dem Fehler, den man vermeiden möchte. Nur durch kompliziertere Abfragen wäre dieser Fehlerfall zu vermeiden.

Abfang-Abfragen haben außerdem den Nachteil, dass der Programmieraufwand steigt und das Programm unübersichtlicher wird, wenn man jeder möglichen Fehlerstelle eine Abfang-Abfrage voranstellt.

Basistext

Lösung

Moderne Programmiersprachen wie Java stellen besondere Sprachkonstrukte zur Verfügung, um auf einfache und elegante Weise Fehler abzufangen und damit das defensive Programmieren zu erleichtern.

Java

Tritt in einem Java-Programm eine fehlerhafte Situation auf, dann wird eine sogenannte **Ausnahme** *(exception)* ausgelöst. Der Programmablauf verzweigt von der Stelle, an der das Ausnahmeereignis aufgetreten ist, zu einer vom Programmierer anzugebenden Stelle. Eine Ausnahme wird also an der Stelle des Auftretens ausgelöst *(thrown)* und an der Stelle abgefangen *(caught)*, an der der Programmablauf fortgeführt werden soll.

vordefinierte Ausnahmen

In Java gibt es eine Reihe vordefinierter Ausnahmen, die in entsprechenden Situationen von der **JVM** ausgelöst werden.

Abfangen von Ausnahmen

Erwartet man, dass in einem Programmstück eine vordefinierte oder selbstdefinierte Ausnahme eintreten kann, dann schließt man dieses Programmstück in einen sogenannten `try`-Block ein.

Im Anschluss an den `try`-Block formuliert man eine oder mehrere Ausnahmebehandlungsroutinen *(exception handlers)*, die angeben, was beim Eintreten der entsprechenden Ausnahme geschehen soll.

Beispiel 1c

```
import ConsoleInOut.*;
class DemoAusnahme3
{
 public static void main (String args[])
 {
  int ZahlEin, ZahlAus;
  System.out.println("Geben Sie bitte eine ganze Zahl ein");
  ZahlEin = Console.console_in_int();
  try //try-Block
  { ZahlAus = 100 / ZahlEin;
     System.out.println
      ("ZahlEin: " + ZahlEin + " 100/ZahlEin: " + ZahlAus);
  }
```

```
  catch (Exception e) //catch-Block
  {
   System.out.println("Keine 0 eingeben!");
  }
 }
}
```

Der Programmierer vermutet, dass in der Anweisung
`ZahlAus = 100 / ZahlEin;`
ein Fehler auftreten könnte und packt diese Anweisung daher in einen `try`-Block. *try* bedeutet übersetzt »etwas ausprobieren«. Für die **JVM** bedeutet der `try`-Block, dass bei allen Anweisungen im `try`-Block geprüft wird, ob ein Fehler auftritt. Tritt kein Fehler auf, dann werden die Anweisungen im `try`-Block nacheinander ausgeführt (Normalfall). Tritt ein Fehler auf, dann wird im catch-Block fortgefahren, d.h. der `try`-Block wird an der Stelle verlassen, an der der Fehler auftritt. *catch* bedeutet übersetzt »auffangen«, d.h. im `catch`-Block wird der Fehler aufgefangen und es wird eine vom Programmierer vorgegebene Fehlerbehandlung vorgenommen, hier die Ausgabe der Meldung: `"Keine 0 eingeben!"`

`finally`-Block

In manchen Fällen müssen sowohl im Standardfall als auch im Ausnahmefall noch Abschlussarbeiten durchgeführt werden, bevor das Programm beendet werden kann, z.B. das Schließen von Dateien. Daher ist es optional möglich, hinter den `catch`-Block noch einen `finally`-Block anzufügen, der auf jeden Fall durchlaufen wird.

Beispiel 1d

```
import ConsoleInOut.*;
class DemoAusnahme4
{
 public static void main (String args[])
 {
  int ZahlEin, ZahlAus;
  System.out.println("Geben Sie bitte eine ganze Zahl ein");
  ZahlEin = Console.console_in_int();
```

```
    try //try-Block
    {
       ZahlAus = 100 / ZahlEin;
       System.out.println
        ("ZahlEin: " + ZahlEin + " 100/ZahlEin: " + ZahlAus);
    }
    catch (Exception e) //catch-Block
    {
     System.out.println("Keine 0 eingeben!");
    }
    finally //finally-Block: Abschlussarbeiten
    {
     System.out.println("Das Programm ist zu Ende");
    }
  }
}
```

Zwei Programmläufe führen zu folgenden Ergebnissen:

```
Geben Sie bitte eine ganze Zahl ein
12
ZahlEin: 12 100/ZahlEin: 8
Das Programm ist zu Ende
Geben Sie bitte eine ganze Zahl ein
0
Keine 0 eingeben!
Das Programm ist zu Ende
```

Die Java-Syntax sieht folgendermaßen aus: Java-Syntax

```
try
{
  Anweisung; Anweisung;  ...
}
catch (Exception e)
{
  Ausnahmebehandlung
}
finally
{
  Abschlussarbeiten
}
```

Den Kontrollfluss im Normal- und im Fehlerfall zeigt die Abb. 5.14-1. Kontrollfluss

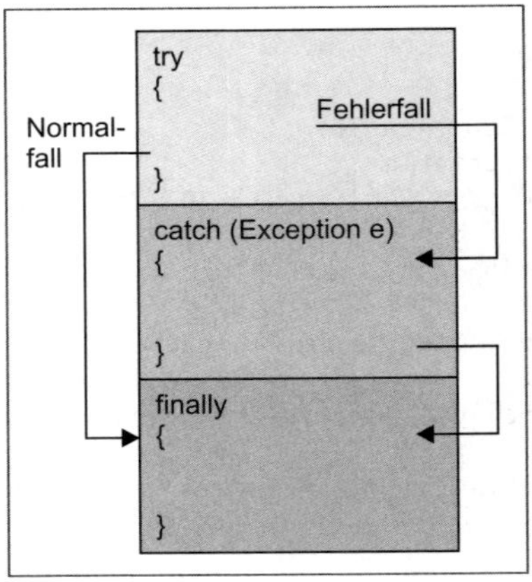

Abb. 5.14-1: Der Kontrollfluss im Normal- und im Fehlerfall bei einer `try-catch-finally`*-Anweisung.*

Hinter `catch` muss in Klammern ein sogenannter Ausnahmeparameter aufgeführt werden, der es ermöglicht, den Fehler genauer zu lokalisieren. Im einfachsten Fall reicht es `Exception e` anzugeben. Die vollständige Syntax zeigt die Abb. 5.14-2.

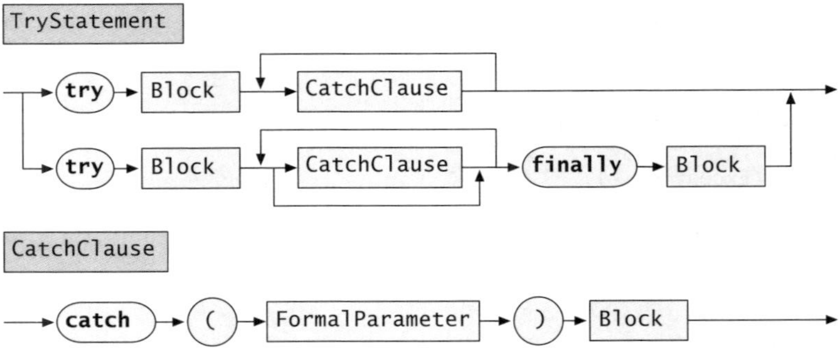

Abb. 5.14-2: Syntax von `try-catch` *in Java.*

Basistext

Wie die Syntax zeigt, können auch mehrere catch-Blöcke hintereinander aufgeführt werden. Diese Möglichkeit wird benutzt, wenn auf verschiedene Fehlerarten unterschiedlich reagiert werden muss.

Es stellt sich die Frage, warum nicht alle Anweisungen vorsichtshalber in try-Blöcke eingeschlossen werden? Das ist eine Frage des Aufwands zur Laufzeit. Die JVM benötigt zusätzliche Zeit, um alle Fehlersituationen zu überprüfen. Daher sollten try-Blöcke auf die kritischen Anweisungen beschränkt werden. alles in try?

Ausnahme *(exception)* Fehlerhafte Situationen während der Ausführung eines Programms (Laufzeitfehler) führen zur Auslösung von Ausnahmen, auf die der Programmierer durch spezielle Sprachkonstrukte reagieren kann, um einen Absturz der Anwendung zu verhindern. In der Programmiersprache Java dient dazu das try-catch-Konstrukt. Glossar

5.15 Zusicherungen **

Um Fehler beim Programmieren zu vermeiden, sollten an allen Programmstellen, wo Werte oder Kombinationen von Werten gelten müssen, sogenannte Zusicherungen *(assertions)* eingefügt werden, die dann automatisch während der Laufzeit ausgewertet werden. Wird die Zusicherung verletzt, dann wird eine Fehlermeldung ausgegeben und das Programm abgebrochen. In Java erfolgt eine Zusicherung in einer assert-Anweisung.

Je umfangreicher und komplexer Ihre Programme werden, desto mehr Fehler werden Ihre Programme enthalten. Daher ist es sehr wichtig, möglichst defensiv zu programmieren, d.h. potenzielle Fehlerquellen möglichst konstruktiv zu ver- defensiv programmieren meiden. Eine mögliche Methode besteht darin, in den Programmcode sogenannte Zusicherungen einzufügen.

Zusicherungen

Zusicherungen *(assertions)* garantieren an bestimmten Stellen im Programm bestimmte Eigenschaften oder Zustände. Sie sind logische Aussagen über die Werte der Variablen an den Stellen im Programm, an denen die jeweiligen Zusicherungen stehen. Zusicherungen werden in Java durch eine `assert`-Anweisung spezifiziert, die folgende Syntax besitzt:

Syntax 1

`assert` *`Expression1`*

wobei *`Expression1`* ein boolscher Ausdruck ist. Zur Laufzeit wird dieser Ausdruck ausgewertet. Ist er falsch (`false`), dann wird die Ausnahme `AssertionErrror` ausgelöst. Es wird *keine* detaillierte Fehlermeldung ausgegeben.

Syntax 2

Optional kann noch ein weiterer Ausdruck angegeben werden:

`assert` *`Expression1`* `:` *`Expression2`*

wobei *`Expression2`* ein Ausdruck ist, der einen Wert besitzt. Dieser Wert wird zusätzlich ausgegeben, wenn die Zusicherung *nicht* zutrifft und soll helfen, den Fehler schneller zu finden. Der Wert des Ausdrucks wird ausgegeben.

Beispiel

In einem Programm zur Prämienberechnung (siehe auch: »Die ein- und zweiseitige Auswahl« (S. 160)) kann durch Zusicherungen sichergestellt werden, dass beim Programmieren keine Fehler in den Abfragen aufgetreten sind:

```
/**************************************************
* Prämienberechnung in Abhängigkeit von den
* Dienstjahren und dem Alter mit Zusicherungen
**************************************************/
import ConsoleInOut.*;
class Praemie2
{
 public static void main (String args[])
 {
  final int Grundpraemie1 = 200, Grundpraemie2 = 100,
```

```
  Zulage1 = 20, Zulage2 = 100; //Konstanten
  int Dienstjahre, Alter; //Eingabe
  int Praemie = 0; //Ausgabe
  System.out.println("Dienstjahre?");
  Dienstjahre = Console.console_in_int();
  System.out.println("Alter?");
  Alter = Console.console_in_int();
  if (Dienstjahre > 5)
    {  assert(Dienstjahre > 5):
         "Dienstjahre ist nicht > 5";
         Praemie = Grundpraemie2 + Zulage1 * Dienstjahre;
         if (Alter > 45)
          {  assert(Dienstjahre > 5 && Alter > 50):
             "Dienstjahre oder Alter falsch";
             Praemie = Praemie + Zulage2;
          }
    }
  else //Dienstjahre <= 5
    if (Dienstjahre > 2)
    {  assert(!(Dienstjahre > 5)):
         "Dienstjahre ist nicht <= 5";
         Praemie = Grundpraemie1;
    }
  System.out.println("Dienstjahre:\t" + Dienstjahre);
  System.out.println("Alter:\t\t" + Alter);
  System.out.println("Prämie:\t\t" + Praemie);
 }
}
```

Wenn Sie durch einen Tippfehler in der Zeile `if (Alter > 45)` geschrieben haben, statt `if (Alter > 50)`, dann erhalten Sie bei folgender Programmausführung den Fehlerhinweis, dass die Zusicherung `assert(Dienstjahre > 5 && Alter > 50) : "Dienstjahre oder Alter falsch";` verletzt wurde:

```
Dienstjahre?
8
Alter?
46
java.lang.AssertionError: Dienstjahre oder Alter falsch
        at Praemie2.main(Praemie2.java:26)
```

Basistext

Hinweis

Auswertung muss eingeschaltet werden

Standardmäßig werden `assert`-Anweisungen in Java-Programmen *nicht* ausgeführt. Beim Programmstart muss daher der Schalter *(switch)* `-ea` (für *enableassertions*) gesetzt werden, z.B. `java -ea Programmname` (beim Start über das Konsolenfenster).

In der Programmierumgebung BlueJ werden `assert`-Anweisungen automatisch ausgeführt

Warum müssen `assert`-Anweiungen an- und abschaltbar sein?

Glossar

Zusicherung *(assertion)* Meist in Form eines booleschen Ausdrucks beschriebene Eigenschaft oder beschriebener Zustand, der an einer bestimmten Stelle eines Programms immer gilt. Im Rahmen der Verifikation kann das Eingangs- und Ausgangsverhalten eines Programms durch Anfangszusicherungen (Vorbedingung) und Endezusicherungen (Nachbedingungen) spezifiziert werden

6 Felder *

Problem

Variablen, die als Wertebereich einen einfachen Typ haben, z.B. `int`, können zu einem Zeitpunkt nur einen Wert von diesem Typ speichern. Erfordert eine Problemstellung jedoch die Speicherung von vielen, u.U. von Tausenden von Werten, dann müssen entsprechend viele Variablen deklariert werden, z.B. tausend Variablen vom Typ `int`. Das ist aufwändig und ab einer bestimmten Anzahl von Variablen praktisch *nicht* mehr durchführbar.

Felder

In fast allen Programmiersprachen gibt es daher das **Konzept des Feldes** *(arrray)*, das es ermöglicht, beliebig viele Variablen eines Typs zu einer Einheit zusammenzufassen und nur einmal zu deklarieren. Eindimensionale Felder sind die einfachste Form von Feldern:

- »Eindimensionale Felder« (S. 236)

In der Fallstudie OptiTravel werden eindimensionale Felder zur Berechnung und Darstellung von Balkendiagrammen benutzt:

- »OptiTravel: Balkendiagramm« (S. 243)

Neben eindimensionalen Feldern können auch mehrdimensionale Felder programmiert werden:

- »Mehrdimensionale Felder« (S. 245)

Manche Problemstellungen erfordern auch asymmetrische Felder:

- »Sonderformen von Feldern« (S. 254)

In der Fallstudie OptiTravel werden Dreieckstabellen zur Darstellung von Entfernungstabellen verwendet:

- »OptiTravel: Tabellen« (S. 257)

Für das Sortieren von Daten werden ebenfalls Felder benötigt:

- »Einfaches Sortieren« (S. 265)

6.1 Eindimensionale Felder *

Inhaltlich zusammen gehörende Daten, wie beispielsweise 1000 Messwerte, die alle vom gleichen Typ sind, werden als Feld *(array)* vereinbart. In Java werden eindimensionale Felder durch ein eckiges Klammerpaar vor oder nach dem Feldnamen deklariert. Im Anschluss daran kann die Feldgröße durch die Angabe der Elementanzahl (direkt) oder durch Angabe der Werte (indirekt) festgelegt werden, z. B. `float Messwerte[] = new float[100];` **oder** `float Messwerte[] = {2.5f, 6.7f, 8.99f};`**. Der Zugriff auf ein Feld erfolgt über ganzzahlige Indizes, z.B.** `Messwerte[5] = 24.6f`**. In Java wird jedes Feld ab 0 gezählt! Die Länge eines Feldes kann durch** `length` **abgefragt werden, z.B.** `Anzahl = Messwerte.length;`

In der Praxis tritt oft das Problem auf, dass viele Variablen vom gleichen Typ vereinbart werden müssen, z.B. `int Zaehler1, Zaehler2, ...`. Sicherlich ist es noch möglich, 10 oder 20 solcher Variablen zu deklarieren. Bei 1000 oder 10 000 ist dies aber *nicht* mehr möglich.

Auf der anderen Seite kommt der Zusammenhang zwischen den verschiedenen Variablen – außer bei einer geeigneten

Namenswahl – durch die getrennte Deklaration *nicht* geeignet zum Ausdruck.

Aus diesen Gründen enthalten fast alle Programmiersprachen einen Konstruktionsmechanismus, der es ermöglicht, typidentische Variablen zu einer Einheit zusammenzufassen. Einen solchen Typkonstruktor bezeichnet man als **Feld** *(array)* – auch **Reihe** oder **Reihung** genannt. Felder stellen eine einfache Möglichkeit dar, typgleiche Variablen zu speichern. Feld

Ein Feld besteht aus Elementen bzw. Komponenten, die alle den gleichen Typ haben. Auf die einzelnen Elemente wird über Indizes zugegriffen (Abb. 6.1-1). Beispiel

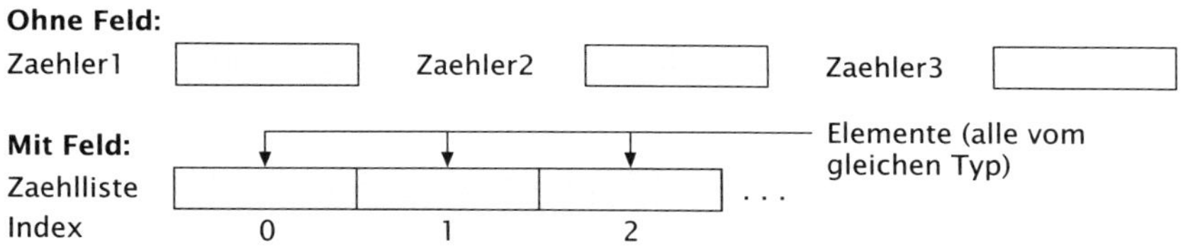

Abb. 6.1-1: Unterschied zwischen einzelnen Variablen und einem Feld von Variablen.

Um ein Feld in Java zu erzeugen und zu benutzen, sind drei Schritte nötig: 3 Schritte

1 Deklaration einer Feld-Variablen.
2 Festlegen der Feldgröße.
3 Schreibender und lesender Zugriff auf die Feldelemente.

In einem großen Verein finden Wahlen zum Präsidium statt. Das Präsidium umfasst 15 Mitglieder. Zur Wahl stellen sich 40 Vereinsmitglieder. Die Auszählung soll durch ein Programm unterstützt werden. Jedem Kanditaten ist eine Nummer zugeordnet. Ein Wahlhelfer tippt bei der Beispiel

Auszählung die jeweilige Nummer des Kandidaten ein, der auf dem Wahlzettel angekreuzt ist.

1. Deklaration einer Feldvariablen

Statt 40 Variablen vom Typ `int` zu deklarieren, wird ein Feld `Zaehlliste` deklariert. Dass es sich um ein Feld handelt, wird in Java durch ein eckiges Klammernpaar hinter der Typangabe oder alternativ hinter dem Variablennamen angegeben:

`int [] Zaehlliste;` oder `int Zaehlliste [];`

2. Festlegen der Feldgröße

Die Anzahl der Elemente muss festgelegt werden, wobei die Zählung bei 0 beginnt. Die entsprechende Anweisung lautet:

```
Zaehlliste = new int[40];
```

Nach dem Zuweisungszeichen steht das Schlüsselwort `new`, dann folgt eine Wiederholung des Feldtyps. In eckigen Klammern wird die Anzahl der Feldelemente angegeben. Alle Elemente des Feldes werden automatisch in Abhängigkeit vom Typ initialisiert. Numerische Felder werden mit Null vorbesetzt.

3. Zugriff auf die Feldelemente

Der Zugriff auf die Feldelemente geschieht über einen ganzzahligen Index, der von `0` bis `n - 1` läuft, wobei `n` die Länge des Feldes bzw. die Anzahl der Feldelemente angibt. Auf das 4. Feldelement wird beispielsweise wie folgt zugegriffen: `Element4 = Zaehlliste[3]; //Zählung beginnt bei 0!`
Auf einzelne Elemente wird immer über den Index zugegriffen, der in eckigen Klammern steht.

`Feldname.length`

Die Konstante `length`, die es für jedes Feld gibt, enthält die Obergrenze des Feldes.

```
/**************************************************
Anzahl der Wahlstimmen pro Kandidat zählen
Annahme: Kandidaten von 1 bis n durchnummeriert
Zaehliste[0] dient zum Zählen ungültiger Stimmen
Abbruch bei Eingabe einer Zahl >= 100
**************************************************/
import ConsoleInOut.*;
class Stimmenzaehlen
{
 public static void main (String args[])
 {
  int Zaehlliste []; //Deklaration eines Feldes
  //Festlegung der Länge auf 41 Elemente 0 bis 40)
  Zaehlliste = new int[41];
  int KandidatNr;
  int AbgegebeneStimmen = 0;

  do
  {
   System.out.println
    ("Bitte Nummer des Kandidaten eingeben");
   System.out.println("Ende: Nummer >= 100");
   KandidatNr = Console.console_in_int();
   if (KandidatNr >= 100) break;
   if (KandidatNr >= 1 && KandidatNr <= 40)
     //Zaehler um  1 erhöhen
     Zaehlliste[KandidatNr] = Zaehlliste[KandidatNr] + 1;
   else //KandidatNr < 1 oder KandidatNr > 40
     Zaehlliste[0] = Zaehlliste[0] + 1; //ungültige Stimme
  } while (true);

  System.out.println("+++Stimmenzählliste+++");
  for (int i = 1; i <= Zaehlliste.length -1; i++)
   {
       System.out.println("Kandidat mit der Nummer " + i +
       " erhielt " + Zaehlliste[i] + " Stimme(n)");
       AbgegebeneStimmen =
          AbgegebeneStimmen + Zaehlliste[i];
   }
  System.out.println
     ("Ungültige Stimmen: " + Zaehlliste[0]);
  System.out.println
     ("Abgegebene Stimmen: " + AbgegebeneStimmen);
 }
}
```

Basistext

Der Progammlauf sieht wie folgt aus (Ausschnitt):

```
Bitte Nummer des Kandidaten eingeben
Ende: Nummer >= 100
39
Bitte Nummer des Kandidaten eingeben
Ende: Nummer >= 100
34
Bitte Nummer des Kandidaten eingeben
Ende: Nummer >= 100
60
Bitte Nummer des Kandidaten eingeben
Ende: Nummer >= 100
39
Bitte Nummer des Kandidaten eingeben
Ende: Nummer >= 100
...
Kandidat mit der Nummer 34 erhielt 1 Stimme(n)
Kandidat mit der Nummer 35 erhielt 0 Stimme(n)
Kandidat mit der Nummer 36 erhielt 0 Stimme(n)
Kandidat mit der Nummer 37 erhielt 0 Stimme(n)
Kandidat mit der Nummer 38 erhielt 0 Stimme(n)
Kandidat mit der Nummer 39 erhielt 2 Stimme(n)
Kandidat mit der Nummer 40 erhielt 0 Stimme(n)
Ungültige Stimmen: 1
Abgegebene Stimmen: 3
```

Zeichnen Sie ein Struktogramm des Programms `Stimmenzaehlen`.

Die Schritte 1 (Deklaration einer Feld-Variablen) und 2 (Festlegen der Feldgröße) können zu einem Schritt zusammengefasst werden.

Beispiel

Statt

```
int Zaehlliste []; //Deklaration eines Feldes
//Festlegung der Länge auf 41 Elemente 0 bis 40)
Zaehlliste = new int[41];
```

kann geschrieben werden:

```
int Zaehlliste [] = new int[41];
```

Basistext

Muss ein Feld mit individuellen Werten initialisiert werden und ist die Feldgröße überschaubar, dann kann anstelle der Feldgrößenangabe direkt die Initialisierung erfolgen. Die Initialisierung erfolgt durch eine in geschweifte Klammern eingeschlossene Initialisierungsliste, wobei die einzelnen Werte durch Kommata getrennt werden.

Feldgröße durch Initialisierung

Für die Steuerung der Zimmertemperaturen in einem Wohnhaus werden die Solltemperaturen pro Zimmer vorgegeben.

Beispiel

```
int Zimmertemp [] = {24, 18, 12, 22, 18, 16};
```

Es wird ein Feld mit 6 Elementen angelegt (von 0 bis 5) und mit den angegebenen Werten vorbelegt.

Es können auch Felder vom Typ `char` angelegt werden.

`char []`

Es soll festgestellt werden, ob ein Wort, ein Satz oder eine Ziffernfolge vorwärts und rückwärts gelesen dasselbe ergibt (Palindrom). Zwischenräume in Sätzen sollen nicht berücksichtigt werden. Die Texte werden in Kleinbuchstaben eingegeben. Beispiele für Palindrome sind:

Beispiel

- Otto
- Reliefpfeiler
- Negerregen
- Ein Neger mit Gazelle zagt im Regen nie
- Able was I ere I saw Elba
  (Napoleon, als er ins Exil nach Elba ging)
- 123321
- 975313579

Basistext

```
/************************************************
* Feststellen, ob eine Zeichenkette vorwärts
* und rückwärts gelesen identisch ist  (Palindrom)
************************************************/
import ConsoleInOut.*;
class Palindrom
{
 public static void main (String args[])
 {
  int Laenge = Text.length;
  int PosAuf = 0, PosAb = Laenge-1;
  String Merke = "ein Palindrom!";
  char Text []; //Deklaration eines Feldes
  System.out.println
   ("Bitte Text eingeben (in Kleinbuchstaben):");
  Text = Console.console_in_chars();
  //Vergleich von Zeichen auf entgegengesetzten Positionen
  while (PosAuf < PosAb)
  {//Leerzeichen überlesen
   if (Text[PosAuf] == ' ') PosAuf++;
   if (Text[PosAb] == ' ') PosAb--; //Leerzeichen überlesen
   if (Text[PosAuf] != Text[PosAb])
   {
        Merke = "kein Palindrom"; break;
   }
    PosAuf++; PosAb--;
  }
  System.out.println("Der eingelesene Text: ");
  for (int i=0; i <= Text.length-1; i++)
    System.out.print(Text[i]);
  System.out.println("\nist " + Merke);
 }
}
```

Mehrere Programmläufe führen zu folgenden Ergebnissen:

```
Bitte Text eingeben (in Kleinbuchstaben):
ein neger mit gazelle zagt im regen nie
Der eingelesene Text:
ein neger mit gazelle zagt im regen nie
ist ein Palindrom!
Bitte Text eingeben (in Kleinbuchstaben):
j a v a
Der eingelesene Text:  j a v a
ist kein Palindrom
```

Basistext

1 Zeichnen Sie ein Struktogramm des Programms `Palindrom`.
2 Prüfen Sie was passiert, wenn zwei Leerzeichen aufeinander folgen.
3 Ändern Sie das Programm so, dass beliebig viele Leerzeichen zwischen Worten das Ergebnis nicht verfälschen.

Glossar

Feld *(array)* Erlaubt es, Variablen vom gleichen Typ zu einer Einheit zusammenzufassen. Auf jedes Element eines Feldes wird über einen Index zugegriffen, der im Allgemeinen erst zur Laufzeit berechnet wird. Syn.: Reihe, Reihung

6.2 OptiTravel: Balkendiagramm *

Damit der Reisende sich einen grafischen Überblick über die Zeitunterschiede der verschiedenen Transportmittel machen kann, soll Frau Jung als Junior-Programmiererin ein Programm schreiben, das folgende Anforderungen erfüllt:

/1/ Es sollen horizontale Balkendiagramme als Strichgrafik in einem Konsolenfenster ausgegeben werden.
/2/ Die maximale Breite des zur Verfügung stehenden Ausgabebereichs ist vorgegeben.
/3/ Pro Zeile sind der absolute Wert, der relative Wert in Prozent und anschließend die Strichgrafik auszugeben.

Verallgemeinerung

Frau Jung entschließt sich dazu, das Programm von vornherein etwas allgemeiner zu konzipieren, um es später auch für andere Anwendungen einsetzen zu können. Sie legt die Werte und die zugehörigen Bezeichnungen in einem Feld ab. Die maximale Ausgabebreite legt sie in einer Konstanten ab, so dass spätere Änderungen nur hier vorgenommen werden müssen.

```
/*************************************************
* Berechnung eines horizontalen Balkendiagramms
*************************************************/
import ConsoleInOut.*;
class Balkendiagramm
{
 public static void main (String args[])
 {
  int [] Werte = {435,320,125};
  String [] Name = {"Auto", "Bahn", "Flug"};
  //Summe über alle Werte
  int Summe = 0, Anteil = 0, AnteilMax = 0;
  final int BreiteMax = 40;
  float Faktor = 0.0f;
  for  (int i = 0; i < Werte.length; i++)
    Summe = Summe + Werte[i];
  //max. Anteil berechnen
  //max. Balken darf nicht über Anzeigebereich
  //hinausgehen
  for  (int i = 0; i < Werte.length; i++)
  {
    Anteil = (100 * Werte[i]) / Summe;
    //wird abgeschnitten
    if (Anteil > AnteilMax)
        AnteilMax = Anteil;
  }
  //Normieren auf max. Breite des Anzeigebereichs
  if (AnteilMax > BreiteMax)
    Faktor = (float)BreiteMax / (float)AnteilMax;
  //Ausgabe der Werte mit Strichgrafik
  for  (int i = 0; i < Werte.length; i++)
   {
     Anteil = (100 * Werte[i]) / Summe;
     System.out.print(Name[i] + ": " + Werte[i] +
       " = " + Anteil + "%\t|");
     if (Faktor > 0.0f)
       Anteil = (int)(Anteil * Faktor);
     for (int j = 1; j < Anteil; j++)
       System.out.print("+");
     System.out.println();
   }
  System.out.println("Summe aller Werte: " + Summe);
  System.out.println("Normierungsfaktor: " + Faktor);
 }
}
```

Fallstudie

Der Programmlauf führt zu folgendem Ergebnis:

```
Auto: 435 = 49% |+++++++++++++++++++++++++++++++++++++++
Bahn: 320 = 36% |++++++++++++++++++++++++++++
Flug: 125 = 14% |++++++++++
Summe aller Werte: 880
Normierungsfaktor: 0.81632656
```

1 Zeichnen Sie ein Struktogramm des Programms `Balkendiagramm`.

2 Überlegen Sie, warum in der Anweisung

```
Anteil = (100 * Werte[i]) / Summe;
```

die Klammern notwendig sind.

6.3 Mehrdimensionale Felder *

In Java werden mehrdimensionale Felder *(arrays)* durch geschachtelte (eindimensionale) Felder realisiert. Pro Dimension bzw. Schachtelungsebene wird ein eckiges Klammerpaar angegeben, z.B. `int Tab3[][][] = new int [100][20][5];`**. Die Feldlänge pro Dimension wird mit der Konstanten** `length` **abgefragt, z.B. Länge der 2. Dimension durch** `Tab3[0].length`**. Die typische Kontrollstruktur zum Durchlaufen von mehrdimensionalen Feldern sind ineinandergeschachtelte** `for`**-Schleifen.**

In der Praxis reichen eindimensionale Felder *nicht* aus. Oft müssen Werte in zwei- oder mehrdimensionalen Tabellen gespeichert werden. Für viele mathematische Probleme werden zwei- oder mehrdimensionale Matrizen benötigt.

Syntax

In Java wird für jede gewünschte Dimension ein eckiges Klammerpaar in der Feldvereinbarung angegeben, wobei die Klammerpaare vor oder hinter dem Feldnamen stehen können. Die Angabe der Feldgröße kann direkt hinter der Vereinbarung oder als gesonderte Anweisung erfolgen, wobei pro

Dimension die Größe bzw. die Elementanzahl anzugeben ist. Bei kleinen Feldern kann auch eine Festlegung der Elementanzahl durch Angabe der Initialisierungswerte erfolgen.

Beispiel

```
//zweidimensionale Tabelle
double Tab2 [][]; //Vereinbarung
Tab2[][] = new double[3][4];
```

alternativ:

```
double Tab2 [][] = new double[3][4];
```

alternativ:

```
double Tab2 [][] = {{1.3,3.5,7.8,4.0},
                    {7.5,8.3,6.9,3.2},{4.5,6.7,3.4,7.2}};
```

geschachtelte Felder

Genau genommen gibt es in Java keine mehrdimensionalen Felder. Alle Felder sind in Java eindimensional. Die Komponenten eines Feldes können aber wieder Felder sein. Dadurch entstehen geschachtelte Felder. An Stelle mehrerer Dimensionen gibt es mehrere Schachtelungsebenen. Geschachtelte Felder werden durch geschachtelte Aufzählungen initialisiert (siehe letztes Beispiel). Die Länge eines Feldes kann durch die Konstante `length` abgefragt werden. Mit `Feld.length` erhält man die Länge der ersten Dimension, mit `Feld[i].length` erhält man die Länge der 2. Dimension, wobei `i` ein beliebiger Wert innerhalb des Indexbereichs der 1. Dimension sein kann. Die konzeptionelle und die technische Sicht eines zweidimensionalen Feldes zeigt die Abb. 6.3-1.

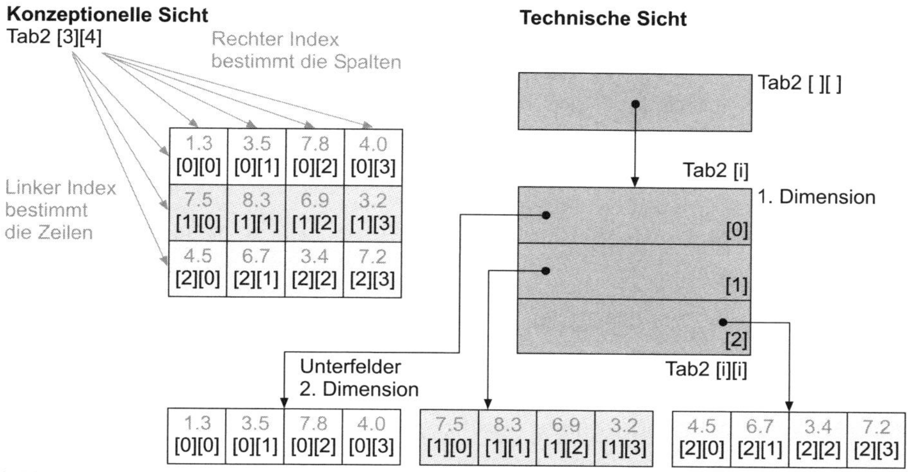

Initialisierung:

```
double Tab2[][] = {{1.3,3.5,7.8,4.0},{7.5,8.3,6.9,3.2},{4.5,6.7,3.4,7.2}};
```

Abb. 6.3-1: Konzeptionell sieht ein zweidimensionales Feld wie eine Tabelle aus, technisch besteht es in Java aus geschachtelten Feldern.

Beispiel

```
class DemoFeld2
{
 public static void main (String args[])
 {
  double Tab2 [][] =
   {{1.3,3.5,7.8,4.0},{7.5,8.3,6.9,3.2},{4.5,6.7,3.4,7.2}};
   System.out.println
    ("Länge 1. Dimension: " + Tab2.length );
   System.out.println
    ("Länge 2. Dimension: " + Tab2[1].length );
   for (int i = 0; i < Tab2.length; i++)
   {
    for (int j = 0; j < Tab2[0].length; j++)
        System.out.print(Tab2[i][j] + "\t");
    System.out.println(); //Zeilenvorschub
   }
 }
}
```

Das Ergebnis sieht folgendermaßen aus:

```
Länge 1. Dimension: 3
Länge 2. Dimension: 4
1.3     3.5     7.8     4.0
7.5     8.3     6.9     3.2
4.5     6.7     3.4     7.2
```

Mehrdimensionale Felder werden für viele Probleme benötigt.

Beispiel

Eine Bäckerei beliefert jeden Tag ihre Filialen. Jede Filiale gibt jeden Abend per Telefon die gewünschten Artikel für den nächsten Tag durch. Es wird jeweils die Menge und die Artikelnummer durchgegeben. Am Anfang wird die Filialnummer genannt. Nach Abschluss der Bestellung wird die Anzahl der Bestellpositionen und die Mengensumme dem Anrufer mitgeteilt. Alle Bestellungen aller Filialen sollen in einer Tabelle erfasst werden. Pro Artikel ist die Bestellmenge – über alle Filialen hinweg – auf zu summieren und in einer zusätzlichen Spalte am rechten Rand der Tabelle auszugeben. Pro Filiale sind die Summen aller Bestellmengen in einer zusätzlichen Zeile am Ende der Tabelle aufzuführen. Die Tabelle ist nach Abschluss aller eingegangenen Bestellungen auszugeben. Ein mögliches Programm, das diese Aufgabe löst, sieht folgendermaßen aus:

```
/************************************************
Aufnahme von telefonischen Bestellungen
10 Filialen durchnummeriert von 1 bis 10
15 Artikel durchnummeriert von 1 bis 15
************************************************/
import ConsoleInOut.*;
class Bestellaufnahme
{
 public static void main (String args[])
 {
  int Filialnr; char Weiter = 'N';
  int Menge, Bestellnr, Mengensumme = 0,
   Bestellpositionen = 0;
```

```
 int Artikelsumme = 0;
 int Bestelltab [][] = new int[11][16];
 //Vorbesetzung der Tabelle mit 0
 //i zählt die Filialen
 //j zählt die Artikelnr
 for (int i = 0; i < Bestelltab.length; i++)
   for (int j = 0; j < Bestelltab[0].length; j++)
     Bestelltab [i][j] = 0;

 //Zeile 0 enthält Bestellmenge der jeweiligen Filiale
 //Spalte 0 enthält Bestellmenge des jeweiligen Artikels

 do
 {
  System.out.println();
  System.out.print
    ("Bitte Filialnr eingeben (zwischen 1 und 10): ");
  Filialnr = Console.console_in_int();
  System.out.println
    ("Bitte jeweils Menge und Bestellnr eingeben " +
   "(Ende wenn Menge = 0)");
  Menge = Console.console_in_int();
  Mengensumme = 0;
  while (Menge != 0)
  {
   Bestellnr = Console.console_in_int();
   Mengensumme = Mengensumme + Menge;
   Bestellpositionen += 1;
   Bestelltab[Filialnr][Bestellnr] = Menge;
   Menge = Console.console_in_int();
  }
  System.out.println
   ("Ende der Bestellaufnahme für Filiale: " + Filialnr);
  System.out.println
   ("Anzahl Bestellpositionen: " + Bestellpositionen);
  System.out.println("Mengensumme: " + Mengensumme);
  Bestelltab[Filialnr][0] = Mengensumme;
  //Weitere Filiale
  System.out.println("Noch eine Filiale? J(a) N(ein)");
  Weiter = Console.console_in_char();
} while (Weiter =='J');

//Ausgabe der Liste
System.out.println();
System.out.println("Bestellliste");
```

```
 System.out.println("v Bestellnr\tFilialnr ->");
 //Ausgabe der Filialnr
 System.out.print("\t");
 for (int i = 1; i < Bestelltab.length; i++)
    System.out.print(i + "\t");
 System.out.print("Summe");
 //Ausgabe Linie
 System.out.println();
 for (int i = 1; i <= Bestelltab.length + 1; i++)
    System.out.print("________");
 System.out.println();
 //Ausgabe der eigentlichen Tabelle
 for (int j = 1; j < 16; j++)
 {
   //Ausgabe der Artikelnr
   System.out.print(j + "\t");
   //Ausgabe der Bestellmengen pro Artikelnr
   Artikelsumme = 0;
   for (int i = 1; i <= 10; i++)
   {
    Artikelsumme = Artikelsumme + Bestelltab[i][j];
    System.out.print(Bestelltab[i][j] + "\t");
   }
   System.out.println(Artikelsumme);
 }
 //Ausgabe Linie
 System.out.println();
 for (int i = 1; i <= Bestelltab.length + 1; i++)
    System.out.print("________");
 System.out.println();
 //Mengensumme pro Filiale
 System.out.print("Summe\t");
 for (int i = 1; i < Bestelltab.length; i++)
    System.out.print(Bestelltab[i][0] + "\t");
 }
}
```

Die Ausgabe zeigt die Abb. 6.3-2 (Ausschnitt).

Zeichnen Sie ein Struktogramm des Programms `Bestellaufnahme`.

Basistext

BlueJ: Terminal Window - Bestellaufnahme

Options

```
0
Ende der Bestellaufnahme für Filiale: 5
Anzahl Bestellpositionen: 3
Mengensumme: 110
Noch eine Filiale? J(a) N(ein)
J

Bitte Filialnr eingeben (zwischen 1 und 10): 10
Bitte jeweils Menge und Bestellnr eingeben (Ende wenn Menge = 0)
9
7
0
Ende der Bestellaufnahme für Filiale: 10
Anzahl Bestellpositionen: 4
Mengensumme: 9
Noch eine Filiale? J(a) N(ein)
N

Bestellliste
v Bestellnr     Filialnr ->
        1       2       3       4       5       6       7       8       9       10      Summe
_____________________________________________________________________________________________
1       0       0       0       0       0       0       0       0       0       0       0
2       0       0       0       0       0       0       0       0       0       0       0
3       0       0       0       0       0       0       0       0       0       0       0
4       0       0       0       0       0       0       0       0       0       0       0
5       0       0       0       0       43      0       0       0       0       0       43
6       0       0       0       0       0       0       0       0       0       0       0
7       0       0       0       0       67      0       0       0       0       9       76
8       0       0       0       0       0       0       0       0       0       0       0
9       0       0       0       0       0       0       0       0       0       0       0
10      0       0       0       0       0       0       0       0       0       0       0
11      0       0       0       0       0       0       0       0       0       0       0
12      0       0       0       0       0       0       0       0       0       0       0
13      0       0       0       0       0       0       0       0       0       0       0
14      0       0       0       0       0       0       0       0       0       0       0
15      0       0       0       0       0       0       0       0       0       0       0


_____________________________________________________________________________________________
Summe   0       0       0       0       110     0       0       0       0       9
```

Abb. 6.3-2: So sieht das Ergebnis des Programmlaufs `Bestellannahme` *aus (Ausschnitt).*

Felder können beliebig viele Dimensionen besitzen. In der Regel werden mehrdimensionale Felder mit ineinandergeschachtelten `for`-Schleifen bearbeitet.

Beispiel

Ein Elektrogroßhändler bewahrt seine Artikel in einem Hochregallager auf (Abb. 6.3-3). Die Lagerverwaltung erfolgt durch ein Lagerverwaltungsprogramm. In einer Tabelle ist vermerkt, in welchem Fach welcher Artikel (Artikelnummer) und welche Menge davon gelagert ist. Bei einer eingehenden Bestellung wird durch Eingabe der Artikelnummer überprüft, ob noch die gewünschte Bestellmenge vorhanden ist. Ein Artikel kann in mehreren Fächern gelagert sein.

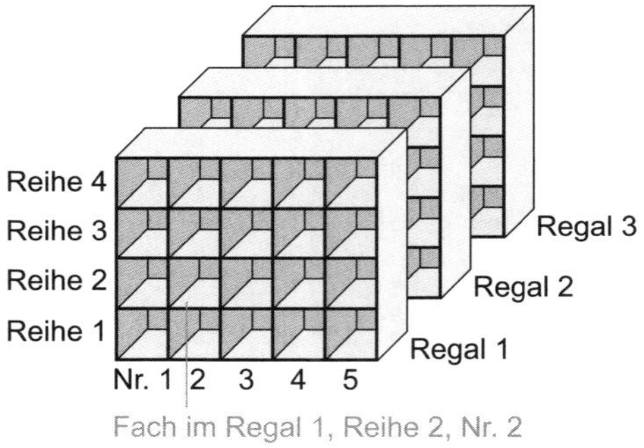

Abb. 6.3-3: So sieht das Regallager aus.

Basistext

```
/***************************************************
Lagerverwaltung
***************************************************/
import ConsoleInOut.*;
class LagerVerwaltung
{
 public static void main (String args[])
 {
  int Lager [][][][] = new int[3][4][5][2];
  //1. Ebene: Lager besteht aus 3 Regalen
  //2. Ebene: Regal besteht aus 4 Reihen
  //3. Ebene: Reihe besteht aus 5 Fächern
  //4. Ebene: pro Fach Artikelnr und Menge (2)
  int Artikelnr, Menge = 0;
  char Weiter = 'N';
  //Initialisierung
  for (int i = 0; i < Lager.length; i++) //alle Regale
   for (int j = 0; j < Lager[0].length; j++) //alle Reihen
    //alle Fächer:
    for (int k = 0; k < Lager[0][0].length; k++)
    {
       //Artikelnr, Zufallszahlen zwischen 0 und 100
       Lager[i][j][k][0] = (int)(Math.random()*100.0);
       //Menge, Zufallszahlen zwischen 0 und 50
       Lager[i][j][k][1] =  (int)(Math.random()*50.0);
     }
  do
  {
   System.out.print
    ("Bitte Artikelnummer eingeben (zwischen 0 und 100): ");
   Artikelnr = Console.console_in_int();
   for (int i = 0; i < Lager.length; i++) //alle Regale
    for (int j = 0; j < Lager[0].length; j++) //alle Reihen
     //alle Fächer:
        for (int k = 0; k < Lager[0][0].length; k++)
            if (Lager[i][j][k][0] == Artikelnr)
               Menge =  Menge + Lager[i][j][k][1];
   System.out.println("Artikelnummer: " + Artikelnr);
   System.out.println("Gelagerte Menge: " + Menge);
   //Weitere Abfragen
   System.out.println("Noch eine Abfrage? J(a) N(ein)");
   Weiter = Console.console_in_char();
  } while (Weiter =='J' || Weiter == 'j');
 }
}
```

Basistext

Ein Ausschnitt aus dem Programmlauf sieht wie folgt aus:

```
Bitte Artikelnummer eingeben (zwischen 0 und 100): 17
Artikelnummer: 17
Gelagerte Menge: 76
Noch eine Abfrage? J(a) N(ein)
n
```

Erweitern Sie das Programm Lagerverwaltung so, dass die Lagerorte für die gegebene Artikelnummer mit ausgegeben werden.

Ist die Länge eines Feldes einmal festgelegt, dann kann sie nicht mehr geändert werden!

6.4 Sonderformen von Feldern **

In Java kann für jede Schachtelungsebene eines Feldes eine individuelle Länge angegeben werden, so dass beliebige Feldstrukturen deklariert werden können. Ein solches Feld kann direkt mit Werten initialisiert werden oder die Längenangabe kann mit `new` festgelegt werden. Die Längenangabe der obersten Ebene ist Pflicht, die anderen Angaben können dann entsprechend der Struktur vorgenommen werden. Wird eine untere Ebene festgelegt, dann müssen die Längen aller übergeordneten Ebenen ebenfalls angegeben werden, z.B. `char Tab[][] = new char [5][]; Tab[0] = new char[10]; Tab[1] = new char[5];`.

unterschiedliche Längen innerhalb einer Dimension

Bei mehrdimensionalen Feldern besitzen alle Felder einer bestimmten Dimension dieselbe Größe. Es gibt jedoch eine ganze Reihe von Anwendungsfällen, wo die Größe innerhalb einer Dimension unterschiedlich ist. Die Deklaration solcher Felder ist in Java möglich.

Basistext

Beispiel

Die Firma Ersatzteile GmbH residiert in einem schönen alten Fabrikgebäude. Bei der Einrichtung eines Hochregallagers muss auf die Gebäudestruktur Rücksicht genommen werden. Daraus ergibt sich folgende Regalstruktur:

- 1. Regal: Höhe 5 Reihen, je Reihe 10 Fächer (= 50 Fächer)
- 2. Regal: Höhe 3 Reihen, Reihe 1: 10 Fächer, Reihe 2: 7 Fächer, Reihe 3: 5 Fächer (= 22 Fächer)
- 3. Regal: Höhe 6 Reihen, je Reihe 12 Fächer (= 72 Fächer)

Um eine solche Regalstruktur als Feld zu vereinbaren, erlaubt es Java, für jede einzelne Schachtelungsebene jeweils die Länge festzulegen. Das zugehörige Programm sieht wie folgt aus:

```
/*************************************************
Beispiel für einen unregelmäßigen Feldaufbau
*************************************************/

class DemoFeldLaenge
{
 public static void main (String args[])
 {
  int Feld [][][][] = new int[3][][][]; //3 Regale
  //1. Regal: Höhe 5 Reihen, je Reihe 10 Fächer (=50 Fächer)
  Feld[0] = new int[5][10][2];
  //2. Regal: Höhe 3 Reihen
  Feld[1] = new int[3][][]; //Festlegung der Höhe
  //2. Regal: Höhe 1: 10 Fächer, Höhe 2: 7 Fächer, Höhe 3: 5
  Feld[1][0] = new int[10][2];//Festlegung der Fächer
  Feld[1][1] = new int[7][2]; //Festlegung der Fächer
  Feld[1][2] = new int[5][2]; //Festlegung der Fächer
  //3. Regal: Höhe 6 Reihen, je Reihe 12 Fächer
  Feld[2] = new int [6][12][2];

  int Artikelnr, Menge = 0;
  //Initialisierung
  for (int i = 0; i < Feld.length; i++) //alle Regale
   for (int j = 0; j < Feld[i].length; j++) //alle Reihen
     for (int k = 0; k < Feld[i][j].length;k++)//alle Fächer
     {
      //Artikelnr, Zufallszahlen zwischen 0 und 100
```

```
        Feld[i][j][k][0] = (int)(Math.random()*100.0);
        //Menge, Zufallszahlen zwischen 0 und 50
        Feld[i][j][k][1] = (int)(Math.random()*50.0);
        System.out.println("Regal: "+(i+1)+" Reihe: "+(j+1) +
           " Fach: "+(k+1)+" Artikelnr: "+Feld[i][j][k][0]+
           " Menge: " + Feld[i][j][k][1]);
      }
 }//Ende main
}
```

Als Ergebnis wird folgendes ausgegeben (Ausschnitt):

```
Regal: 3 Reihe: 6 Fach: 9 Artikelnr: 10 Menge: 21
Regal: 3 Reihe: 6 Fach: 10 Artikelnr: 16 Menge: 6
Regal: 3 Reihe: 6 Fach: 11 Artikelnr: 18 Menge: 20
Regal: 3 Reihe: 6 Fach: 12 Artikelnr: 13 Menge: 30
```

Machen Sie eine Skizze des Hochregallagers und gehen Sie die Programmstruktur anhand der Skizze durch.

Angabe der Elementanzahl

Bei geschachtelten Feldern muss bei der Felddeklaration mindestens die Elementanzahl der obersten Schachtelungsebene angegeben werden, z.B. `int Feld [][][][] = new int[3][][][];`

Bei den tieferen Ebenen ist die Angabe bei der Deklaration optional. Wird eine Längenangabe auf einer tieferen Ebene gemacht, dann müssen alle darüberliegenden Ebenen ebenfalls festgelegt werden, z.B. `Feld[0] = new int[5][10][2];`.

Lücken dürfen bei der Festlegung nicht entstehen, z.B. ist `Feld[0] = new int[5][][2];` nicht erlaubt.

direkte Initialisierung

Unregelmäßige Felder können auch direkt mit Werten initialisiert werden.

Beispiel

```
class DemoDreieck
{
 public static void main (String args[])
 {
  int Dreieck[][] = {{1}, {2,3},{4,5,6}, {7,8,9,10}};
  for (int i= 0; i < Dreieck.length; i++)
  {
    for (int j = 0; j < Dreieck[i].length; j++)
     System.out.print(Dreieck[i][j] + " ");
    System.out.println();
  }
 }
}
```

Folgendes Ergebnis wird ausgegeben:

```
1
2 3
4 5 6
7 8 9 10
```

6.5 OptiTravel: Tabellen *

Die Anwendungs-Entwicklerin der Firma WebSoft, Frau Anton, setzt sich mit der Junior-Programmiererin, Frau Jung, zusammen und bespricht die Datenstrukturen für die Anwendung OptiTravel. Sie legen folgende Tabellen fest:

- **Zugtabelle:** Aufbau wie eine Entfernungstabelle als Dreieckstabelle, da bei einer Hinwärtsverbindung von einer Stadt zur anderen auch eine entsprechende Rückwärtsverbindung besteht. Anstelle der Entfernung wird jedoch die durchschnittliche Reisezeit mit einem IC oder ICE in Minuten eingetragen.
- **Flugtabelle:** Da bei Flügen *nicht* immer eine direkte Hin- und Rückflugverbindung besteht, muss eine vollständige Tabelle angelegt werden. In der Tabelle wird die in den Flugplänen angegebene Flugzeit in Minuten eingetragen.

Zusätzlich wird getrennt angegeben, wieviel Zeit mit dem Auto in Minuten benötigt wird, um von der jeweiligen Innenstadt bis zum Flughafen zu gelangen. Besitzt ein Ort keinen Flughafen, dann wird der Wert Null angegeben. In einem gesonderten Eintrag wird dann vermerkt, welcher Nachbarort einen Flughafen besitzt. Die Anfahrtszeit mit dem Auto bezieht sich dann auf den Flughafen der Nachbarstadt.

- **Autotabelle:** Da beim Auto die Fahrzeit stark von den Straßenverhältnissen abhängt, sollen pro Verbindung folgende Informationen gespeichert werden: Entfernung in km, jeweils Streckenabschnitt Autobahn mit 130 km/h Geschwindigkeitsbeschränkung, Autobahn ohne Geschwindigkeitsbeschränkung, Anteil Bundesstrasse, Anteil Landstraße, Anteil Stadtverkehr. Es genügt eine »halbe« Tabelle.

Beispiel

Zunächst entwickelt Frau Jung ein Beispiel für die Flugtabelle. Sie nimmt drei Flughäfen A, B und C mit folgenden Flugzeiten an:

```
A nach B: 60 min, B nach A: 70 min
A nach C: 80 min, C nach A: keine direkte Verbindung: 0
B nach C: 30 min, C nach B: 40 min
```

Das ergibt folgende doppelte Tabelle:

```
          nach
von    |   A     B      C
A      |   0    60     80
B      |  70     0     30
C      |   0    40      0
```

Da es von einem Ort zu sich selbst jeweils keine Verbindung gibt, wird dort ebenfalls 0 eingetragen, z.B. von A nach A, d.h. die diagonale der Tabelle wird mit Nullen belegt.

Fallstudie

Frau Jung entwickelt folgendes Programm, wobei sie besonderen Wert auf gute Lesbarkeit legt. Der Zugriff auf die Tabellen ist gut lesbar, da als Indizes Konstantenbezeichnungen verwendet werden.

```
/*************************************************
OptiTravel-Tabellen: Speicherung der Daten
*************************************************/
import ConsoleInOut.*;
class OptiTravelTabellen
{
 public static void main (String args[])
 {
  final int Berlin = 0, Hamburg = 1, Muenchen = 2,
   Koeln = 3, Frankfurt = 4, Dortmund = 5, Stuttgart = 6,
   Essen = 7, Duesseldorf = 8, Bremen = 9;
  final String [] Staedte =
   {"Ber","Ham","Mue","Koe","Fra","Dor","Stu",
     "Ess","Due","Brm"};
   //Zugtabelle:  Zeit in Minuten
   int Zug [][] =
    {{0}, //Von Berlin nach: Berlin
     {150, 0}, //Von Hamburg nach: Berlin, Hamburg
     {380,360,0}, // Von München nach: Berlin, Hamburg, Mün.
     {250,240,270,0},
       //Von Köln nach: Berlin, Hamburg, München, Köln
     {240,210,240,70,0}, //Von Frankfurt nach:  Berlin,
       //Hamburg, München, Köln, Frankfurt
     {250,240,360,70,210,0},
       //Von Dortmund nach: Berlin, Hamburg,
       //München, Köln, Frankfurt, Dortmund
     {330,310,140,135,80,210,0},
       //Von Stuttgart: Berlin, Hamburg,
       //München, Köln, Frankfurt, Dortmund, Stuttgart
     {210,190,330,50,135,20,190,0},
       //Von Essen: Berlin, Hamburg,
       //München, Köln, Frankfurt, Dortmund, Stuttgart, Essen
     {250,180,300,30,100,55,165,30,0},
       //Düsseldorf: Berlin, Hamburg,
       //München, Köln, Frankfurt, Dortmund, Stuttgart,
       //Essen, Düsseldorf
     {170,60,360,180,220,105,320,130,150,0}};
       //Bremen: Berlin, Hamburg,
       //München, Köln, Frankfurt, Dortmund, Stuttgart,
       //Essen, Düsseldorf, Bremen
```

```
//Ausgabe der Zugtabelle
System.out.println
 ("Direkte Zugverbindungen (Fahrzeit in Minuten)");
for (int i = 0; i < Zug.length; i++)
{
 //Tabellenbeschriftung links
 System.out.print(Staedte[i] + " ");
 //Tabelleninhalt
 for (int j = 0; j < Zug[i].length; j++)
    System.out.print(Zug[i][j] + " ");
 System.out.println();
}
//Tabellenbeschriftung unten
System.out.print("    ");
for (int i = 0; i < Zug.length; i++)
 System.out.print(Staedte[i] + " ");
System.out.println
("\n_______________________________________________");

//Flugtabelle
//Flugzeit in Minuten, Fahrzeit mit Auto von der
//Innenstadt zum nächsten Flughafen(in Minuten)
//hat der Ort keinen Flughafen, dann wird der nächste
//Flughafenort angegeben und die Fahrzeit mit dem
//Auto bezieht sich auf diesen
//Flughafen, -1 bedeutet: eigener Flughafen,
//0 bis 9: Flughafenort
int Flug [][][] =
//Von Berlin nach:
{{{0,0,-1},{0,0,-1},{70,50,-1},{65,50,-1},{65,50,-1},
    {70,50,-1},{70,50,-1},{65,50,8},{65,50,-1},{60,50,-1}},
 //Von Hamburg nach
 {{0,0,-1},{0,0,-1},{80,40,-1},{55,40,-1},{65,40,-1},
    {0,0,-1},{70,40,-1},{55,40,8},{55,40,-1},{0,0,-1}},
 //Von München nach
 {{70,60,-1},{80,60,-1},{0,0,-1},{70,60,-1},{65,60,-1},
    {90,60,-1},{55,60,-1},{70,60,8},{70,60,-1},{75,60,-1}},
 //Von Köln nach
 {{65,40,-1},{60,40,-1},{65,40,-1},{0,0,-1},{45,40,-1},
    {0,0,-1},{0,0,-1},{0,0,-1},{0,0,-1},{0,0,-1}},
 //Von Frankfurt nach
 {{65,15,-1},{60,15,-1},{60,15,-1},{40,15,-1},{0,0,-1},
    {0,0,-1},{50,15,-1},{45,15,8},{45,15,-1},{55,15,-1}},
```

Fallstudie

```
  //Von Dortmund nach
  {{70,30,-1},{0,0,-1},{85,30,-1},{0,0,-1},{0,0,-1},
     {0,0,-1},{65,30,-1},{0,0,-1},{0,0,-1},{0,0,-1}},
  //Stuttgart nach
  {{70,40,-1},{70,40,-1},{55,40,-1},{0,0,-1},{50,40,-1},
     {215,40,-1},{0,0,-1},{65,40,8},{65,40,-1},{70,40,-1}},
  //Von Essen nach (Flughafen = Düsseldorf = 8)
  {{65,30,8},{60,30,8},{70,30,8},{0,0,8},{55,30,8},
     {0,0,-1},{65,30,8},{0,0,-1},{0,30,8},{160,30,8}},
  //Von Düsseldorf nach
  {{65,15,-1},{60,15,-1},{70,15,-1},{0,0,-1},{55,15,-1},
     {0,0,-1},{65,15,-1},{0,0,-1},{0,0,-1},{0,0,-1}},
  //Von Bremen nach
  {{60,15,-1},{0,0,-1},{75,15,-1},{0,0,-1},{60,15,-1},
     {260,15,-1},{65,15,-1},{0,0,8},{0,0,-1},{0,0,-1}},
  };
  //Nach: Berlin, Hamburg, München, Köln, Frankfurt,Dortmund,
  //Stuttgart, Essen, Düsseldorf, Bremen
  //Hinweis: Essen hat keinen eigenen Flughafen,
  //jedoch liegt Düsseldorf in der Nähe

 //Ausgabe der Flugtabelle
 System.out.println
  ("Flugverbindungen (Flugzeit, Zufahrt Auto in Minuten)");
 for (int i = 0; i < Flug.length; i++)
 {
  //Tabellenbeschriftung links
  System.out.print(Staedte[i] + " ");
  //Tabelleninhalt
  for (int j = 0; j < Flug[i].length; j++)
     System.out.print("(" + Flug[i][j][0] + ", "
       + Flug[i][j][1] + ")" );
  System.out.println();
 }
 //Tabellenbeschriftung unten
 System.out.print("     ");
 for (int i = 0; i < Flug.length; i++)
  System.out.print(Staedte[i] + "      ");
  System.out.println
  ("\n______________________________________________");
```

```
//Autotabelle
final int KM = 0, Autobahn130 = 1, AutobahnFrei = 2,
 Bundesstr = 3, Landstr = 4, Stadt = 5;
int Auto [][][] =
 //Von Berlin nach: Berlin
{{{0,0,0,0,0,0}},
 //Von Hamburg nach: Berlin, Hamburg
 {{280,140,100,0,0,40},{0,0,0,0,0,0}},
 // Von München nach: Berlin, Hamburg, München
 {{590,270,300,0,0,20},{770,420,300,0,0,50},
  {0,0,0,0,0,0}},
 //Von Köln nach: Berlin, Hamburg, München, Köln
 {{570,250,300,0,0,20},{420,170,200,0,0,50},
  {570,220,300,0,0,50}, {0,0,0,0,0,0}},
 //Von Frankfurt nach:  Berlin, Hamburg, München,
 //Köln, Frankfurt
 {{550,250,250,0,0,50},{490,240,200,0,0,50},
  {400,180,200,0,0,20},{190,70,100,0,0,20},
  {0,0,0,0,0,0}},
 //Von Dortmund nach: Berlin, Hamburg, München,
 //Köln, Frankfurt, Dortmund
 {{490,200,270,0,0,20},{300,100,180,0,0,20},
   {500,270,200,0,0,30},{90,30,10,30,0,20},
   {200,70,100,0,0,30},{0,0,0,0,0,0}},
 //Von Stuttgart: Berlin, Hamburg, München,
 //Köln, Frankfurt, Dortmund, Stuttgart
 {{630,300,300,0,0,30},{500,200,280,0,0,20},
  {200,80,100,0,0,20}, {300,70,200,0,0,30},
  {150,70,70,0,0,10},{350,230,100,0,0,20},
  {0,0,0,0,0,0}},
 //Von Essen: Berlin, Hamburg, München, Köln,
 //Frankfurt, Dortmund, Stuttgart, Essen
 {{450,200,200,30,0,20},{300,180,80,20,0,20},
  {530,200,300,0,0,30},{50,20,0,20,0,10},
  {150,140,0,0,0,10},{20,5,0,0,0,15},
  {350,330,0,0,0,20},{0,0,0,0,0,0}},
 //Düsseldorf: Berlin, Hamburg, München,
 //Köln, Frankfurt, Dortmund, Stuttgart,
 //Essen, Düsseldorf
 {{550,220,230,0,20,30},{350,130,200,0,0,20},
  {500,250,200,0,0,50},{20,5,0,0,0,15},
  {180,70,100,0,0,10},{60,15,30,0,0,15},
  {300,180,100,0,0,20},{30,10,0,10,0,10},
  {0,0,0,0,0,0}},
```

Fallstudie

```
      //Bremen: Berlin, Hamburg, München, Köln,
      //Frankfurt, Dortmund, Stuttgart, Essen,
      //Düsseldorf, Bremen
      {{350,130,200,0,0,20},{80,40,30,0,0,10},
       {750,330,400,0,0,20},{250,130,100,0,0,20},
       {370,150,200,0,0,20}, {180,70,100,0,0,20},
       {500,280,200,0,0,20},{200,80,100,0,0,20},
       {290,170,100,0,0,20},{0,0,0,0,0,0}}};

     //Ausgabe der Autotabelle
     System.out.println
      ("Entfernungen Auto in km " +
      "\nzusätzl. gespeichert: Autobahn" +
      " 130, Autobahn frei, Bundesstr," +
       " Landstr, Stadt");
     for (int i = 0; i < Auto.length; i++)
     {
      //Tabellenbeschriftung links
      System.out.print(Staedte[i] + " ");
      //Tabelleninhalt
      for (int j = 0; j < Auto[i].length; j++)
         System.out.print(Auto[i][j][0] + " ");
      System.out.println();
     }
     //Tabellenbeschriftung unten
     System.out.print("    ");
     for (int i = 0; i < Auto.length; i++)
      System.out.print(Staedte[i] + " ");
     System.out.println
      ("\n_______________________________________");
    System.out.println
     ("Die Auto-Entfernung von Dortmund nach Berlin beträgt: "
     + Auto[Dortmund][Berlin][KM]);
    System.out.println
    ("Der Autobahnanteil von Dortmund nach Berlin beträgt: "
    + (Auto[Dortmund][Berlin][Autobahn130] +
     Auto[Dortmund][Berlin][AutobahnFrei]));
  }
}
```

Die Abb. 6.5-1 zeigt das Ergebnis des Programmlaufs.

Gehen Sie das Programm Zeile für Zeile durch, um es vollständig zu verstehen.

Fallstudie

```
Direkte Zugverbindungen (Fahrzeit in Minuten)
Ber 0
Ham 150 0
Mue 380 360 0
Koe 250 240 270 0
Fra 240 210 240 70 0
Dor 250 240 360 70 210 0
Stu 330 310 140 135 80 210 0
Ess 210 190 330 50 135 20 190 0
Due 250 180 300 30 100 55 165 30 0
Brm 170 60 360 180 220 105 320 130 150 0
    Ber Ham Mue Koe Fra Dor Stu Ess Due Brm
_______________________________________________
Flugverbindungen (Flugzeit, Zufahrt Auto in Minuten)
Ber (0, 0)(0, 0)(70, 50)(65, 50)(65, 50)(70, 50)(70, 50)(65, 50)(65, 50)(60, 50)
Ham (0, 0)(0, 0)(80, 40)(55, 40)(65, 40)(0, 0)(70, 40)(55, 40)(55, 40)(0, 0)
Mue (70, 60)(80, 60)(0, 0)(70, 60)(65, 60)(90, 60)(55, 60)(70, 60)(70, 60)(75, 60)
Koe (65, 40)(60, 40)(65, 40)(0, 0)(45, 40)(0, 0)(0, 0)(0, 0)(0, 0)(0, 0)
Fra (65, 15)(60, 15)(60, 15)(40, 15)(0, 0)(0, 0)(50, 15)(45, 15)(45, 15)(55, 15)
Dor (70, 30)(0, 0)(85, 30)(0, 0)(0, 0)(0, 0)(65, 30)(0, 0)(0, 0)(0, 0)
Stu (70, 40)(70, 40)(55, 40)(0, 0)(50, 40)(215, 40)(0, 0)(65, 40)(65, 40)(70, 40)
Ess (65, 30)(60, 30)(70, 30)(0, 0)(55, 30)(0, 0)(65, 30)(0, 0)(0, 30)(160, 30)
Due (65, 15)(60, 15)(70, 15)(0, 0)(55, 15)(0, 0)(65, 15)(0, 0)(0, 0)(0, 0)
Brm (60, 15)(0, 0)(75, 15)(0, 0)(60, 15)(260, 15)(65, 15)(0, 0)(0, 0)(0, 0)
    Ber      Ham      Mue      Koe      Fra      Dor      Stu      Ess      Due      Brm
_______________________________________________
Entfernungen Auto in km
zusätzl. gespeichert: Autobahn 130, Autobahn frei, Bundesstr, Landstr, Stadt
Ber 0
Ham 280 0
Mue 590 770 0
Koe 570 420 570 0
Fra 550 490 400 190 0
Dor 490 300 500 90 200 0
Stu 630 500 200 300 150 350 0
Ess 450 300 530 50 150 20 350 0
Due 550 350 500 20 180 60 300 30 0
Brm 350 80 750 250 370 180 500 200 290 0
    Ber Ham Mue Koe Fra Dor Stu Ess Due Brm
_______________________________________________
Die Auto-Entfernung von Dortmund nach Berlin beträgt: 490
Der Autobahnanteil von Dortmund nach Berlin beträgt: 470
```

Abb. 6.5-1: Ergebnis der Ausführung des Programms `OptiTravelTabellen`.

6.6 Einfaches Sortieren *

Zum Sortieren von Informationen gibt es einfache – besser gesagt: langsame – und schnelle Sortierverfahren. Die bekannten einfachen Sortierverfahren sind »Sortieren durch Auswahl« *(selection sort)*, »Sortieren durch Austauschen« *(bubble sort, exchange sort)* und »Sortieren durch Einfügen« *(insertion sort)*. Sind n Informationen zu sortieren, dann benötigen sie eine Sortierzeit, die proportional n^2 ist. Schnelle Sortierverfahren benötigen dagegen nur eine Zeit, die proportional $n \log_2 n$ ist. Viele Sortierverfahren arbeiten auf Feldern.

Das Sortieren von Informationen ist eine der häufigsten Tätigkeiten, die von Programmen durchgeführt werden. Es gibt daher viele Sortier-Algorithmen, die zum Teil auf sehr spezielle Situationen zugeschnitten sind.

2 Kategorien

Nach dem Zeitverhalten lassen sich einfache und schnelle Sortierverfahren unterscheiden. Einfache bzw. elementare Sortierverfahren sind einfach zu programmieren, benötigen für das Sortieren aber viel Zeit. Die schnellen Sortierverfahren sind aufwändig zu programmieren, aber schnell im Sortieren.

quadratisch vs. logarithmisch

Der Zeitaufwand ist immer abhängig von der Menge der zu sortierenden Informationen. Sind n Informationen zu sortieren, dann benötigen die einfachen Sortierverfahren dazu n^2 an Zeit. Die schnellen Sortierverfahren haben einen Aufwand, der proportional zu $\log_2 n$ verläuft.

Hinweis

Mit $\log_2$ wird der Zweierlogarithmus oder Logarithmus zur Basis 2 bezeichnet (oft wird statt $\log_2$ auch ld verwendet). Der Zweierlogarithmus von n ist der Exponent k, mit dem man eine Zahl 2 potenzieren muss, um den Wert n zu erhalten: $n / 2^k = 1$ oder $n = 2^k$ oder $k = \log_2 n$.

Beispiel

Sie wollen 10 Millionen Informationen sortieren ($n = 10^7$). Wird zum Sortieren einer Information ein Zeit von einer millionstel Sekunde ($c = 10^{-6}$ s) benötigt, dann werden mit einfachen Sortierverfahren
$n^2 * c = (10^7)^2 * 10^{-6} = 10^8 = 100\,000\,000$ Sekunden = 2,7 Stunden benötigt.

Schnelle Sortierverfahren benötigen dazu
$n \log_2 n * c = 10^7 * \log_2 10^7 * 10^{-6} = 10^7 * 23{,}25 * 10^{-6} =$ 232,5 Sekunden = 3,87 Minuten.
Der Unterschied ist deutlich!

3 einfache Verfahren

Es gibt drei bekannte einfache Sortierverfahren:

- **Sortieren durch Auswahl** *(selection sort)*
- **Sortieren durch Austauschen** *(bubble sort, exchange sort)*
- **Sortieren durch Einfügen** *(insertion sort)*

Für kleine Sortiermengen sind diese Verfahren effektiv. Die Programme sind kurz und leicht verständlich.

Beispiel 1a: Sortieren durch Auswahl

Die Kundendaten einer Firma sollen sortiert werden. Es soll das Verfahren **Sortieren durch Auswahl** verwendet werden, das wie folgt funktioniert:

Die Sortierstrategie wird anhand eines aus einzelnen Fächern bestehenden Karteikastens veranschaulicht (Abb. 6.6-1). In jedem Fach des Karteikastens befindet sich eine Karteikarte. Es werde angenommen, dass auf jeder Karteikarte der Nachname des Kunden steht. Die Karteikarten befinden sich in unsortierter Reihenfolge in dem Karteikasten. Um die Karteikarten zu sortieren, werden alle Karteikarten von vorne nach hinten durchgesehen. Gemerkt wird sich die Nummer des Fachs, in dem sich die Karteikarte mit dem lexikographisch kleinstem Kundennamen befindet. Beim lexikographischen Vergleich wir die alphabetische Ordnung auf die aus Zeichen gebildeten Worte übertragen. Gibt es mehrere gleiche Kundennamen, dann wird das Fach gemerkt, in dem der Name zum ersten Mal erscheint. Anschließend wird die 1. Karte mit der Karte ausgetauscht, auf der der lexikographisch kleinste Namen steht.

Der Vorgang wird wiederholt, jedoch wird jetzt bei der Karteikarte begonnen, die im 2. Fach steht usw.

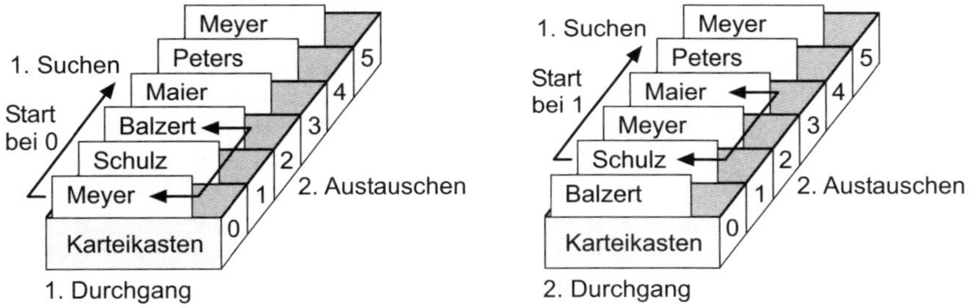

Abb. 6.6-1: Sortieren von Karteikarten.

Spielen Sie in Gedanken oder mit einem Karteikasten dieses Sortierverfahren durch und überlegen sich wie ein entsprechendes Programm aussehen kann.

Felder vom Typ String

In Java können auch Felder vom Typ String angelegt werden, z.B.

```
String Kunden[] = {"Meyer","Schulz", "Balzert"};
```

lexikographischer Vergleich

Anders als bei den einfachen Typen gibt es eine besondere Operation, um zwei Zeichenketten lexikographisch miteinander zu vergleichen. Die Syntax sieht folgendermaßen aus:

```
Zeichenkette1.compareTo(Zeichenkette2) # 0
```

Basistext

wobei `#` für einen der Vergleichsoperatoren `<`, `>=`, `>`, `>=`, `==` oder `!=` steht.

Der Vergleich basiert auf dem **Unicode**-Wert jedes Zeichens in der Zeichenkette (siehe auch: »Der Zeichentyp char« (S. 110)).

Beispiel 1b

Das folgende Programm sortiert die Zeichenketten in dem Feld `Kunden`:

```
/**************************************************
Beispiel für das Sortieren durch Auswahl
hier: Sortieren von Nachnamen
**************************************************/
import IO.*; //Importieren der Bibliothek IO
class SortAuswahl
{
 public static void main (String args[])
 {
  String Kunden[] = {"Meyer","Schulz","Balzert",
      "Maier","Peters","Meyer"};
  String Min, Merke;
  int Pos, PosMin;
  //Sortieren und Vertauschen
  for (int i = 0; i < Kunden.length; i++)
  {    //Kleinste Position ab i suchen
        PosMin = i; Min = Kunden[i];
        for (Pos = i + 1; Pos < Kunden.length; Pos++)
         if (Kunden[Pos].compareTo(Min) < 0)//Abfrage auf <
          {
              Min = Kunden[Pos];
              PosMin = Pos; //Kleinste Position merken
          }
        //Vertauschen
        Merke = Kunden[i];
        Kunden[i] = Kunden[PosMin];
        Kunden[PosMin] = Merke;
  }
  System.out.println
   ("Lexikographisch sortierte Namensliste");
  for (int i = 0; i < Kunden.length; i++)
      System.out.println(Kunden[i]);
 }
}
```

Das Ergebnis sieht folgendermaßen aus:

```
Lexikographisch sortierte Namensliste
Balzert
Maier
Meyer
Meyer
Peters
Schulz
```

Ändern Sie das Programm `SortAuswahl` so ab, dass die gezogenen Lottozahlen der Größe nach sortiert werden. Was ist anders als bei dem Programm `SortAuswahl` (abgesehen vom Typ des Feldes)?

6.7 Iteration über Felder: Die erweiterte for-Schleife **

Sollen alle Elemente eines Feldes durchlaufen werden, dann kann dafür eine erweiterte `for`-Schleife in Java verwendet werden. Auf eine Zählvariable wird verzichtet, stattdessen wird der Typ des Feldelements sowie ein Bezeichner angegeben. Getrennt durch einen Doppelpunkt wird das zu durchlaufende Feld angegeben, z.B. `for (float Feldelement : Messreihe)`.

In vielen Anwendungsfällen müssen alle Elemente eines Feldes (`array`) durchlaufen werden.

Eine Zählschleife bzw. `for`-Schleife wird verwendet, wenn die Anzahl der Wiederholungen bekannt ist. Beim Durchlaufen von Feldern ist die Anzahl der Wiederholungen bekannt, da die Länge eines Feldes über die Konstante `Feld.length` abgefragt werden kann.

for-Schleife

Basistext

Beispiel 1a

Es soll der Durchschnittswert einer Messreihe ermittelt werden:

```
public class For
{
 public static void main (String args[])
 {
   float Summe = 0;
   float Durchschnitt;
   float Messreihe[] = {1.0f, 5.5f, 3.72f, 1.2f, 7.89f};
   int Anzahl = Messreihe.length;
   for (int i = 0; i < Anzahl; i++)
      Summe = Summe + Messreihe[i];
   System.out.println("Durchschnitt: " + Summe / Anzahl);
 }
}
```

Wie das Beispiel 1a zeigt, ist die Iterationsvariable `i` eigentlich überflüssig.

vereinfachtes for

Für Iterationen über Felder kann daher auf die Zählvariable verzichtet werden.

Beispiel 1b

Mit der erweiterten `for`-Schleife kann der Durchschnitt einer Messreihe wie folgt ermittelt werden:

```
// Beispiel für Iterieren über Felder
public class For
{
 public static void main (String args[])
 {
   float Summe = 0;
   float Durchschnitt;
   float Messreihe[] = {1.0f, 5.5f, 3.72f, 1.2f, 7.89f};
   int Anzahl = Messreihe.length;
   for (float Feldelement : Messreihe)
          Summe = Summe + Feldelement;
   System.out.println("Durchschnitt: " + Summe / Anzahl);
 }
}
```

Das erweiterte for liefert alle Elemente des Feldes. Es ist aber *nicht* möglich, damit den Wert von Elementen im Feld schreibend, z.B. auf einen Anfangswert, zu setzen.

Beispiel

Sollen die Elemente eines Feldes auf einen Anfangswert gesetzt werden, dann sind folgende Code-Zeilen erforderlich:

```
Tabelle = new int[MAX];
//Initialisierung einer Tabelle
for(int i=0; i < MAX; i++)
  Tabelle[i] = -1; //Schreibender Zugriff
```

Syntax

Die Syntax lautet:

EnhancedForStatement ::=

`for` (*Type Identifier* : *Expression*) *Statement*

`Expression` muss ein Feld sein. Anstelle von `for` liest man am besten `foreach` bzw. (für) `alle` und anstelle des Doppelpunkts liest man am besten `in`, d.h. »Durchlaufe alle Elemente in dem Feld und tue folgendes« bzw. »Für alle Elemente in dem Feld tue folgendes«.

6.8 Aufzählungen mit enum ***

In Java können mit `enum` eigene Aufzählungstypen definiert werden, z.B. `enum Ampel {Rot, Gelb, Gruen}`. Die aufgeführten Werte werden als Konstanten angesehen, daher können `enum`-Konstanten in `switch`-Anweisungen verwendet werden. Mit einer erweiterten `for`-Schleife kann eine Aufzählung durchlaufen werden. Die Deklaration von eigenen Aufzählungen erfolgt innerhalb einer Klasse, aber *nicht* in Methoden, sondern gleichrangig neben Methoden.

Basistext

Die einfachste Art, einen **Typ** zu beschreiben, d.h. seinen Wertebereich zu definieren, besteht in der Aufzählung der einzelnen Werte.

Beispiele

- Familienstand {ledig, verheiratet, geschieden, verwitwet}
- Geschlecht {weiblich, maennlich}
- Tage {Montag, Dienstag, Mittwoch, Donnerstag, Freitag, Samstag, Sonntag}

problemnahe Beschreibung

Die Beispiele zeigen deutlich, dass es viele Anwendungsbereiche gibt, wo allein solche Aufzählungen eine anwendungsgerechte Formulierung ermöglichen.

Beispiel

```
// Beispiel für einen eigenen Aufzählungstyp
public class DemoAmpel
{
 enum Ampel {Rot, Gelb, Gruen}
 public static void main(String args[])
 {
  for (Ampel eineLampe : Ampel.values())
  //mit .values() wird auf einen Aufzählungswert zugegriffen
   System.out.println("Lampe: " + eineLampe);
 }
}
```

Der Programmlauf ergibt:

```
Lampe: Rot
Lampe: Gelb
Lampe: Gruen
```

Syntax

Im einfachsten Fall wird in Java eine Aufzählung mit dem Schlüsselwort `enum` begonnen. Danach folgt ein selbst vergebener Typnamen, z.B. `Ampel`. In geschweiften Klammern werden anschließend die Werte der Aufzählung, durch Kommata getrennt, aufgeführt. Die aufgeführten Werte werden als Konstanten angesehen. Die Typdeklaration erfolgt in der Klasse, aber außerhalb der Methoden. Eine Typdeklaration steht gleichrangig mit den Methoden.

Basistext

`enum`-Konstanten können in `switch`-Anweisungen verwendet werden, da sie intern über eine ganze Zahl identifiziert werden. Diese Zahl wird vom Compiler für die Aufzählung eingesetzt. Der Compiler übersetzt die `enum`-Konstanten in `final static int`.

in switch einsetzbar

Beispiel

```
// Beispiel für Aufzählungen in Java
// Erstellen einer Konfessionsstatistik
public class Glauben
{
enum Konfession {Evangelisch, Katholisch, Sonstige, Keine}

 public static void main (String args[])
 {
   //Konfessionsstatistik
   int Zaehler_ev = 0, Zaehler_kath = 0,
       Zaehler_sonst = 0, Zaehler_keine = 0;

   Konfession person[] =
    {Konfession.Evangelisch, Konfession.Katholisch,
     Konfession.Evangelisch, Konfession.Sonstige,
     Konfession.Keine, Konfession.Keine};

   for (Konfession einePerson : person)
   {
    switch (einePerson)
    {
     case Evangelisch: Zaehler_ev ++; break;
     case Katholisch: Zaehler_kath ++; break;
     case Sonstige: Zaehler_sonst ++; break;
     case Keine: Zaehler_keine ++; break;
    }
   }
   System.out.println
           ("Anzahl evangelisch: " + Zaehler_ev);
   System.out.println
           ("Anzahl katholisch:  " + Zaehler_kath);
   System.out.println
           ("Anzahl sonstige:    " + Zaehler_sonst);
   System.out.println
           ("Anzahl keine:       " + Zaehler_keine);
 }
}
```

Das Ergebnis sieht folgendermaßen aus:

```
Anzahl evangelisch: 2
Anzahl katholisch:  1
Anzahl sonstige:    1
Anzahl keine:       2
```

erweitertes `for`

Wie bei Feldern kann auch hier die erweiterte `for`-Schleife eingesetzt werden, um über alle Elemente der Aufzählung zu iterieren (»Iteration über Felder« (S. 269)).

7 Prozeduren, Funktionen und Methoden *

Auslagerung von Teilaufgaben

Ein wichtiger Fortschritt wurde bei Programmiersprachen erreicht, als es gelang, unabhängige Teilaufgaben für sich zu formulieren und sie von verschiedenen Programmen aus aufzurufen.

Im einfachsten Fall werden mehrere Anweisungen zu einer Einheit – einer sogenannten Prozedur – zusammengefasst und mit einem Namen versehen. Eine solche Prozedur kann dann von einem anderen Programm durch Angabe des Namens aufgerufen, d.h. zur Ausführung veranlasst werden:

- »Parameterlose Prozeduren« (S. 277)

Will man eine Prozedur für verschiedene Einsatzzwecke verwenden, dann ist es sinnvoll sie zu verallgemeinern. Eine mögliche Verallgemeinerung besteht darin, die Prozedur mit sogenannten Eingabeparametern zu versehen. In Abhängigkeit von den Parametern kann die Prozedur sich dann unterschiedlich verhalten:

- »Prozeduren mit Eingabeparametern« (S. 283)

In manchen Anwendungsfällen, z.B. bei Sortieraufgaben, ist es erforderlich als Eingabeparameter Felder zu übergeben:

- »Felder als Eingabeparameter« (S. 292)

In der Regel sollen von einer Prozedur auch Ergebnisse an den Aufrufer zurückgegeben werden. Wird nur ein Ergebnisparameter zurückgegeben, dann spricht man von einer Funktion:

- »Funktionen und Ausgabeparameter« (S. 296)

Java stellt viele Funktionen zusammengefasst in Klassen zur Benutzung zur Verfügung:

- »Java-Funktionen nutzen« (S. 300)

Sind mehrere Ergebnisse an eine aufrufende Methode zurückzugeben, dann kann dies in Java durch ein Feld als Ergebnisparameter erfolgen:

- »Felder als Ergebnisparameter« (S. 306)

Für spezielle Zwecke ist es sogar möglich, variable Parameterlisten anzugeben:

- »Variable Parameterlisten« (S. 307)

Damit gleichartige Methoden, die sich nur durch eine unterschiedliche Parameteranzahl unterscheiden, nicht unterschiedliche Namen bekommen müssen, können Methoden »überladen« werden:

- »Überladen von Methoden« (S. 309)

Werden ausgehend von der `main`-Methode andere Methoden aufgerufen, dann verliert man leicht den Überblick, in welcher Reihenfolge die Methoden ausgeführt werden. Ein Hilfsmittel, um sich einen Überblick über den dynamischen Ablauf zu verschaffen, sind spezielle Diagramme:

- »UML-Sequenzdiagramme« (S. 314)

Probleme, die sich auf gleichartige, einfachere Teilprobleme zurückführen lassen, können »rekursiv« programmiert werden:

- »Rekursion« (S. 317)

Ein bekanntes Beispiel für ein rekursives Problem sind die »Türme von Hanoi«. An diesem Beispiel kann man gut sehen, wie der Aufwand eines Programms aussieht:

Gruppierung

- »Rekursion: Türme von Hanoi« (S. 326)

Neben der direkten Rekursion gibt es auch eine indirekte Rekursion:

- »Rekursion: direkt vs. indirekt« (S. 333)

Stehen in einer Klasse mehrere Methoden, die auf gemeinsame Daten zugreifen müssen, dann werden diese Daten *nicht* einer Methode zugeordnet, sondern die Variablen und Konstanten werden der Klasse zugeordnet:

- »Datenabstraktion: Gemeinsame Daten« (S. 336)

Mit den Möglichkeiten, die Methoden und die Datenabstraktion bieten, ist es möglich die Fallstudie OptiTravel fertigzustellen:

- »OptiTravel: Gesamtlösung« (S. 345)

Die Beherrschung dieser Grundkonzepte und ihre Realisierung in Java ermöglicht es Ihnen, bereits anspruchsvollere Programme zu schreiben.

7.1 Parameterlose Prozeduren *

In sich abgeschlossene, unveränderliche Teilprobleme können in den meisten Programmiersprachen in Form von parameterlosen Prozeduren bzw. Methoden beschrieben bzw. deklariert werden. Die so deklarierten Teilprobleme erhalten einen eigenen Namen (Prozedurnamen) und werden analog wie die Prozedur `main` in Java innerhalb einer Klasse deklariert. Diese Prozeduren können dann von anderen Programmen aus aufgerufen werden. Sie werden dann ausgeführt und nach Ende der Ausführung wird das rufende Programm hinter der Aufrufstelle fortgesetzt.

Basistext

Problem

Wenn Sie Programme schreiben, dann werden Sie feststellen, dass Teile Ihres Programms im selben Programm oder in anderen eigenen oder fremden Programmen in gleicher oder ähnlicher Weise mehrfach auftreten.

Beispiel 1a

Sie wollen eine Artikelliste auf dem Bildschirm ausgeben. Um die Lesbarkeit zu verbessern soll zwischen den Artikeln jeweils eine Linie dargestellt werden. Ein solches Programm kann folgendermaßen aussehen:

Artikel-liste

```
//Ausgeben einer Artikelliste in das Konsolenfenster
class Artikelliste
{
 public static void main (String args[])
 {
  System.out.println
  ("Artikel-Nr    Artikelbezeichnung    Preis in Euro");
  System.out.println
  ("____________________________________________________");
  System.out.println
  ("3-937137-00-9  HTML, XHTML & CSS               34,90");
  System.out.println
  ("____________________________________________________");
  System.out.println
  ("3-937137-01-7  JSP für Einsteiger              34,90");
  System.out.println
  ("____________________________________________________");
  System.out.println
  ("3-937137-02-5  Webdesign & Web-Ergonomie       44,90");
  System.out.println
  ("____________________________________________________");
 }
}
```

Die Programmzeile

```
System.out.println
  ("____________________________________________________");
```

tritt viermal auf. Ändert sich z.B. die Länge der Linie, weil beispielsweise die Lagermenge noch aufgeführt werden soll, dann müssen alle vier Zeilen geändert werden.

Basistext

Lösung

Um das wiederholte Schreiben bzw. Kopieren solcher oft benötigter Programmteile zu vermeiden, hat man nach Möglichkeiten gesucht, diese nur einmal zu schreiben und dann beliebig oft in eigenen oder verschiedenen Programmen einzusetzen bzw. anzuwenden.

parameterlose Prozeduren

Die einfachste Möglichkeit, eine in sich abgeschlossene, unveränderliche Teilaufgabe nur einmal hinzuschreiben, aber beliebig oft anzuwenden, besteht darin, eine sogenannte parameterlose **Prozedur** zu deklarieren – in Java spricht man von einer parameterlosen Methode. Analog wie bei Variablen, müssen Methoden, Prozeduren und Funktionen in einem Programm deklariert bzw. vereinbart werden.

Vergabe eines Prozedurnamens

Die Anweisung oder die Anweisungsfolge, die als eigenständige Teilaufgabe vereinbart werden soll, wird in Java in geschweifte Klammern eingeschlossen und erhält einen Prozedur- bzw. Methodennamen – analog wie die `main`-Methode. Hinter den Methodennamen wird ein leeres rundes Klammerpaar geschrieben. Vor dem Methodennamen muss `static void` stehen. Methodendeklarationen können in Java vor oder hinter der `main`-Methode stehen.

Beispiel 1b

Im letzten Beispiel kann die Anweisung

```
System.out.println
 ("__________________________________________________");
```

als eine Methode bzw. Prozedur formuliert werden.

Artikelliste2

```
/Ausgeben einer Artikelliste in das Konsolenfenster
//Linie_ausgeben als parameterlose Prozedur
class Artikelliste2
{
 public static void main (String args[])
 {
  System.out.println
  ("Artikel-Nr    Artikelbezeichnung    Preis in Euro");
  Linie_ausgeben(); //1. Aufruf
```

```
  System.out.println
  ("3-937137-00-9  HTML, XHTML & CSS               34,90");
  Linie_ausgeben(); //2. Aufruf
  System.out.println
  ("3-937137-01-7  JSP für Einsteiger              34,90");
  Linie_ausgeben(); //3. Aufruf
  System.out.println
  ("3-937137-02-5  Webdesign & Web-Ergonomie       44,90");
  Linie_ausgeben(); //4. Aufruf
 }
 static void Linie_ausgeben() //Name der Methode / Prozedur
 { //Rumpf der Methode bzw. Prozedur
  System.out.println
  ("__________________________________________________");
 }
}
```

Die Anweisung, die die Linie ausgibt, wird in ein Programm, genauer gesagt in eine Methode bzw. Prozedur, mit dem Namen `Linie_ausgeben` ausgelagert. Der Name `Linie_ausgeben` steht jetzt stellvertretend für die Anweisung `System.out.println("_____");`

Deklaration

Die Zuordnung eines Methoden- bzw. Prozedurnamens zu einer Anweisung bzw. einer Anweisungsfolge geschieht in der Methoden- bzw. Prozedurdeklaration. Die Deklaration besteht aus einem Methoden- bzw. Prozedurkopf und einem Methoden- bzw. Prozedurrumpf.

Aufruf

Die Anwendung der so vereinbarten Anweisungsfolge geschieht durch einen sogenannten Methoden- bzw. Prozeduraufruf. Aufruf bedeutet, dass an der Stelle eines Programms, an der die deklarierte Anweisungsfolge ausgeführt werden soll, anstelle der Anweisungsfolge der Methoden- bzw. Prozedurname angegeben wird.

Beispiel 1c

Im Beispiel 1b wird an vier Stellen die Methode bzw. Prozedur `Linie_ausgeben` aufgerufen. Die Abarbeitung eines Programms mit Methoden- bzw. Prozeduraufrufen geschieht folgendermaßen:

Die Ausführung des Programms `main` beginnt mit der ersten Anweisung

```
System.out.println
 ("Artikel-Nr     Artikelbezeichnung     Preis in Euro");
```

An der Stelle, an der ein Methoden- bzw. Prozedurname steht, verzweigt der Ablauf zum Methoden- bzw. Prozedurrumpf der entsprechenden Methode bzw. Prozedur. Nach dem Durchlaufen des Methoden- bzw. Prozedurrumpfes wird die Ausführung hinter dem Methoden- bzw. Prozedurnamen, d.h. hinter der Aufrufstelle, im Anweisungsteil des aufrufenden Programms fortgesetzt. Den dynamischen Ablauf zeigt die Abb. 7.1-1.

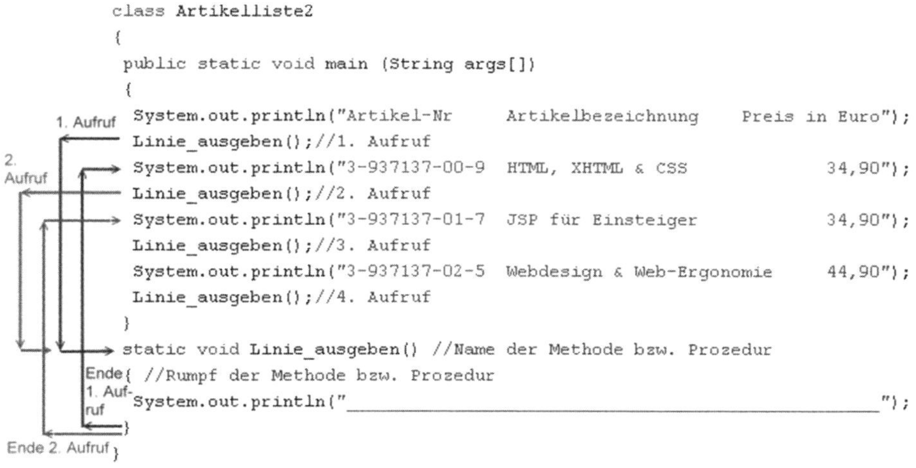

Abb. 7.1-1: In dem Programm `Artikelliste2` *wird die Methode bzw. die Prozedur* `Linie_ausgeben` *mehrfach aufgerufen. Der Programmablauf für die ersten zwei Aufrufe ist hier zu sehen.*

Syntax

Die Syntax für die Deklaration einer parameterlosen Prozedur sieht in Java folgendermaßen aus:

MethodDeclaration ::=

[`public` | `private`] [`static`] `void` *MethodIdentifier*()

{ *MethodBody* }

Wie die Syntax zeigt, können am Anfang der Deklaration noch optional die Schlüsselwörter `public` oder `private` stehen. Wenn Sie `public` davor setzen, dann können auch andere Programme diese Prozedur benutzen. Bei `private` können nur Prozeduren innerhalb der eigenen Klasse die Prozedur aufrufen. Fehlen beide Schlüsselwörter, dann können alle Programme innerhalb eines Pakets die Prozedur benutzen.

innerhalb einer Klasse

Alle Prozeduren bzw. Methoden befinden sich in Java immer innerhalb einer Klasse und sind untereinander gleichberechtigt – mit Ausnahme der `main`-Methode, die immer zuerst ausgeführt wird:

ClassDeclaration ::=

[`public`] `class` *ClassIdentifier ClassBody*

ClassBody ::=

{ *MethodDeclaration+* }

Programmschema

Das Programmschema zeigt anschaulich nochmals die Abb. 7.1-2.

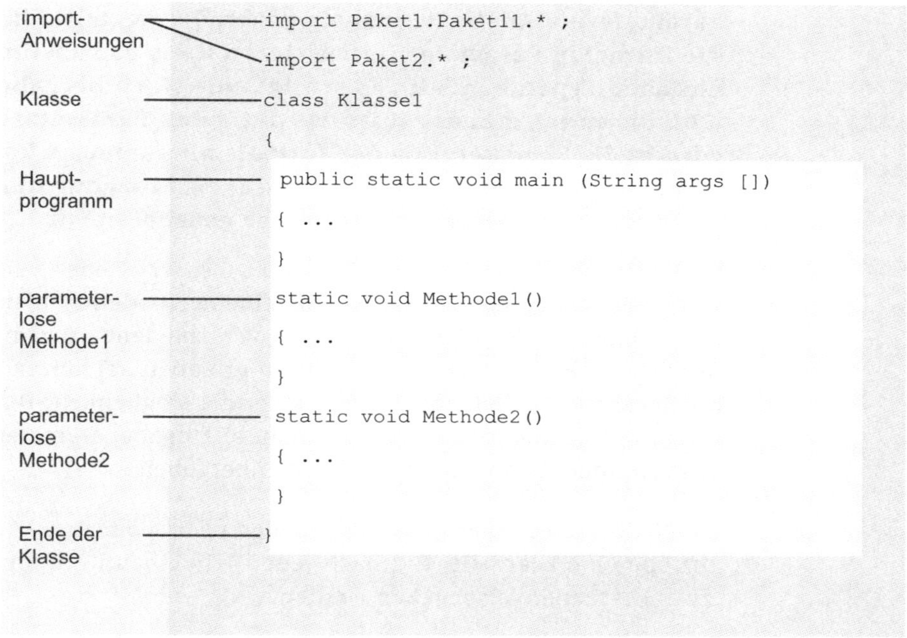

Abb. 7.1-2: Aufbau eines einfachen Java-Programmschemas mit mehreren parameterlosen Methoden.

7.2 Prozeduren mit Eingabeparametern *

Um mit Methoden bzw. Prozeduren nicht nur eine spezielle Aufgabe zu lösen, sondern möglichst eine Aufgabenklasse, ist es möglich, Informationen in Form von Eingabeparametern an das gerufene Programm zu übergeben. Auf einer formalen Parameterliste werden Platzhalter spezifiziert. Jeder formale Parameter wird durch seinen Typ und seinen Parameternamen deklariert. Beim Aufruf der Prozedur werden den formalen

Parametern aktuelle Parameter gegenübergestellt, die die formalen Parameter initialisieren (falls es sich um einfache Typen handelt). Es erfolgt eine Wertübergabe *(call by value)*, d.h. der Wert des aktuellen Parameters wird in die Speicherzelle des formalen Parameters kopiert, so dass innerhalb der gerufenen Prozedur nur auf Kopien der aktuellen Parameter gearbeitet wird.

Eingabeparameter

Eine Methode bzw. Prozedur ist umso besser wieder verwendbar, je allgemeiner sie ist. Allgemeiner bedeutet hier, ein möglichst flexibler Einsatz für verschiedene Anwendungsfälle. Parameterlose Prozeduren erlauben *keine* Flexibilisierung einer Aufgabe. Es gibt daher die Möglichkeit, Daten bzw. Informationen über sogenannte Eingabeparameter bzw. Argumente an eine Prozedur zu übergeben.

Beispiel 1a

Bei der Anzeige einer Artikelliste sollen nach jeder Artikelgruppe eine Leerzeile und nach jeder Artikelhauptgruppe zwei Leerzeilen ausgegeben werden.

Die Listenüberschrift soll durch eine Linie bestehend aus Gleichheitszeichen und das Ende der Liste durch eine Linie bestehend aus Bindestrichen strukturiert werden.

Anstatt nun Prozeduren zu schreiben, die genau die festgelegten Anforderungen erfüllen, werden zwei Prozeduren konzipiert, die sich auf wechselnde Anforderungen einstellen können.

`Leerzeile_ausgeben`

Die Prozedur `Leerzeile_ausgeben` erhält als Eingabeparameter eine Variable `Anzahl`, die angibt, wieviele Leerzeilen auszugeben sind.

`Linie_ausgeben`

Die Prozedur `Linie_ausgeben` erhält zwei Eingabeparameter. Der Parameter `Laenge` gibt an, wieviele Zeichen auszugeben sind. Der Parameter `Zeichen` gibt an, welches Zeichen auszugeben ist.

Es ergibt sich ein Programm mit der Methode `main` sowie zwei weiteren Methoden:

```
//Ausgeben einer Artikelliste in das Konsolenfenster
//Leerzeile_ausgeben mit Eingabeparameter Anzahl
//Linie_ausgeben mit Eingabeparametern Laenge und Zeichen

class Artikelliste3
{
 public static void main (String args[])
 {
  System.out.println
   ("Artikel-Nr     Artikelbezeichnung     Preis in Euro");
  Linie_ausgeben(50,'='); //1. Aufruf Linie
  System.out.println
   ("3-937137-00-9  HTML, XHTML & CSS                34,90");
  Leerzeile_ausgeben(1); //1. Aufruf Leerzeile
  System.out.println
   ("3-937137-01-7  JSP für Einsteiger               34,90");
  Leerzeile_ausgeben(2); //2. Aufruf Leerzeile
  System.out.println
   ("3-937137-02-5  Webdesign & Web-Ergonomie        44,90");
  Linie_ausgeben(50,'-'); //2. Aufruf  Linie
 }

 static void Leerzeile_ausgeben(int Anzahl)
 {
   for (int i = 1; i <= Anzahl; i = i + 1)
     System.out.println(""); //1 Leerzeile
 }

 static void Linie_ausgeben(int Laenge, char Zeichen)
 {
   for (int i = 1; i <= Laenge; i++)
    System.out.print(Zeichen);
   System.out.println();
 }
}
```

Basistext

Ein Programmlauf führt zu folgender Ausgabe:

```
Artikel-Nr      Artikelbezeichnung      Preis in Euro
=====================================================
3-937137-00-9   HTML, XHTML & CSS               34,90

3-937137-01-7   JSP für Einsteiger              34,90


3-937137-02-5   Webdesign & Web-Ergonomie       44,90
-----------------------------------------------------
```

Spezifikation der Eingabeparameter

Eingabeparameter werden in folgender Form spezifiziert:

- Bei der Methoden- bzw. Prozedurvereinbarung wird hinter dem Methodennamen eine Parameterliste – eingeschlossen in runde Klammern – aufgeführt. Im Beispiel: `Leerzeile_ausgeben (...)` und `Linie_ausgeben (..)`.
- Sollen Werte in eine Methode bzw. Prozedur übergeben werden, dann handelt es sich um Eingabeparameter. Für jeden Eingabeparameter wird sein Typ gefolgt von dem Parameterbezeichner angegeben. Im Beispiel: `Leerzeile_ausgeben( int Anzahl )`.
- Sollen mehrere Parameter übergeben werden, dann werden sie – jeweils durch Kommata getrennt – hintereinander aufgeführt. Im Beispiel: `Linie_ausgeben( int Laenge, char Zeichen )` .

Syntax

Die Syntax sieht in Java wie folgt aus:

```
MethodDeclaration ::=
[ public | private ] [ static ] void MethodIdentifier
( [ FormalParameterList ] ) { MethodBody }

FormalParameterList ::= FormalParameter...
FormalParameter ::= Type Identifier
```

- Die Angabe eines Parameters in der Parameterliste bewirkt, dass (automatisch) eine entsprechende Variable vereinbart wird, d.h. es wird ein Speicherplatz reserviert. Diese Variable ist jedoch nur in der Methode bzw. Prozedur bekannt, in deren Parameterliste sie vereinbart ist. Im Beispiel: Die Parametervariable `Anzahl` ist nur in der Methode `Leerzeile_ausgeben` bekannt. Die Parametervariablen `Laenge` und `Zeichen` sind nur in der Methode `Linie_ausgeben` bekannt. Die Variablen existieren jedoch nur, solange der Rumpf der Prozedur ausgeführt wird, Anschließend wird der Speicherplatz wieder für andere Zwecke benutzt. Man sagt daher, dass der **Gültigkeitsbereich der Parameter** auf die jeweilige Prozedur beschränkt ist.

- Die in einer Parameterliste einer Methoden- bzw. Prozedurvereinbarung aufgeführten Parameter werden als **formale Parameter** bezeichnet. Ein formaler Parameter ist sozusagen ein **Platzhalter** oder **Stellvertreter** für den späteren aktuellen Wert.
- Es ist möglich, als Parameternamen in verschiedenen Methoden gleiche Namen zu verwenden. Es handelt sich dann jedoch um unterschiedliche Variablen – gültig nur in der jeweiligen Prozedur. Die Parameternamen innerhalb *einer* formalen Parameterliste müssen unterschiedlich sein!
- Innerhalb jeder Methoden- bzw. Prozedurvereinbarung können für die Methode bzw. Prozedur benötigte Variable zusätzlich vereinbart werden (im Beispiel `Zaehler` und `i`). Sie heißen **lokale Variable**, da sie nur innerhalb der Methode bzw. Prozedur gültig sind, in der sie vereinbart sind. Außerhalb der Methode bzw. Prozedur ist die lokale Variable nicht bekannt bzw. nicht sichtbar.
- Parameternamen dürfen `nicht` als lokale Variable innerhalb der Prozedur erneut deklariert werden, da die lokale Variable den Parameter sonst verbergen würde.

Aufruf

- Beim Aufruf der Methode bzw. der Prozedur wird in runden Klammern angegeben, welcher aktuelle Wert an den formalen Parameter übergeben werden soll, d.h. mit welchem Wert die Parametervariable initialisiert werden soll. Die Parameter, die beim Aufruf angegeben sind, werden daher als **aktuelle Parameter** oder **Argumente** bezeichnet. Im Beispiel: Beim ersten Aufruf von `Linie_ausgeben` sind die aktuellen Parameter `50` und `2`, d.h. der formale Parameter `Laenge` wird mit dem Wert `50`, der formale Parameter `Zeichen` mit dem Wert `'='` initialisiert.

Beispiel 1b

Die Übergabe des aktuellen Parameters `2` an den formalen Parameter `Anzahl` ist in der Abb. 7.2-1 dargestellt.

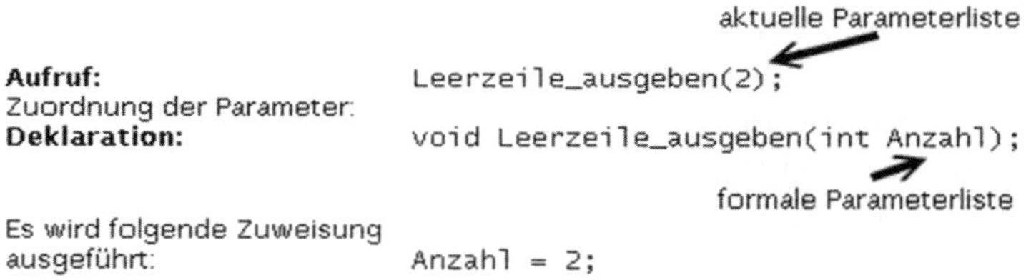

Abb. 7.2-1: Die Methode bzw. Prozedur `Leerzeile_ausgeben` *wird mit dem aktuellen Parameter* `2` *aufgerufen. Dieser Wert wird der Parametervariablen* `Anzahl` *auf der formalen Parameterliste zugewiesen.*

- Die Parameterübergabe erfolgt in der Form, dass die aktuelle Parameterliste der formalen Parameterliste gegenübergestellt wird. Der Wert des jeweiligen aktuellen Parameters wird der Variablen der zugeordneten formalen Parameterliste zugeordnet. Dies entspricht einer normalen Zuweisung (im Beispiel: `Anzahl = 1;` beim 1. Aufruf von `Leerzeile_ausgeben` bzw. `Anzahl = 2` beim 2. Aufruf von `Leerzeile_ausgeben`).
- Enthält eine Parameterliste mehr als einen Parameter, dann erfolgt die Zuordnung zwischen formalen und aktuellen Parametern entsprechend ihrer Position. Das heißt, der erste aufgeführte formale Parameter wird dem ersten aufgeführten aktuellen Parameter zugeordnet, der zweite formale Parameter dem zweiten aktuel-

len usw. (**Positionszuordnung**). Im Beispiel: Beim Aufruf von `Linie_ausgeben(50,'=');` wird dem 1. formalen Parameter `Laenge` der erste aktuelle Parameter `50` und dem 2. formalen Parameter `Zeichen` der zweite aktuelle Parameter `'='` zugewiesen.

Syntax

Die Syntax für einen **Prozeduraufruf** sieht in Java folgendermaßen aus:

MethodInvocation ::= MethodName ([ArgumentList])
ArgumentList ::= Expression...

- Auf der aktuellen Parameterliste kann anstelle eines Literals – z.B. die Zahl `40` – auch eine Variable oder Konstante stehen, z.B. `Zeilenlaenge`. Steht auf der aktuellen Parameterliste als ein Argument ein Ausdruck, z.B. `10 * 4` oder `Spaltenbreite * 4`, dann wird dieser Ausdruck zunächst ausgewertet und dann an den formalen Parameter übergeben.

Typumwandlungen

- Stimmen die Typen der aktuellen und der formalen Parameter nicht überein, dann sind Typumwandlungen erforderlich (siehe: »Typumwandlungen« (S. 118)). Es liegt dieselbe Situation vor wie bei der Zuweisung eines berechneten Wertes aus einem Ausdruck an eine Variable. Typausweitungen werden automatisch vorgenommen. Typeinengungen sind explizit anzugeben.
- In Java müssen die Anzahl der aktuellen und der formalen Parameter immer übereinstimmen. Eine Ausnahme sind variable Parameterlisten (siehe: »Variable Parameterlisten« (S. 307)).

call by value

Steht auf der Parameterliste eine Variable, die einen einfachen Typ besitzt, dann wird als sogenannter **Parameterübergabemechanismus** eine **Wertübergabe** *(call by value)* vorgenommen. Aufgabe eines Eingabeparameters ist es, Informationen in eine Prozedur zu transportieren. Die aufgerufene Prozedur soll *keine* Möglichkeit haben, den aktuellen Wert im aufrufenden Programm zu ändern.

Bei *call by value* verhält sich der formale Parameter wie eine lokale Variable, die durch den Wert des aktuellen Parameters initialisiert wird (siehe Abb. 7.2-1). Bei diesem Parameterübergabemechanismus arbeitet die gerufene Prozedur nur mit der Kopie der übergebenen Informationen. Änderungen an dieser Kopie haben keine Rückwirkungen auf den aktuellen Parameter.

Beispiel

```
class DemoWertuebergabe
{
 public static void main (String args[])
 {
  int Anzahl = 20; char Linienart = '=';
  System.out.println("Werte vor Aufruf");
  System.out.println("Anzahl: " + Anzahl + " Linienart: "
    + Linienart);
  Linie_ausgeben(Anzahl, Linienart);
  System.out.println("Werte nach Aufruf");
  System.out.println("Anzahl: " + Anzahl + " Linienart: "
    + Linienart);
 }
 static void Linie_ausgeben(int Laenge, char Zeichen)
 {
   for (int i = 1; i <= Laenge; i++)
    System.out.print(Zeichen);
   System.out.println();
   Laenge = 10; Zeichen ='+';
 }
}
```

Die Ausführung des Programms ergibt folgende Ausgabe:

```
Werte vor Aufruf
Anzahl: 20 Linienart: 2
====================
Werte nach Aufruf
Anzahl: 20 Linienart: 2
```

Wie die Ausführung zeigt, haben die Zuweisungen `Laenge = 10; Zeichen ='+';` am Ende der Prozedur `Linie_ausgeben` keine Rückwirkungen auf die aktuellen Parameterwerte von `Anzahl` und `Linienart` in der rufenden Prozedur `main`.

Eine Klasse mit all ihren Methoden – in der UML spricht man von Operationen – kann in der grafischen **UML**-Notation durch ein zweigeteiltes Rechteck dargestellt werden. Im oberen Rechteckteil steht der Klassenname. Er wird immer fettgedruckt und zentriert dargestellt. Er beginnt mit einem Großbuchstaben. Im unteren Rechteckteil stehen die Methoden, im einfachsten Fall nur mit ihren Namen, gefolgt von einem runden Klammerpaar. Eine Methode kann allerdings auch mit allen Parametern dargestellt werden. Die Syntax für eine Methode mit Eingabeparametern sieht aber etwas anders aus als in Java:

`Operation( in Parameter1: Typ, in Parameter2: Typ): void`

Alle Methoden, die mit `static` gekennzeichnet sind, werden unterstrichen dargestellt – solche Methoden heißen **Klassenmethoden**. Die Abb. 7.2-2 zeigt die UML-Darstellung des Beispiels 1a in der Kurz- und in der Langform.

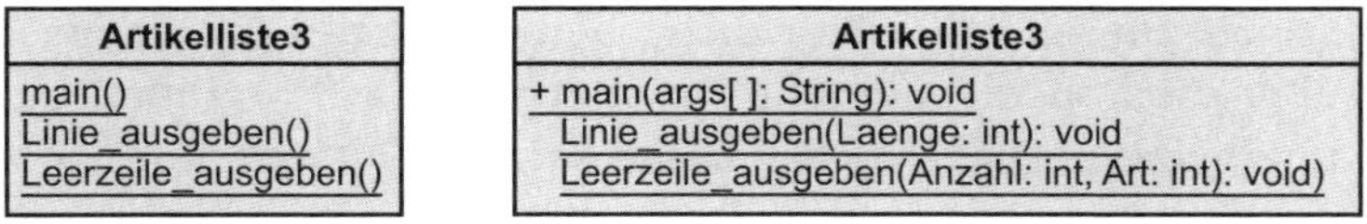

Abb. 7.2-2: UML-Darstellung der Klasse `Artikelliste3` *mit 3 Methoden (Kurz- und Langform).*

Glossar

Prozeduraufruf *(procedure call)* Anweisung, die die Ausführung einer deklarierten Prozedur bewirkt. Nach dem Prozedurnamen können in runden Klammern die aktuellen Parameter übergeben werden.

Basistext

7.3 Felder als Eingabeparameter *

Müssen bei einem Aufruf einer Prozedur Felder als Eingabeparameter übergeben werden, dann wird *keine* Kopie aller Feldelemente vorgenommen. Es wird vielmehr von der Feldvariablen der aufrufenden Prozedur nur eine Kopie der Speicheradresse auf die Feldelemente in die formale Feldvariable der gerufenen Prozedur vorgenommen. Alle Zugriffe innerhalb der gerufenen Prozedur – sowohl lesend als auch schreibend – geschieht über die kopierte Speicherreferenz direkt auf die Originaldaten des Feldes. Dieser Parameterübergabemechanismus heißt *call by reference*.

Für manche Anwendungen müssen Felder an eine Prozedur als Eingabeparameter übergeben werden. Dies ist in Java möglich.

Beispiel

Die main-Prozedur in Java sieht immer wie folgt aus:

```
public static void main (String args[])
```

Sie enthält auf der Parameterliste das Feld `args[]` vom Typ `String`. Dieses Feld dient dazu, beim Start des Programms über die Konsole, aktuelle Parameter an das Programm zu übergeben. In Java heißen diese Parameter *Command-Line Arguments* (siehe auch: »Stapelverarbeitungsprogramme« (S. 135)).

```
class DemoFeldParameter
{
 public static void main (String args[])
 {
  for (int i = 0; i < args.length; i++)
      System.out.println
        ("Uebergebenes Argument[" + i +"]: " + args[i]);
 }
}
```

Bei einer Konsoleneingabe werden hinter dem Dateinamen, getrennt durch Leerzeichen, die aktuellen Parameter eingegeben:

```
C:\Java>java DemoFeldParameter Balzert Helmut
Uebergebenes Argument[0]: Balzert
Uebergebenes Argument[1]: Helmut
```

In BlueJ können ebenfalls Parameter an die `main`-Prozedur übergeben werden. Sie werden wie folgt angegeben: `{"Balzert","Helmut"}`.

Felder als Ein- & Ausgabeparameter

Sortierprogramme arbeiten in der Regel auf Feldern und sortieren die Informationen innerhalb des Feldes. Wird ein Feld als Eingabeparameter vereinbart, dann steht nach dem Sortiervorgang im selben Feld auch das Ergebnis. In diesem Fall wirkt das Feld gleichzeitig als Ein- und Ausgabeparameter.

Beispiel 1a

Das Sortierverfahren »Sortieren durch Auswahl« (siehe: »Einfaches Sortieren« (S. 265)) lässt sich leicht als Prozedur formulieren:

```
class SortAuswahl2
{
 public static void main (String args[])
 {
  String Kunden[] = {"Meyer","Schulz", "Balzert",
      "Maier","Peters", "Meyer"};
  sortieren(Kunden);//Aufruf
  System.out.println
   ("Lexikographisch sortierte Namensliste");
  for (int i = 0; i < Kunden.length; i++)
      System.out.println(Kunden[i]);
 }
 static void sortieren(String Feld[])
 {
  String Min, Merke;
  int Pos, PosMin;
  //Sortieren und Vertauschen
  for (int i = 0; i < Feld.length; i++)
  {
    //Kleinste Position ab i suchen
```

```
    PosMin = i; Min = Feld[i];
    for (Pos = i + 1; Pos < Feld.length; Pos++)
      if (Feld[Pos].compareTo(Min)< 0) //Abfrage auf <
      {
         Min = Feld[Pos];
         PosMin = Pos; //Kleinste Position merken
      }
     //Vertauschen
     Merke = Feld[i];
     Feld[i] = Feld[PosMin];
     Feld[PosMin] = Merke;
  }
 }
}
```

Der Programmlauf liefert die sortierten Nachnamen.

Felder können sehr groß sein. Beim Sortieren kann ein Feld beispielsweise eine Million Elemente umfassen. Stehen auf der Parameterliste Variablen, die einen einfachen Typ besitzen, dann werden die aktuellen Werte in die Parametervariablen kopiert (siehe: »Prozeduren mit Eingabeparametern« (S. 283)). Dieser Parameterübergabemechanismus ist bei Feldern *nicht* sinnvoll, da doppelter Speicherplatz sowie die Zeit zum Kopieren der Inhalte benötigt würde.

call by reference

Stehen Felder auf der Parameterliste, dann werden die Feldwerte *nicht* übergeben bzw. kopiert, sondern nur eine sogenannte Referenz auf das jeweilige Feld. Dieser Übergabemechanismus heißt daher **Referenzübergabe** bzw. *call by reference.*

Beispiel 1b

Die Abb. 7.3-1 veranschaulicht den *call by reference*-Mechanismus am Beispiel des Programms `SortAuswahl2` (Beispiel 1a).

Betrachtet man die Speicherung eines Feldes im Arbeitsspeicher genauer, dann sieht man, dass die Feldvariable, hier `Kunden[]`, aus einer Speicherzelle besteht, in der

Basistext

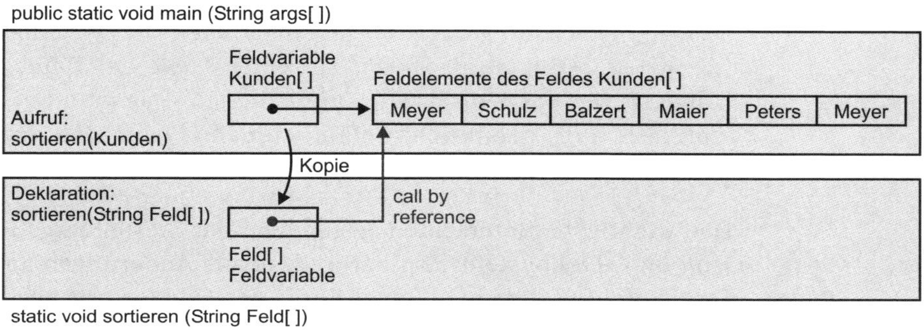

Abb. 7.3-1: Beispiel für die Parameterübergabe nach dem Prinzip call by reference.

eine Speicheradresse gespeichert ist. Diese Speicheradresse gibt an, wo im Arbeitsspeicher die eigentlichen Feldelemente abgelegt sind. Man sagt, die Feldvariable `Kunden[]` enthält eine Referenz bzw. einen Verweis auf die eigentlichen Feldelemente.

Innerhalb der gerufenen Prozedur, hier `sortieren(String Feld[])`, wird in die Feldvariable `Feld[]` nun die Speicheradresse aus der Feldvariablen `Kunden[]` der aufrufenden Prozedur kopiert. Dadurch kann jetzt von der gerufenen Prozedur aus auch direkt auf die Feldelemente des Feldes `Kunden[]` zugegriffen werden. Für den formalen Parameter `Feld[]` wird also genau ein Speicherplatz angelegt, der solange existiert, solange die Prozedur abgearbeitet wird. Wird innerhalb der Prozedur `sortieren()` jetzt auf ein Feldelement, z.B. `Feld[3]`, zugegriffen, dann wird über die Referenz auf die Speicheradresse vom Feld `Kunden[]` verzweigt und dort dann das vierte Feldelement lokalisiert. Es erfolgt sowohl beim lesenden als auch beim schreibenden Zugriff ein Zugriff auf das Originalfeld. Das sortierte Feld steht anschließend also im Feld `Kunden[]`. Damit ist das Feld

Basistext

`Kunden[]` gleichzeitig auch Ausgabeparameter. Die Prozedur `sortieren()` arbeitet also *nicht* auf einer Kopie der Daten, sondern verändert direkt die Originaldaten. Das ist effizient, aber auch gefährlich. Gefährlich dann, wenn die Prozedur `sortieren()` fehlerhaft ist.

Der wichtigste Unterschied gegenüber der Werteübergabe *(call by value)* besteht also darin, dass alle Änderungen am Originalfeld und *nicht* an einer Kopie des Feldes vorgenommen werden.

Gehen Sie das Beispielprogramm für mehrere Aufrufe durch und tragen Sie die Änderungen im Originalfeld ein.

7.4 Funktionen und Ausgabeparameter *

Soll eine Methode ein Ergebnis an die rufende Methode zurück liefern, dann geschieht dies in Java durch den Ergebnisparameter einer Funktion. Mehrere Ergebnisse (einfacher Typen) können in Java *nicht* zurückgegeben werden. Eine Funktion sollte im Unterschied zu einer Prozedur immer in einem Ausdruck aufgerufen werden, damit die Ergebnisse übergeben werden können `(call by result)`. Innerhalb der Funktion werden die Ergebnisse durch `return` zurückgegeben.

In der Praxis kommt es nicht nur vor, dass durch Eingabeparameter Daten an eine Methode übergeben werden. Genauso häufig kommt es vor, dass Ergebnisse aus einer Methode an das aufrufende Programm übergeben werden müssen. Außerdem kann es vorkommen, dass ein Wert in eine Methode eingegeben wird und nach einer Modifikation wieder ausgegeben wird.

In Java können direkt über die Parameterliste *keine* Ergebniswerte einfacher Typen zurückgegeben werden. Stehen jedoch Felder auf der Parameterliste, dann können wegen des Referenzmechanismus indirekt auch Ergebnisse nach »außen« gegeben werden (siehe: »Felder als Eingabeparameter« (S. 292)).

Einschränkung in Java

In der Praxis treten oft Methoden bzw. Prozeduren auf, die genau ein Ergebnis ermitteln. D.h. als Ergebnis der Methodenausführung wird an das rufende Programm genau ein Wert übergeben. Diesen häufigen Sonderfall einer Methode bzw. Prozedur bezeichnet man als **Funktion**. Funktionsdeklaration und Funktionsaufruf unterscheiden sich von Prozeduren.

genau ein Ergebniswert

Beispiel 1a

```
import ConsoleInOut.*;
class Netto
{
 public static void main (String args[])
 {
     float Bruttopreis, Nettopreis;
     final float MWST_ER = 1.07f;
     System.out.print
     ("Bruttopreis eingeben (Punkt anstelle von Komma!): ");
     Bruttopreis = Console.console_in_float();
     Nettopreis = Netto_berechnen(Bruttopreis, MWST_ER);
     //Aufruf
     System.out.print("Nettopreis: " + Nettopreis);
 }

 static float Netto_berechnen
   (float Brutto, float MWST_Satz)
 {
  float Netto = Brutto / MWST_Satz;
  return Netto; //Ergebnis zurückgeben
 }
}
```

Kennzeichnend für eine Funktion ist, dass der Ergebnisparameter *nicht* auf der Parameterliste steht und *keinen* eigenen Parameterbezeichner erhält. Als Bezeichner wird viel-

Ergebnisparameter

mehr der Bezeichner der Funktion verwendet (im Beispiel: Netto_berechnen). Wie bei allen anderen Parametern muss jedoch auch für den Ergebnisparameter der Typ angegeben werden. Er steht vor dem Funktionsnamen (im Beispiel: float).

Syntax

MethodDeclaration ::=
[public *|* private *] [* static *]*
ResultType ResultIdentifier ([FormalParameterList])
{ MethodBody }

Bei Methoden bzw. Prozeduren, die *kein* Ergebnis zurückgeben, steht anstelle des Ergebnistyps das Schlüsselwort void, das übersetzt »leer« bedeutet.

return

Innerhalb des Funktionsrumpfes muss mindestens eine return-Anweisung stehen, sonst ist die Funktion syntaktisch nicht korrekt:

Syntax

ReturnStatement ::= return *Expression* ;

Der Ausdruck hinter return muss einen Wert ergeben, der mit dem Ergebnistyp der Funktion übereinstimmt oder verträglich ist.

Aufruf in Ausdrücken

Da eine Funktion immer einen Wert als Ergebnis zurückgibt, sollte sie sinnvollerweise innerhalb eines Ausdrucks aufgerufen werden. Sie kann auch als eigenständige Anweisung verwendet werden, das Ergebnis geht dadurch aber verloren.

Beispiel 1b

Aufruf der Funktion Netto_berechnen:

```
Nettopreis = Netto_berechnen(Bruttopreis, MWST_ER);
```

Die Parameterübergabe veranschaulicht die Abb. 7.4-1. Nach der Berechnung von Netto innerhalb der gerufenen Funktion Netto_berechnen() bewirkt return, dass der Inhalt der Variablen `Netto` in die Speicherzelle `Nettopreis` kopiert wird.

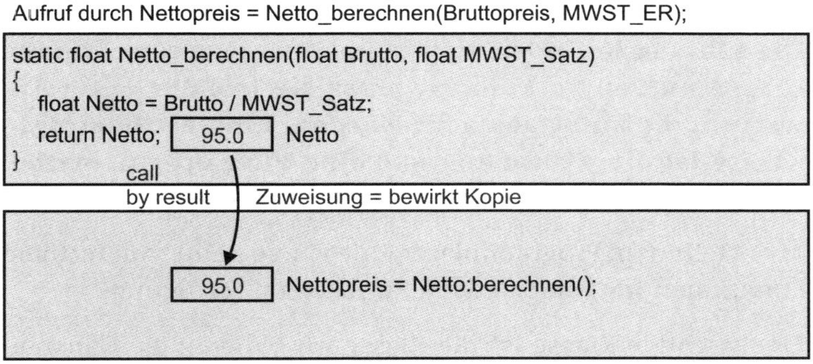

Abb. 7.4-1: Beispiel für die Parameterübergabe nach dem Prinzip call by result.

call by result

Als Parametermechanismus für den Ergebnisparameter bei Funktionen wird *call by result* verwendet, d.h. der Wert, der sich nach der Berechnung des Ausdrucks hinter `return` ergibt, wird in die Speicherzelle kopiert, die auf der linken Seite der Zuweisung steht, hier `Nettopreis`. Befindet sich der Aufruf innerhalb eines Ausdrucks auf der rechten Seite einer Zuweisung, dann geht der Wert in die Berechnung des Ausdrucks ein.

Glossar

Funktion *(function)* Prozedur, die einen Ausgabeparameter bzw. Ergebnisparameter besitzt. Der Name des formalen Ausgabeparameters ist identisch mit dem Funktionsnamen. Eine Funktion wird in Ausdrücken aufgerufen.

7.5 Java-Funktionen nutzen *

Java stellt standardmäßig eine Vielzahl von Klassen zur Verfügung, die jederzeit benutzt werden können. Die Klassen befinden sich in Paketen. Um eine fremde Klasse nutzen zu können, muss sie mit der `import`-Anweisung bekannt gemacht werden. Eine oft benötigte Klasse ist die Klasse `Math`, die eine Vielzahl von mathematischen Funktionen zur Verfügung stellt.

Java stellt dem Programmierer eine ganze Reihe von fertigen Funktionen für verschiedene Zwecke zur Verfügung.

Klasse Math

Eine wichtige Klasse ist die Klasse `Math`, die einige Konstanten und eine Vielzahl mathematischer Funktionen enthält. Diese Klasse gehört in Java zu dem Paket `lang` (für *language*), das automatisch in jedem Programm zur Benutzung zur Verfügung steht.

Konstanten

Zwei wichtige, häufig benötigte Konstanten, die diese Klasse zur Verfügung stellt, sind:

- `static final double E`: Die Eulersche Zahl e = 2,718...
- `static final double PI`: Die Kreiszahl π = 3,14159...

Einige wichtige Funktionen sind:

Runden von Werten

- `public static double ceil (double x)`:
  Dient zum Aufrunden. Liefert die nächsthöhere Ganzzahl, wenn die Zahl nicht schon eine ganze Zahl ist, z.B. `ceil(2.1)` ergibt den Wert `3`, `ceil(-2.1)` ergibt den Wert `-2`.
- `public static double floor (double x)`:
  Dient zum Abrunden. Es wird die nächstniedrigere Ganzzahl zurückgegeben (ganze Zahlen werden nicht verändert), z.B. `floor(0.2)` ergibt `0.0`, `floor(-199.2)` ergibt `-200`, `floor(-199)` ergibt `-199`, `floor(-0.02)` ergibt `-1.0`.
- `public static long round (double x)`:
  Rundet auf die nächste Ganzzahl vom Typ `long` (kauf-

männische Rundung). Ganze Zahlen werden *nicht* aufgerundet, z.B. `round(2.02)` ergibt `2`, `round(-3.3)` ergibt `-3`, `round(100)` ergibt `100`.

- `public static double rint (double x)`:
  Diese Funktion ist im Gegensatz zu `round()` gerecht. Bei `0.5` wird auf die benachbarte gerade Zahl gerundet, d.h. in 50% der Fälle wird auf- und in 50% der Fälle abgerundet.

Tipp

Runden auf zwei Nachkommastellen
Die `rint()`-Funktion lässt sich verwenden, um Zahlen auf zwei Nachkommastellen zu runden. Ist `d` vom Typ `double`, dann ergibt der Ausdruck `Math.rint(d*100.0)/100.0` die gerundete Zahl. Wird statt `rint()` die Funktion `round()` verwendet, dann wird z.B. der Wert `5.125` nicht auf `5.12`, sondern auf `5.13` gerundet.

Zufallszahlen

- `public static double Math.random()`:
  Diese Funktion liefert Zufallszahlen zwischen `0.0` und `1.0`.

Tipp

Zufallszahlen zwischen uGrenze und oGrenze
Wird ein anderer Wertebereich benötigt, dann können die gelieferten Zahlen durch Multiplikation auf den gewünschten Wertebereich ausgedehnt und per Addition geeignet verschoben werden. Um ganzzahlige Zufallszahlen zwischen `uGrenze` und `oGrenze` (einschließlich) zu erhalten, wird folgendes berechnet:

```
uGrenze + (int) (Math.floor(Math.random() * (oGrenze -
uGrenze +1)))
```

Außerdem kann der Modulo-Operator benutzt werden, um den Wertebereich zu beschneiden.

Beispiel

```
//Beispiel für den Einsatz mathematischer Funktionen
//aus der Java-Klasse Math
//Berechnung von Zufallszahlen zwischen 1 und 6
public class Wuerfel
{
 public static void main (String args[])
 {
  double zufall;
  int wuerfel;
  for (int i = 1; i <= 20; i++)
  {
    zufall = Math.random();
    wuerfel = 1 + (int)(Math.floor(zufall * (6 - 1 + 1)));
    System.out.print(wuerfel + "\t");
    System.out.print
     (Math.rint(zufall * 100.0)/100.0 + "\t");
    System.out.println(zufall);
   }
  }
}
```

Der Programmlauf ergibt folgendes Ergebnis (Ausschnitt):

```
5       0.68    0.6751377163347234
6       0.99    0.9945680098216266
6       0.9     0.8961979500252908
6       0.89    0.8918723094957002
4       0.51    0.5126964182064753
6       0.92    0.9198718589574543
3       0.47    0.47329735836332576
```

Zugriff auf Konstanten & Funktionen

Auf die Konstanten und Funktionen kann durch das **Voransetzen des Klassennamens** `Math` zugegriffen werden, z.B. `double pi = Math.PI; long gerundet = Math.round(-22.56).`

Winkelfunktionen

- `static double sin (double x):`
  Liefert den Sinus von x zurück
- `static double cos (double x):`
  Liefert den Cosinus von x zurück.
- `static double tan (double x):`
  Liefert den Tangens von x zurück.

Basistext

Die Winkel für `sin()`, `cos()`, `tan()` müssen im Bogenmaß ($2 * \pi$ entspricht einem Vollkreis) und *nicht* im Gradmaß (360 Grad entspricht einem Vollkreis) übergeben werden.

- `static double asin (double x)`:
  Liefert den Arcus-Sinus von x, wobei $-\pi/2 \leq \text{asin} \leq \pi/2$.
- `static double acos (double x)`:
  Liefert den Arcus-Cosinus von x, wobei $0 \leq \text{acos} \leq \pi$.
- `static double atan (double x)`:
  Liefert den Arcus-Tangens von x, wobei $-\pi/2 \leq \text{atan} \leq \pi/2$.

Die Arcus-Funktionen sind die Umkehrfunktionen zu den trigonometrischen Funktionen. Der Parameter ist *kein* Winkel, sondern bei asin() beispielsweise der Sinuswert zwischen -1 und 1. Das Ergebnis ist ein Winkel im Bogenmaß, etwa zwischen $-\pi/2$ und $\pi/2$.

- `static double toRadians (double angdeg)`:
  Grad- in Bogenmaß umwandeln.
- `static double toDegrees (double angrad)`:
  Winkel von Bogen- in Gradmaß umwandeln

weitere Funktionsgruppen

Die Klasse `Math` enthält weiterhin Exponentialfunktionen, Funktionen zur Ermittlung von Absolutwerten, Maximum und Minimum sowie eine Modulofunktion.

Geben Sie in eine Suchmaschine die Begriffe `Sun`, `Java`, `Math` ein und Sie erhalten die Klassenbeschreibung von `Math`. Schauen Sie sich die Funktionen an und probieren Sie einige davon in eigenen Programmen aus.

Klasse `DecimalFormat`

Um das Ausgabeformat von Zahlen festzulegen – insbesondere bei Listen wichtig – gibt es die Klasse `DecimalFormat`. Diese Klasse gehört zu dem Java-Paket `text` und muss explizit importiert werden, um die Funktionen nutzen zu können:

```
import java.text.DecimalFormat;
```

nützliche Funktionen

Für die Ausgabeformatierung sind folgende Funktionen hilfreich:

- Einstellung eines Formats:
  `DecimalFormat meinFormat1 =`
  `new DecimalFormat( "Formatstring" );`
  Der `Formatstring` kann folgende Zeichen enthalten:
  - `0`: Steht für eine Ziffer
  - `#`: Steht für eine Ziffer außer 0
  - `.`: Steht für einen Dezimalpunkt/Dezimalkomma
  - `,`: Steht für ein Gruppierungszeichen (3er-Gruppen)
  - `;`: Steht für einen Trenner zwischen positiv und negativ
  - `-`: Steht für ein negatives Vorzeichen
  - `%`: Steht für das Prozentformat (dividiert durch 100)
- Das definierte Format wird durch Aufruf der Funktion `format(auszugebendeZahl)` zugeordnet, wobei vor der Funktion, durch Punkt getrennt, der gewählte Variablenname stehen muss, z.B.
  `System.out.println(meinFormat1.format(MWST16));`

Beispiele

`DecimalFormat( "0.00" );` ergibt:
Genau zwei Nachkommastellen.

`DecimalFormat(" #,##0.0###; -#,##0.0###");` ergibt:
Vier Vorkomma- und vier Nachkommastellen, wobei führende Vorkomma-Nullen und Nachkomma-Nullen am Ende unterdrückt werden. Außerdem werden vorne zwei Stellen Platz gelassen, von denen eine ggf. für ein negatives Vorzeichen verwendet wird.

Hinweis

Vorkommastellen nur mit Null füllbar
Vorkommastellen können mit `DecimalFormat()` höchstens mit Nullen gefüllt werden, nicht mit Leerzeichen.

Beispiel

```
/************************************************
Ausgabe einer formatierten MWST-Tabelle
************************************************/
import java.text.DecimalFormat;
class MWSTTabelleFormatiert
{
 public static void main (String args[])
 {
  final int MWST_VOLL = 16;
  final int MWST_ERMAESSIGT = 7;
  float MWST16, MWST7;

  DecimalFormat meinFormat1 =
    new DecimalFormat( "00.00 €" );
  DecimalFormat meinFormat2 =
    new DecimalFormat( "#0.## €" );

  System.out.println("MWST-Tabelle");
  System.out.println
    ("Netto\t\t16%\t\tBrutto\t\t7%\t\tBrutto");
  for (int i = 1; i <= 30; i++)
  {
    MWST16 = i * MWST_VOLL / 100.0f;
    MWST7 = i * MWST_ERMAESSIGT / 100.0f;
    System.out.println(
      meinFormat2.format(i) +  "\t\t"
    + meinFormat1.format(MWST16) + "\t\t"
    + meinFormat1.format(i + MWST16) +  "\t\t"
    + meinFormat1.format(MWST7) + "\t\t"
    + meinFormat1.format((i + MWST7)));
    }
 }
}
```

Der Programmlauf erzeugt folgende Ausgabe (Ausschnitt):

```
MWST-Tabelle
Netto   16%      Brutto   7%       Brutto
1 €     00,16 €  01,16 €  00,07 €  01,07 €
2 €     00,32 €  02,32 €  00,14 €  02,14 €
3 €     00,48 €  03,48 €  00,21 €  03,21 €
4 €     00,64 €  04,64 €  00,28 €  04,28 €
5 €     00,80 €  05,80 €  00,35 €  05,35 €
6 €     00,96 €  06,96 €  00,42 €  06,42 €
7 €     01,12 €  08,12 €  00,49 €  07,49 €
```

Basistext

```
8 €     01,28 €  09,28 €  00,56 €  08,56 €
9 €     01,44 €  10,44 €  00,63 €  09,63 €
10 €    01,60 €  11,60 €  00,70 €  10,70 €
11 €    01,76 €  12,76 €  00,77 €  11,77 €
12 €    01,92 €  13,92 €  00,84 €  12,84 €
13 €    02,08 €  15,08 €  00,91 €  13,91 €
14 €    02,24 €  16,24 €  00,98 €  14,98 €
15 €    02,40 €  17,40 €  01,05 €  16,05 €
```

Variieren Sie die Ausgabeformate und sehen Sie sich die Wirkung an.

7.6 Felder als Ergebnisparameter *

Müssen von einer Funktion in Java mehrere Ergebniswerte an die rufende Methode zurückgeliefert werden, dann kann dies durch ein Feld geschehen, das als Ergebnistyp angegeben wird, z.B. `float[] ermittle Zimmertemperaturen()`.

In Java wird als Ergebnis einer Funktion in der Regel *genau* ein Wert übergeben, der anschließend einer Variablen zugewiesen wird (siehe »Funktionen und Ausgabeparameter« (S. 296)).

In vielen Anwendungsfällen müssen jedoch mehrere Ergebniswerte übergeben werden. Eine Möglichkeit besteht in Java darin, als Ergebnistyp ein Feld zu deklarieren.

Beispiel

Es liegen Zeitangaben in Minuten vor, die in Minuten und Stunden umgerechnet und zurückgegeben werden sollen. Folgende Funktion löst das Problem:

```
//Beispiel für ein Feld als Ergebnisparameter einer Funktion
//Umrechnung von Minuten in Stunden und Minuten
import ConsoleInOut.*;
class StundenMinuten
{
 static int[] MinutenInStunden(int Minuten)
 {
  int StundenMinuten[] = {0,0};
  StundenMinuten[0] = Minuten / 60;
  StundenMinuten[1] = Minuten % 60;
  return StundenMinuten;
 }
 public static void main (String args[])
 {
   System.out.println("Minuten eingeben: ");
   int Minuten = Console.console_in_int();
   int StundenUndMinuten[] = MinutenInStunden(Minuten);
   System.out.println(Minuten + " Minuten = "+
    StundenUndMinuten[0] + " h " + StundenUndMinuten[1]
    + " min");
 }
}
```

Ein Programmlauf sieht wie folgt aus:

```
Minuten eingeben:
183
183 Minuten = 3 h 3 min
```

Ändern Sie das Programm so, dass Sekunden eingegeben werden und Tage, Stunden, Minuten und Sekunden ausgegeben werden.

7.7 Variable Parameterlisten ***

Basistext

In Java kann pro Parameterliste am Ende *ein* variabler Parameter (gekennzeichnet durch drei Punkte) angegeben werden. Beim Aufruf einer solchen Methode können dann jeweils unterschiedlich viele Parameter angegeben werden.

Problem

Es gibt eine Reihe von Anwendungsfällen, bei denen für jeden Aufruf einer Methode eine unterschiedliche Anzahl von Parametern über die Parameterliste übergeben werden sollen. Gestattet eine Programmiersprache nur eine feste Anzahl von Parametern, dann ist es schwierig, einen solchen Anwendungsfall elegant zu programmieren.

Java

Eine variable Anzahl von Parametern wird in Java durch drei Punkte (sogenanntes Auslassungszeichen) hinter der jeweiligen Typangabe angegeben.

Beispiel

Es sollen von jeder Familie nach dem Familiennamen alle Vornamen der Familienmitglieder ausgegeben werden:

```
// Beispiel für variable Parameterlisten
public class Familie
{
 static void ausgebenMitglieder
  (String Familienname, String... Vornamen)
 {
  System.out.println("Familienname: " + Familienname);
  for (String aktuell: Vornamen)
     System.out.println("Vorname: " + aktuell);
  System.out.println("------------------------");
 }
 public static void main(String args[])
 {
  ausgebenMitglieder("Sonnenschein", "Frank","Anita","Max");
  ausgebenMitglieder("Klug", "Alexander", "Simone",
    "Udo", "Dirk", "Antje");
  ausgebenMitglieder("Ross", "Ralf", "Birgit");
 }
}
```

Der Programmlauf ergibt folgendes Ergebnis:

```
Familienname: Sonnenschein
Vorname: Frank
Vorname: Anita
Vorname: Max
------------------------
```

```
Familienname: Klug
Vorname: Alexander
Vorname: Simone
Vorname: Udo
Vorname: Dirk
Vorname: Antje
------------------------
Familienname: Ross
Vorname: Ralf
Vorname: Birgit
------------------------
```

Hinweis

In diesem Beispiel wird eine vereinfachte Form der `for`-Schleife verwendet (siehe: »Iteration über Felder« (S. 269)). Es wird auf die Zählvariable verzichtet und statt dessen `Vornamen` angegeben, wobei `Vornamen` hier für null, einen oder mehrere `Vornamen` steht (Feld bestehend aus Strings). Die `for`-Schleife durchläuft alle vorhandenen Elemente des impliziten Feldes `Vornamen`.

Pro Parameterliste kann nur ein variabler Parameter angegeben werden. Er muss am Ende der Parameterliste stehen!

Hinweis

Das Konzept variabler Parameterlisten stammt aus der Programmiersprache C und wird dort intensiv in den Funktionen `printf()` und `scanf()` eingesetzt.

7.8 Überladen von Methoden **

Innerhalb einer Klasse können Methoden mit gleichen Namen deklariert werden, wenn sie eine *unterschiedliche* Signatur besitzen. Die Signatur besteht aus dem Methodennamen, der Anzahl der Parameter und den Parametertypen. Der Ergebnistyp gehört *nicht* dazu. Der Vorteil dieses Überlagerns *(overloading)* von Methoden liegt darin, dass man keine unterschiedlichen Methodennamen wählen muss, nur weil die Parame-

Basistext

ter unterschiedlich sind, sonst aber die gleiche Aufgabe erledigt wird. Teilaufgaben, die durch bereits vorhandene Methoden gelöst werden, sollten benutzt und *nicht* neu programmiert werden (Delegationsprinzip).

In manchen Anwendungsfällen benötigt man *eine* Funktion, die eine Berechnung vornimmt. Die Berechnung kann von keinem, einem oder auch mehreren Parametern abhängen.

Beispiel 1a

Zur Erstellung einer Zeitstatistik müssen alle Zeitwerte in Minuten vorliegen. Die Ursprungswerte liegen aber in unterschiedlicher Weise vor: In Stunden und Minuten, in Tagen und Stunden und Minuten sowie in Sekunden. Es kann auch vorkommen, dass Stunden und Minuten als `float`-Wert angegeben sind, z.B. 1,5 Stunden.

Eine Möglichkeit der Umrechnung in Minuten besteht darin, drei verschiedene Funktionen mit unterschiedlichen Funktionsnamen zu schreiben:

```
int berechneMinuten1 (int Minuten, int Stunden);
int berechneMinuten2 (int Minuten, int Stunden, int Tage);
int berechneMinuten3 (int Sekunden);
int berechneMinuten4 (float StundenMinuten);
```

Nachteilig ist, dass entweder problemfremde Funktionsnamen entstehen wie hier. Oder es entstehen lange Funktionsnamen wie `int berechneMinutenAusMinutenUndStunden(int Minuten, int Stunden);`

Signatur

In Java ist es möglich, *einen* Funktionsnamen für mehrere Funktionen zu verwenden, wenn die Parameteranzahl und/oder der Parametertyp unterschiedlich sind – genauer gesagt wenn die Signatur unterschiedlich ist. Die **Signatur** einer Methode besteht aus dem Namen der Methode sowie der Anzahl und den Typen der formalen Parameter. Der Ergebnistyp einer Funktion zählt *nicht* zur Signatur.

Beispiel 1b

```
//Beispiel für das Überladen von Methoden
//Umrechnung in Minuten
class MinutenBerechnung
{
 static int berechneMinuten(int Minuten, int Stunden)
 {
  int MinutenGesamt = Stunden * 60 + Minuten;
  return MinutenGesamt;
 }
 static int berechneMinuten
    (int Minuten, int Stunden, int Tage)
 {
  int MinutenGesamt =
    Tage * 24 * 60 + Stunden * 60 + Minuten;
  return MinutenGesamt;
 }
 static int berechneMinuten(int Sekunden)
 {
  int MinutenGesamt = Sekunden / 60;
  return MinutenGesamt;
 }
 static int berechneMinuten(float StundenMinuten)
 {
  int MinutenGesamt =
  (int)(StundenMinuten * 100 / 100)* 60 +
  (int)(StundenMinuten * 100 % 100) * 60 / 100;
  return MinutenGesamt;
 }
 public static void main (String args[])
 {
   int Minuten = berechneMinuten(45, 3);
   System.out.println("Minuten insgesamt: " + Minuten);
   Minuten = berechneMinuten(45, 3, 2);
   System.out.println("Minuten insgesamt: " + Minuten);
   Minuten = berechneMinuten(3768);
   System.out.println("Minuten insgesamt: " + Minuten);
   Minuten = berechneMinuten(1.5f);
   System.out.println("Minuten insgesamt: " + Minuten);
 }
}
```

Der Programmlauf liefert folgendes Ergebnis:

```
Minuten insgesamt: 225
Minuten insgesamt: 3105
Minuten insgesamt: 62
Minuten insgesamt: 90
```

Semantik

In einer Klasse dürfen *nicht* zwei Methoden mit derselben Signatur deklariert werden, sonst meldet der Compiler einen Fehler.

Überladen

Besitzen zwei Methoden derselben Klasse denselben Namen, aber ansonsten unterschiedliche Signaturen, dann bezeichnet man diesen Methodennamen als **überladen** *(overloaded).*

Delegationsprinzip

Ein Prinzip in der Programmierung lautet, bereits vorhandene Leistungen – hier angeboten in Form von Methoden – möglichst wieder zu verwenden und nicht nochmals neu zu programmieren.

Betrachten Sie das Programm `MinutenBerechnung`. Welche Methode könnte welche andere Methode aufrufen, um eigene Arbeit zu sparen?

Beispiel 1c

In der Methode

`static int berechneMinuten(int Minuten, int Stunden)`

werden Minuten und Stunden in Minuten umgerechnet.

In der Methode

`static int berechneMinuten(int Minuten, int Stunden, int Tage)`

wird diese Berechnung ebenfalls benötigt.

Statt Minuten und Stunden selbst in Minuten umzurechnen, kann diese Aufgabe die bereits vorhandene Methode `static int berechneMinuten(int Minuten, int Stunden)` übernehmen.

Basistext

In der Methode

```
static int berechneMinuten(int Minuten, int Stunden, int
Tage)
```

ändert sich die Anweisung

```
int MinutenGesamt = Tage * 24 * 60 + Stunden * 60 +
Minuten;
```

in die Anweisung

```
int MinutenGesamt = Tage * 24 * 60 +
berechneMinuten(Minuten, Stunden);
```

Im ersten Moment werden Sie vielleicht denken: Was bringt das? In diesem Beispiel zunächst nicht viel. Aber im Laufe einer Software-Nutzung gibt es immer wieder Änderungen. Muss in der Methode

```
static int berechneMinuten(int Minuten, int Stunden)
```

eine Änderung oder Erweiterung vorgenommen werden, dann muss diese Änderung bei dieser Lösung nicht auch noch in der Methode

```
static int berechneMinuten(int Minuten, int Stunden, int
Tage)
```

vorgenommen werden!

Glossar

Signatur *(signature)* Die Signatur einer Operation besteht aus ihrem Namen sowie den Namen und Typen ihrer formalen Parameter. Die Signatur enthält alle Daten die notwendig sind, um die Operation nutzen, d.h. aufrufen zu können.

Überladen *(overloading)* Operationen (Methoden, Prozeduren, Funktionen) mit gleichen Namen können mehrmals in einer Klasse vorkommen, wenn die Anzahl und/oder die Typen der Parameter unterschiedlich sind. Der Compiler ordnet anhand der Signatur die richtige Operation beim Aufruf zu.

7.9 UML-Sequenzdiagramme **

Ein UML-Sequenzdiagramm ermöglicht die grafische, zeitbasierte Darstellung von Methodenaufrufen innerhalb und zwischen Klassen und/oder Akteuren, z.B. Benutzern. Die Zeitachse verläuft vertikal. Aufrufe werden durch horizontale Linien, Klassen und Akteure durch gestrichelte, vertikale Linien repäsentiert (Lebenslinien). Ist eine Methode oder ein Akteur aktiv, dann wird auf der Lebenslinie eine Aktionssequenz, dargestellt durch ein Rechteck, eingetragen.

Enthält eine Klasse mehrere Methoden, die sich gegenseitig aufrufen, dann verliert man leicht den Überblick über die Aufruffolge. Ein Hilfsmittel, um sich den zeitlichen Ablauf der Aufrufe für ein bestimmtes Szenario zu verdeutlichen, ist das Sequenzdiagramm der UML.

Aufgabe

Das **UML-Sequenzdiagramm** *(sequence diagram*, abgekürzt **sd**) dient dazu, den zeitlichen Ablauf von Methoden und die Kommunikation mit Akteuren (z.B. Menschen) darzustellen, um eine bestimmte Aufgabe zu erledigen (Abb. 7.9-1). Kennzeichnend für diese Darstellungsform ist eine (gedachte) Zeitachse, die vertikal von oben nach unten führt. Klassen und Akteure, die miteinander kommunizieren, werden durch gestrichelte vertikale Geraden dargestellt (Lebenslinien). Jede **Lebenslinie** *(lifeline)* repräsentiert die Existenz einer Klasse oder eines Akteurs während einer bestimmten Zeit. Eine Lebenslinie beginnt nach der Existenz einer Klasse oder eines Akteurs und endet mit dem Löschen. Existiert eine Klasse oder ein Akteur während der gesamten Ausführungszeit, dann ist die Linie von oben nach unten durchgezogen. Am oberen Ende der Linie wird ein Klassensymbol und/oder ein Akteursymbol gezeichnet. Zusätzlich kann ein Schlüsselwort *(keyword)* in französischen Anführungszeichen hinzugefügt werden, z.B. <<actor>>.

Basistext

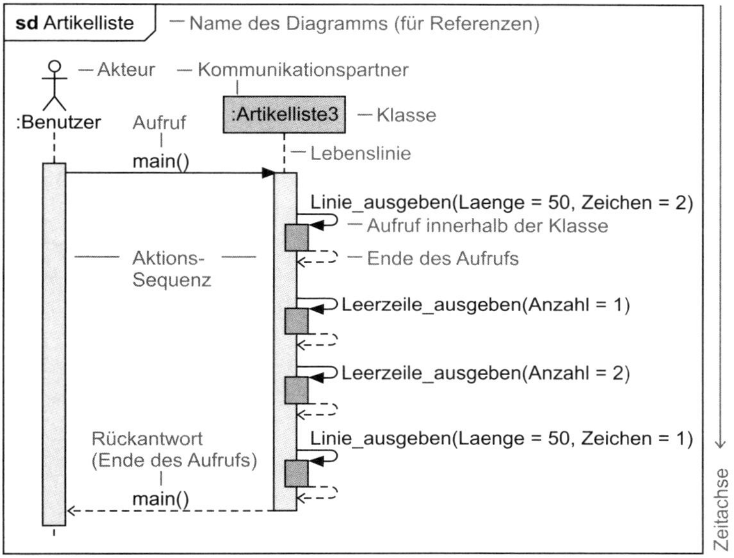

Abb. 7.9-1: Beispiel und Aufbau eines UML-Sequenzdiagramms.

Die erste vertikale Linie bildet in vielen Sequenzdiagrammen ein Akteur – in der Regel der Benutzer – oft dargestellt als »Strichmännchen«. Akteur

In das Sequenzdiagramm werden die Aufrufe eingetragen, die zum Aktivieren der Methoden dienen. Jeder Aufruf wird als gerichtete Kante (mit gefüllter Pfeilspitze) vom Sender zum Empfänger gezeichnet. Der Pfeil wird mit dem Namen der aktivierten Methode beschriftet. Eine aktive Methode wird durch einen schmalen Aktivitäts-Balken auf der Lebenslinie angezeigt. Nach dem Beenden der Methode zeigt eine gestrichelte Linie mit offener Pfeilspitze, dass der Kontrollfluss zur aufrufenden Methode zurückgeht. Aufrufe

Um ein Sequenzdiagramm in anderen Diagrammen referenzieren zu können, kann ein Sequenzdiagramm – wie auch Referenzierung bei den anderen Diagrammarten der UML – durch einen Rahmen umgeben werden, in dessen linken oberen Ecke der Name des Diagramms eingetragen wird. Davor wird **sd** für ***s**equence **d**iagram* eingetragen.

Dauer

Die Aktivitäts-Balken zeigen die Dauer der jeweiligen Verarbeitung. Ist die Verarbeitung abgeschlossen, dann geht der Kontrollfluss wieder zur rufenden Methode zurück. Gehören Sender- und Empfängermethode zur selben Klasse, dann werden die Aktivitäts-Balken übereinander »gestapelt«.

Beispiel

Zu folgendem Programm wird ein Sequenzdiagramm erstellt (siehe auch: »Prozeduren mit Eingabeparametern« (S. 283)):

```
//Ausgeben einer Artikelliste in das Konsolenfenster
//Leerzeile_ausgeben mit Eingabeparameter Anzahl
//Linie_ausgeben mit Eingabeparametern Laenge und Zeichen

class Artikelliste3
{
 public static void main (String args[])
 {
  System.out.println
   ("Artikel-Nr     Artikelbezeichnung     Preis in Euro");
  Linie_ausgeben(50,'=');//1. Aufruf Linie
  System.out.println
   ("3-937137-00-9  HTML, XHTML & CSS                34,90");
  Leerzeile_ausgeben(1);//1. Aufruf Leerzeile
  System.out.println
   ("3-937137-01-7  JSP für Einsteiger               34,90");
  Leerzeile_ausgeben(2);//2. Aufruf Leerzeile
  System.out.println
   ("3-937137-02-5  Webdesign & Web-Ergonomie        44,90");
  Linie_ausgeben(50,'-');//2. Aufruf  Linie
 }
 static void Leerzeile_ausgeben(int Anzahl)
 {
   for (int Zaehler = 1; Zaehler <= Anzahl;
                                  Zaehler = Zaehler +1)
     System.out.println(""); //1 Leerzeile
 }
```

Basistext

```
 static void Linie_ausgeben(int Laenge, char Zeichen)
 {
   for (int i = 1; i <= Laenge; i++)
    System.out.print(Zeichen);
   System.out.println();
 }
}
```

Das zugehörige Sequenzdiagramm zeigt die Abb. 7.9-1. Das Diagramm verdeutlicht, dass der Benutzer das Programm startet und dadurch die Methode `main()` aufgerufen wird. In der Methode `main()` wird als erstes die Prozedur `Linie_ausgeben()` mit den Parameterwerten `Laenge = 50` und `Zeichen = '='` aktiviert. Da die Prozedur `Linie_ausgeben()` zur selben Klasse wie die Methode `main()` gehört, wird dieser Aufruf auf die Aktionssequenz von `main()` »gestapelt«. Nach der Abarbeitung von `Linie_ausgeben()` wird wieder zur Methode `main()`, d.h. deren Aktionssequenz zurückgekehrt. Anschließend wird in `main()` die Prozedur `Leerzeile_ausgeben()` aufgerufen. Die Darstellung ist analog wie vorher. Ist `main()` am Ende, wird das Programm beendet und die Kontrolle geht sozusagen wieder an den Benutzer zurück.

7.10 Rekursion *

Oft lassen sich Probleme auf einfachere Teilprobleme zurückführen, wobei die Teilprobleme fast identisch mit dem Ursprungsproblem sind. Solche Probleme lassen sich durch rekursive Algorithmen lösen. Programmiertechnisch beschreibt man rekursive Algorithmen dadurch, dass Methoden sich selbst aufrufen.

Basistext

Analogie

```
...
Ein Hund kam in die Küche
und stahl dem Koch ein Ei.
Da nahm der Koch die Kelle
und schlug den Hund zu Brei.
Da kamen viele Hunde
und gruben ihm ein Grab
und setzten ihm einen Grabstein
worauf geschrieben stand:
                            Ein Hund kam in die Küche
                            und stahl dem Koch ein Ei.
                            Da nahm der Koch die Kelle
                            und schlug den Hund zu Brei.
                            Da kamen viele Hunde
                            und gruben ihm ein Grab
                            und setzten ihm einen Grabstein
                            worauf geschrieben stand:....
```

Sie kennen vielleicht dieses Volkslied. Aber was hat das mit Programmieren zu tun? Als Programm würde es folgendermaßen aussehen:

```
class DemoRekursion
{
 static void Linie() //Methode
 {
   System.out.println
     ("------------------------------------");
 }
 static void LiedAusgeben(int Anzahl)
 {
  Linie();
  System.out.println("... Ein Hund kam in die Küche");
  System.out.println("    und stahl dem Koch ein Ei.");
  System.out.println("    Da nahm der Koch die Kelle");
  System.out.println("    und schlug den Hund zu Brei.");
  System.out.println("    Da kamen viele Hunde");
  System.out.println("    und setzten ihm einen Grabstein");
  System.out.println("    worauf geschrieben stand: ");
  Anzahl = Anzahl - 1;
  if (Anzahl > 0 )
     LiedAusgeben(Anzahl); //rekursiver Aufruf
 }
```

Basistext

```
 public static void main (String args[])
 {
  LiedAusgeben(3);
 }
}
```

Das Volkslied gibt eine sogenannte **rekursive Situation** wieder, d.h. die Liedstrophe »ruft« sich sozusagen selbst auf. In einem Programm kann man dies dadurch realisieren, dass sich eine Methode selbst aufruft, d.h im Methodenrumpf wird die eigene Methode aufgerufen (siehe Programm `DemoRekursion`).

auf Termination achten

Bei einem rekursiven Aufruf muss immer darauf geachtet werden, dass ein Parameter übergeben wird, der in der Methode verändert wird (aufwärts oder abwärts zählen). Dieser Parameterwert wird in einer `if`-Abfrage abgefragt und muss nach endlich vielen Aufrufen zum Abbruch der Aufrufkette führen. Sonst liegt eine nicht terminierende rekursive Situation vor, die Ihr Computersystem lahmlegt bzw. ständig beschäftigt.

Das obige Beispiel stellt natürlich *nicht* die Standardsituation für eine rekursive Problemlösung dar. In der Regel handelt es sich bei rekursiven Problemen um Probleme, die sich auf einfachere Teilprobleme zurückführen lassen, wobei die Teilprobleme *fast identisch* mit dem Ursprungsproblem sind. Solche Probleme lassen sich elegant durch rekursive Programme lösen.

Rekursion

Programmiertechnisch beschreibt man rekursive Algorithmen dadurch, dass Methoden sich selbst direkt oder indirekt aufrufen. Einige mathematische Fragestellungen sind von Natur aus bereits rekursiv definiert.

In Ihrem Freundeskreis wird über den Rennsport diskutiert. Es stellt sich die Frage, wieviel mögliche Startanordnungen es gibt, wenn für sechs Autos sechs Startpositionen zur Verfügung stehen, die seitwärts versetzt hintereinander angeordnet sind. Kennen Sie die Lösung?

Jedes der sechs Autos kann auf »dem ersten Platz starten«. Es gibt also sechs Möglichkeiten, die *Pole Position* zu besetzen. Wenn der erste Startplatz besetzt ist, bleiben noch fünf Autos für den zweiten Startplatz, ist auch dieser besetzt, nur noch vier Kandidaten für den dritten Platz, und so fort. Für den vorletzten Platz bleiben schließlich nur noch zwei Autos übrig, und der letzte Platz muss mit dem »übrig gebliebenen« Auto besetzt werden.

Es gibt also 6 * 5 * 4 * 3 * 2 oder 6! = 720 Möglichkeiten, sechs unterscheidbare Objekte anzuordnen. Das Ausrufezeichen steht für **Fakultät** und wird auch so gelesen, also »Sechs Fakultät«.

Allgemein gilt: Die Anzahl der Anordnungen – Permutationen genannt – von n verschiedenen Elementen ist n!

Beispiel 1a

Die Fakultät einer natürlichen Zahl ist folgendermaßen definiert:

n! = n * (n-1) * . . . * 3 * 2 * 1, wobei 0! = 1! = 1.

Rekursiv lässt sich dies folgendermaßen beschreiben:
n! = n * (n-1)!
(n-1)! = (n-1) * (n-2)! usw.

Man erhält die Fakultät also, indem man sie mit der Fakultät der vorhergehenden Zahl multipliziert. Es ergibt sich folgende **Rekursionsrelation**:

n! = n * (n-1)!, wobei 0! = 1 ist.

Beispiel: 5! = 120; 6! = 6 * 5! = 6 * 120 = 720

Die Funktion zur Berechnung der Fakultät lässt sich unter Ausnutzung dieser Rekursionsrelation wie folgt als rekursive Funktion schreiben:

```
//Rekursive Berechnung der Fakultät
import ConsoleInOut.*;
class Fakultaet
{
 static int nFak(int n)
 //Annahme: n > 0
 {
   if (n < 2)
     return 1; //Ende, wenn n < 2 ist
   else
     return n * nFak(n-1); //Rekursiver Aufruf
 }
 public static void main (String args[])
 {
  System.out.print("Anzahl Fakultät? ");
  int Anzahl = Console.console_in_int();
  if (Anzahl > 0)
  {
   int Fak = nFak(Anzahl);
   System.out.print("Ergebnis: " + Fak);
  }
 }
}
```

Ein Beispiellauf sieht so aus:

```
Fakultät? 6
Ergebnis: 720
```

Der Aufruf `nFak(4)` bewirkt folgenden dynamischen Ablauf:

```
// 1. Aufruf
if  (4 < 2) Bedingung nicht erfüllt
        else return 4 * nFak(3) // Rekursiver Aufruf
  //2. Aufruf
  if  (3 < 2) Bedingung nicht erfüllt
        else return 3 * nFak(2)
        //Erneuter rekursiver Aufruf
          //3. Aufruf
          if  (2 < 2) Bedingung nicht erfüllt
                else return 2 * nFak(1)
```

```
                //Erneuter rekursiver Aufruf
                //4. Aufruf
                        if  (1 < 2) Bedingung erfüllt
                        then return 1 //Ende der Aufruffolge
                //Ende des 4. Aufrufs,
                //Rückkehr an Aufrufstelle
                //Berechnung des Ausdrucks
                //hinter return jetzt möglich
                return 2 * 1 = 2
        //Ende des 3. Aufrufs, Rückkehr an Aufrufstelle
        return 3 * 2 = 6
  //Ende des 2. Aufrufs, Rückkehr an Aufrufstelle
   return 4 * 6 = 24
//Ende des 1. Aufrufs und damit Ende der Berechnung
```

Als Ergebnis liefert der Funktionsaufruf `nFak = 24`.

Der Programmablauf zeigt, dass durch die rekursiven Aufrufe eine **dynamische Schachtelungsstruktur** aufgebaut wird. Bei jedem Aufruf wird die gerade bearbeitete Anweisung *unterbrochen* und zunächst dieselbe Funktion erneut gestartet. Zu einem Zeitpunkt gibt es im obigen Fall also *gleichzeitig vier verschiedene* Aktivierungen derselben Methode, d.h. es existieren vier Methodendurchläufe mit unterschiedlichen lokalen Variablenwerten. Zur Veranschaulichung möge die Abb. 7.10-1 dienen (angelehnt an UML-Sequenzdiagramme, siehe auch: »UML-Sequenzdiagramme« (S. 314)).

ältester Bruder

Von vier Brüdern erhält der älteste die Aufgabe `nFak(4)` zu berechnen. Diese Aufgabe ist ihm aber zu kompliziert. Da er die Rekursionsrelation `n! = n * (n-1)!` kennt, beschließt er, den zweitältesten Bruder damit zu beauftragen, zunächst einmal `(4-1)!` zu berechnen. Wenn er das Ergebnis von seinem Bruder erhält, ist er dann gern bereit, die Multiplikation `4 * (4-1)!` auszuführen.

zweitältester Bruder

Der zweitälteste Bruder denkt, wenn sein ältester Bruder sich die Arbeit so vereinfacht, dann könne er das auch. Er

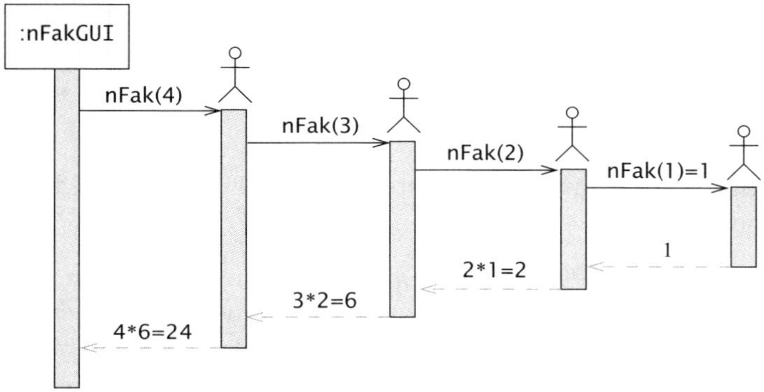

Abb. 7.10-1: Veranschaulichung des rekursiven Aufrufs des Programms nFak.

delegiert daher die Aufgabe, (3-1)! zu berechnen, an den zweitjüngsten Bruder.

zweitjüngster Bruder

Dieser, ebenfalls nicht dumm, gibt dem jüngsten Bruder die Aufgabe, (2-1)! zu ermitteln und das Ergebnis ihm dann mitzuteilen.

jüngster Bruder

Der jüngste Bruder – etwas erbost darüber, dass man ihm nur eine so leichte Aufgabe zumutet – weiß sofort, dass 1! = 1 ist, sagt dem zweitjüngsten Bruder dieses Ergebnis und geht zornig davon.

zweitjüngster Bruder

Der zweitjüngste Bruder multipliziert nun das ihm übermittelte Ergebnis mit der gemerkten Zahl 2, teilt sein Ergebnis dem zweitältesten Bruder mit und entfernt sich ebenfalls.

zweitältester Bruder

Der zweitälteste Bruder führt die Multiplikation 3 * 2 aus, denn er erinnert sich noch, dass er 3 * (3-1)! berechnen sollte. Er sagt seinem ältesten Bruder seinen errechneten Wert 6 und verabschiedet sich dann, denn er wird nicht mehr benötigt.

ältester Bruder

Der älteste Bruder berechnet nun noch 4 * 6 und hat damit das gestellte Problem gelöst. Freudestrahlend über seine intelligente Vereinfachung der Aufgabe reibt er sich die Hände und wartet auf eine neue Aufgabe.

Durch diese Darstellung werden einige Punkte noch deutlicher:

- Der älteste Bruder muss am längsten anwesend sein, da er zunächst eine Teilaufgabe delegieren und dann abwarten muss, bis er das Teilergebnis übermittelt bekommt. Über diese Zeitspanne hinweg muss er sich seine Aufgabe merken. Das heißt, die zuerst aufgerufene Methode existiert am längsten. Alle lokalen Variablen dieser Methode müssen so lange existieren, bis alle anderen Aufrufe beendet sind.
- Der jüngste Bruder wird nur kurzfristig benötigt; nach Erledigung seiner Aufgabe muss er sich nichts mehr merken.
  Das bedeutet, die zuletzt aufgerufene Methode existiert am kürzesten.
- Alle Brüder lösen ihre Teilaufgabe nach demselben Verfahren, d.h. nach demselben Algorithmus, jeder benutzt aber *andere* Daten. Das heißt, für jeden rekursiven Methodenaufruf wird ein neuer Speicherplatzbereich benötigt, der außerdem noch besonders verwaltet werden muss (dynamische Speicherverwaltung).

Beispiel 1b: iterative Lösung

Die Berechnung lässt sich auch ohne Rekursion lösen. Man spricht dann von einer iterativen Lösung:

```
static int nFak(int n)//Annahme: n > 0
 {
   int Fak = n;
   for (int i = n-1; i > 1; i--)
     Fak = Fak * i;
   return Fak;
 }
```

Basistext

Vergleicht man die rekursive Lösung mit der iterativen Lösung, dann sieht man, dass die rekursive Fassung der Fakultätsberechnung *kürzer* als die nichtrekursive Fassung ist. Außerdem werden die Hilfvariablen Fak und i *nicht* benötigt.

Aussagen

Anhand des Beispiels können folgende Aussagen zu rekursiven Methoden gemacht werden:

- Rekursion und Iteration sind verwandt. Jeder rekursive Methode lässt sich im Prinzip durch eine iterative Methode ersetzen und umgekehrt.
- Der Programmcode einer rekursiven Methode ist im Allgemeinen kürzer als der Programmcode einer iterativen Methode.
- Die Laufzeit einer rekursiven Methode ist im Allgemeinen länger als die Laufzeit einer iterativen Methode.
- Damit eine rekursive Methode terminiert, d.h. nach endlich vielen Schritten beendet wird, muss im Anweisungsteil mindestens eine Bedingung existieren, die nach einer endlichen Zahl von Aufrufen erfüllt ist und den Abbruch der rekursiven Aufruffolge bewirkt.
- Der Laufzeitaufwand einer rekursiven Methode ergibt sich aus der Anzahl der rekursiven Aufrufe bei der Ausführung.

Bei diesem Beispiel handelt es sich um eine **direkte Rekursion**, da sich die Methode selbst aufruft.

7.11 Rekursion: Türme von Hanoi ***

Bei den »Türmen von Hanoi« müssen Scheiben von einem Turm zu einem anderen Turm transportiert werden, wobei einige Bedingungen einzuhalten sind. Es ergibt sich eine elegante rekursive Lösung. Die Analyse des Algorithmus ergibt, dass der Zeitaufwand proportional zu 2^n verläuft, d.h. bei großen n nimmt der Zeitaufwand sehr stark zu, so dass nur Probleme mit kleinem n gelöst werden können.

Legende

Nach einer alten Legende standen einmal drei goldene Säulen vor einem Tempel in Hanoi. Auf einer Säule befanden sich 100 Scheiben, jedesmal eine kleinere auf einer größeren Scheibe (in der Abb. 7.11-1 für 3 Scheiben gezeichnet).

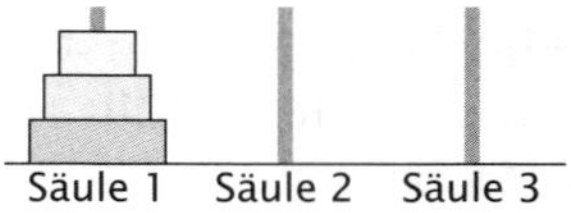

Abb. 7.11-1: Die Türme von Hanoi (hier mit drei Scheiben).

Ein alter Mönch bekam die Aufgabe, den Scheibenturm von Säule 1 nach Säule 2 unter folgenden Bedingungen zu transportieren:

- Es darf jeweils nur die oberste Scheibe von einem Turm genommen werden.
- Es darf niemals eine größere Scheibe auf einer kleineren liegen.

Wenn der Mönch seine Arbeit erledigt habe, so berichtet die Legende weiter, dann werde das Ende der Welt kommen. Belastet mit dieser schweren Aufgabe setzte sich der alte Mönch in seinen Tempel und meditierte. Schon bald sah er ein, dass er zur Erledigung seiner Aufgabe auch Säule 3 benötigt.

Er dachte und meditierte weiter, bis ihm die göttliche Erleuchtung kam. Die Aufgabe konnte in 3 Schritten gelöst werden: Idee

Transportiere den Turm, bestehend aus den oberen 99 Scheiben von Säule 1 nach Säule 3. Schritt 1:

Transportiere die letzte, größte Scheibe von Säule 1 nach Säule 2. Schritt 2:

Transportiere zum Schluss den Turm von 99 Scheiben von Säule 3 nach Säule 2. Schritt 3:

Da der Mönch schon sehr alt war, sah er ein, dass der 1. Schritt für ihn wohl doch zu viel Arbeit bedeutete. Er entschloss sich daher, diesen Schritt von seinem ältesten Schüler ausführen zu lassen. Wenn dieser mit seiner Arbeit fertig wäre, würde der alte Mönch selbst die große Scheibe von Säule 1 nach Säule 2 tragen, und dann würde er die Dienste seines ältesten Schülers nochmals in Anspruch nehmen. Delegation

Damit aber auch der älteste Lehrling des alten Mönchs keine zu schwere Arbeit zu verrichten habe, schlug der alte Mönch folgenden Algorithmus an die Tempeltür:

Vorgehensweise, um einen Turm von n Scheiben von der einen nach der anderen Säule zu transportieren unter Verwendung einer dritten Säule: Algorithmus

- Besteht der Turm aus mehr als einer Scheibe, dann beauftrage deinen ältesten Lehrling, einen Turm von n-1 Scheiben von der ersten Säule zu der dritten Säule unter Verwendung der zweiten Säule zu transportieren;
- trage dann selbst eine Scheibe von der ersten zu der zweiten Säule;

○ besteht der Turm aus mehr als einer Scheibe, dann bitte wiederum deinen ältesten Lehrling, einen Turm von n-1 Scheiben von der dritten Säule nach der zweiten Säule unter Verwendung der ersten Säule zu transportieren.

In Java formuliert sieht der Algorithmus folgendermaßen aus:

```
//Rekursion am Beispiel der Türme von Hanoi
public class TuermeVonHanoi
{
  static void Transport
     (int n, int Turm1, int Turm2, int Turm3)
  {
     if (n > 1)
        Transport(n-1, Turm1, Turm3, Turm2);
        //rekursiver Aufruf
     System.out.println
       ("Schleppe Scheibe " + n +
        " von Turm " + Turm1 + " nach Turm " + Turm2);
     if (n > 1)
        Transport(n-1, Turm3, Turm2, Turm1);
       //rekursiver Aufruf
  }
  public static void main (String args[])
  {
       Transport(3,1,2,3);
  }
}
```

Der Programmlauf ergibt folgendes Ergebnis:

```
Schleppe Scheibe 1 von Turm 1 nach Turm 2
Schleppe Scheibe 2 von Turm 1 nach Turm 3
Schleppe Scheibe 1 von Turm 2 nach Turm 3
Schleppe Scheibe 3 von Turm 1 nach Turm 2
Schleppe Scheibe 1 von Turm 3 nach Turm 1
Schleppe Scheibe 2 von Turm 3 nach Turm 2
Schleppe Scheibe 1 von Turm 1 nach Turm 2
```

Gehen Sie das Java-Programm schrittweise durch. Machen Sie sich die Parameterübergabe und die innerhalb jedes Aufrufs gültigen Werte anhand von Wertetabellen klar. Zeichnen

Sie die Türme und veranschaulichen Sie sich den Transport der Scheiben.

Interessant an dem Algorithmus ist, dass in ihm *keine* Zuweisung auftritt. Die Darstellung der Abarbeitung des Algorithmus zeigt die dynamische Aufrufverschachtelung und die Aktionen, die in jedem Aufruf vorgenommen werden (Abb. 7.11-2). Für einen Turm mit 3 Scheiben ergibt sich folgende Ausführungsfolge:

```
Transport( 3 , Turm1, Turm2, Turm3); // 1. Aufruf
{
  if Auswahltest (3 > 1)
      Transport( 3-1 , Turm1, Turm3, Turm2);
     { // 2. Aufruf
      if Auswahltest (2 > 1)
          Transport( 2-1 , Turm1, Turm2, Turm3);
        { // 3. Aufruf
           if Auswahltest (1 > 1) Bedingung nicht erfüllt
           Ausdruck: Schleppe Scheibe1 von Turm1 nach Turm2;
           if Auswahltest (1 > 1)  Bedingung nicht erfüllt
         } // 3. Aufruf
         Ausdruck: Schleppe Scheibe2 von Turm1 nach Turm3;
         if Auswahltest (2 > 1)
            Transport( 2-1 , Turm2, Turm3, Turm1);
         { // 4. Aufruf
            if Auswahltest (1 > 1) Bedingung nicht erfüllt
            Ausdruck: Schleppe Scheibe1 von Turm2 nach Turm3;
            if Auswahltest (1 > 1) Bedingung nicht erfüllt
         } // 4. Aufruf
     } // 2. Aufruf
     Ausdruck: Schleppe Scheibe3 von Turm1 nach Turm2;
     if Auswahltest (3 > 1)
        Transport(3-1, Turm3, Turm2, Turm1);
     { // 5. Aufruf
        if Auswahltest (2 > 1)
            Transport( 2-1 , Turm3, Turm1, Turm2);
         { // 6. Aufruf
            if Auswahltest (1 > 1) Bedingung nicht erfüllt
            Ausdruck: Schleppe Scheibe1 von Turm3 nach Turm1;
            if Auswahltest (1 > 1) Bedingung nicht erfüllt
         } // 6. Aufruf
```

```
            Audruck: Schleppe Scheibe2 von Turm3 nach Turm2;
            if Auswahltest (2 > 1)
                Transport( 2-1 , Turm1, Turm2, Turm3);
            { // 7. Aufruf
                if Auswahltest (1 > 1) Bedingung nicht erfüllt
                Ausdruck: Schleppe Scheibe1 von Turm1 nach Turm2;
                if Auswahltest (1 > 1) Bedingung nicht erfüllt
            } // 7. Aufruf
        } // 5. Aufruf
} // 1. Aufruf
```

Die Darstellung der Abarbeitung des Algorithmus zeigt die dynamische Aufrufverschachtelung und die Aktionen, die in jedem Aufruf vorgenommen werden. Obwohl die Problemlösung statisch sehr kurz und elegant ist, ergibt sich doch eine dynamische Komplexität bei der Ausführung.

Versuchen Sie folgende Fragen zu beantworten:

1 Wie viele Mönche werden in Abhängigkeit von der Anzahl der Scheiben n bei der Arbeit eingeschaltet, bevor die erste Scheibe geschleppt wird?
2 Wie sieht die Arbeit des i-ten Mönches aus?
3 Welcher Mönch verrichtet die meiste Arbeit, welcher die geringste?
4 Wodurch ist der Abbruch, d.h. die dynamische Endlichkeit, des Algorithmus sichergestellt?
5 Wie groß ist der Speicher- und Zeitaufwand des Algorithmus?
6 Wie lange dauert es, bis die Arbeit an den Türmen von Hanoi beendet ist, wenn in jeder Sekunde eine Scheibe transportiert wird? Hat die Legende recht?

zu 1. **Anzahl benötigter Mönche:**
Für die Arbeit werden insgesamt n Mönche benötigt. Bevor eine Scheibe geschleppt wird, werden alle n Mönche eingeschaltet. Jeder Mönch reduziert das Problem um eine Scheibe und delegiert das reduzierte Problem.

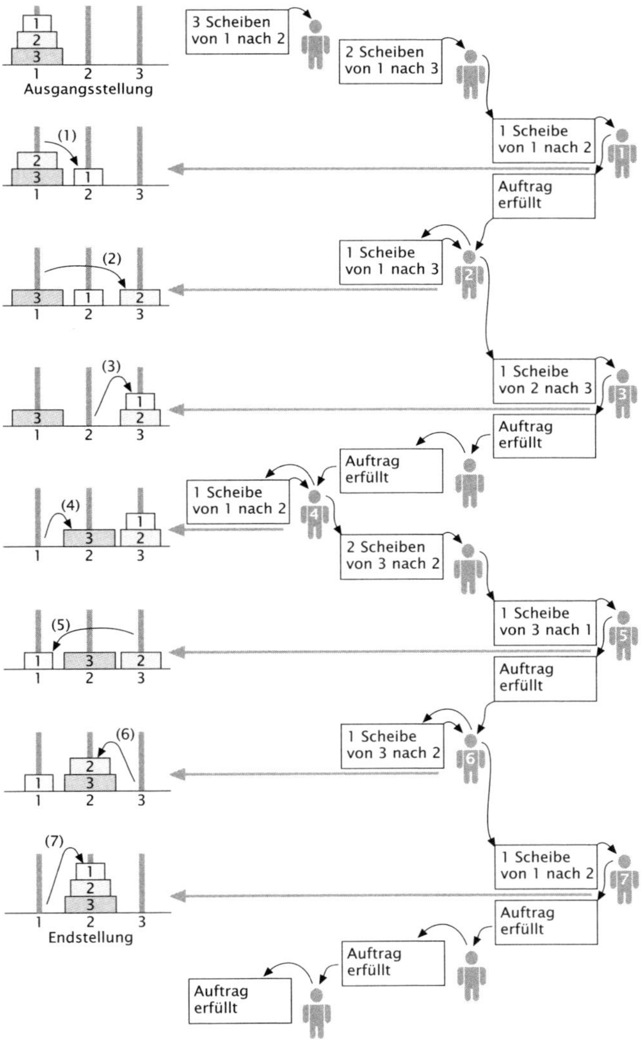

Abb. 7.11-2: Delegationsprinzip am Beispiel der »Türme von Hanoi«.

zu 2. **Arbeit des i-ten Mönchs:**
Der i-te Mönch muss die (n–i+1)-te Scheibe 2^{i-1} mal schleppen.

zu 3. **Meiste Arbeit:**
Der jüngste Mönch verrichtet die meiste Arbeit (2^{n-1} mal die kleinste Scheibe schleppen), der älteste Mönch muss nur 1 Scheibe schleppen.

zu 4. **Termination:**
Termination ist gegeben, da bei jedem Aufruf die Scheibenzahl um 1 vermindert wird und bei der Scheibenzahl 1 *keine* Aufrufe mehr erfolgen.

zu 5. **Zeitaufwand:**
Da jeder Mönch 2^{i-1} mal eine Scheibe schleppt, transportieren alle Mönche zusammen
$\sum_{i=1}^{n} 2^{i-1} = 2^n - 1$ Scheiben.

Dieser Aufwand ist auch proportional dem Zeitaufwand des Algorithmus, da der Aufruf `SchleppeScheibe(...);` mit der Anzahl der Aufrufe übereinstimmt.

Der Zeitaufwand dieses Algorithmus ist also proportional 2^n, d.h. der Rechenzeitbedarf wird mit wachsendem n sehr schnell größer.

Der maximale Problemumfang, der mit einem solchen Algorithmus bewältigt werden kann, zeigt die Tab. 7.11-1, wobei für die Durchführung einer Rechenoperation eine Zeit von 10^{-6} Sekunden angenommen wird.

Die Tabelle sagt aus, dass für den Transport von 19 Scheiben eine Sekunde Rechenzeit benötigt wird, für den Transport von 25 Scheiben eine Minute und für den Transport von 31 Scheiben bereits eine Stunde. Dieser Algorithmus ist also für große n sehr rechenintensiv.

Zeitkomplexität	Maximaler Problemumfang bei 1 Sekunde	Maximaler Problemumfang bei 1 Minute	Maximaler Problemumfang bei 1 Stunde
2^n	19	25	31

Tab. 7.11-1: Zeit und zu bewältigender Problemumfang.

Der Speicheraufwand ist proportional n, da zu jedem Zeitpunkt maximal n Aufrufe aktiv sind.

Hat die Legende recht? zu 6.

Um 100 Scheiben von Säule 1 nach Säule 2 zu bringen, müssen 2^{100} -1 Scheiben transportiert werden.
Das ergibt: $2^{100} - 1 \sim 1{,}2676 * 10^{30}$. Wird zum Transport einer Scheibe eine Sekunde benötigt, dann ist der Turm in $\sim 10^{30}$ Sekunden $\sim 4 * 10^{22}$ Jahren von Säule 1 nach Säule 2 transportiert. Die Prophezeiung der Legende kann also durchaus in Erfüllung gehen.

7.12 Rekursion: direkt vs. indirekt **

Algorithmen können sich direkt oder indirekt rekursiv aufrufen. Eine rekursive Lösung liegt immer dann nahe, wenn sich das Originalproblem in einfachere Teilprobleme desselben Problems zerlegen lassen. Die meisten Programmiersprachen ermöglichen die rekursive Programmierung.

direkt vs. indirekt

Ein Algorithmus kann direkt oder indirekt rekursiv aufgerufen werden. Beim direkten Aufruf ruft sich der Algorithmus selbst auf (siehe: »Rekursion« (S. 317), »Rekursion: Türme von Hanoi« (S. 326)). Bei der **indirekten Rekursion** ruft ein

Algorithmus A einen Algorithmus B auf, der seinerseits wieder A direkt oder indirekt aufruft.

Beispiel

```
//Demo: Indirekter rekursiver Aufruf von
//zwei Methoden a und b
class DemoRekursionIndirekt
{
 static void a(String aText, int Anzahl) //Operation a
 {
    if (Anzahl > 0)
    {
      System.out.println(aText);
      Anzahl--;
      //indirekter rekursiver Aufruf
      b("Test a und ", Anzahl);
    }
 }
 static void b(String bText, int Anzahl)
 {
    System.out.println(bText);
    //indirekter rekursiver Aufruf
    a("   noch ein Test b", Anzahl);
 }
 public static void main(String args[])
 {
    a("Start", 5); //1. Aufruf
 }
}
```

Folgendes Ergebnis wird ausgegeben:

```
Start
Test a und
   noch ein Test b
Test a und
   noch ein Test b
Test a und
   noch ein Test b
Test a und
   noch ein Test b
Test a und
```

Gehen Sie das Programm Schritt für Schritt durch.

Basistext

Nicht alle Programmiersprachen ermöglichen den rekursiven Aufruf von Algorithmen. Die Sprachen der ALGOL-Familie (ALGOL 60, Simula 67, ALGOL 68, PASCAL, MODULA-2, Ada) sowie PL/1, C und C++ erlauben rekursive Algorithmen, während FORTRAN und COBOL über dieses Konzept *nicht* verfügen. Es gibt jedoch auch Programmiersprachen, die überwiegend mit rekursiven Algorithmen arbeiten, z.B. LISP.

Einsatzbereiche

In der numerischen Mathematik treten nur wenige rekursive Probleme auf, mehr dafür in der Kombinatorik, der Übersetzungstechnik, der Linguistik und der Simulation. Auch Teile von Programmiersprachen sind rekursiv definiert, z.B. »Ausdruck« (indirekte Rekursion). Viele Sprachkonstrukte referenzieren sich direkt oder indirekt selbst.

Eigenschaften der Rekursion

Damit ein Problem ein Kandidat für eine rekursive Lösung ist, muss es folgende drei Eigenschaften besitzen:

1 Das Originalproblem muss sich in einfachere Exemplare desselben Problems zerlegen lassen.
2 Wenn all diese Teilprobleme gelöst sind, müssen diese Lösungen so zusammengesetzt werden können, dass sich eine Lösung des Ausgangsproblems ergibt.
3 Ein großes Problem ist derart in eine Folge weniger komplexer Teilprobleme zu zerlegen, dass diese Teilprobleme letztendlich so einfach werden, dass sie ohne weitere Unterteilung gelöst werden können.

Für ein Problem mit diesen Eigenschaften ergibt sich die rekursive Lösung auf eine ziemlich direkte Art:

- Der erste Schritt besteht darin, zu überprüfen, ob das Problem in die Kategorie einfacher Fall fällt. In diesem Fall wird das Problem direkt gelöst.

- Im anderen Fall wird das gesamte Problem in neue Teilprobleme aufgebrochen, die selbst durch die rekursive Anwendung des Algorithmus gelöst werden.
- All diese Lösungen werden dann schließlich zur Lösung des Ausgangsproblems zusammengesetzt.

Damit ein rekursiver Algorithmus terminiert, d.h. nach endlicher Zeit beendet wird, muss im Anweisungsteil mindestens eine Bedingung existieren (meist eine `if-then-else`-Auswahl), die nach einer endlichen Zahl von Aufrufen erfüllt ist und den Abbruch der Aufruffolgen bewirkt.

7.13 Datenabstraktion: Gemeinsame Daten *

Benötigen mehrere Methoden gemeinsame Daten, dann werden die Methoden und getrennt davon die gemeinsamen Daten in Form von Variablen und Konstanten zu einer sogenannten Datenabstraktion zusammengefasst. In Java geschieht dies durch eine Klasse. Die gemeinsamen Daten werden in der Klasse deklariert, getrennt davon die Methoden. Die Methoden der Klasse können auf die gemeinsamen Daten lesend und schreibend zugreifen.

beliebig viele Methoden in einer Klasse

In Java können in einer Klasse (`class`) beliebig viele Methoden stehen, wobei eine Methode ein Hauptprogramm (`main`) sein muss. Natürlich sollen nur solche Methoden in einer Klasse als Einheit zusammengefasst werden, die etwas fachlich miteinander zu tun haben.

gegenseitig aufrufen

Jede Methode kann jede andere Methode der Klasse aufrufen – mit oder ohne Parameterübergabe.

Immer wenn eine Methode eine andere Methode aufruft, wartet sie hinter der Aufrufstelle, bis die aufgerufene Methode ihre Arbeit beendet hat, und setzt dann selbst ihren Programmablauf fort. Diese Art des Wartens auf das Ende aufgerufener Methoden bezeichnet man als sequenzielle Abarbeitung, das Programmieren solcher Programme als **sequenzielles Programmieren**. Bei nichtsequenziellen Programmen – man spricht dann von nebenläufigen Programmen – warten rufende Methoden nicht bis die gerufene Methode ihre Arbeit erledigt hat, sondern arbeiten sofort nach dem Aufruf selbstständig weiter. Auf diese Thematik wird hier aber *nicht* weiter eingegangen. sequenzielle Verarbeitung

Immer wenn eine Methode ihre Aufgabe erledigt hat, sind alle in dieser Methode gespeicherten Variablenwerte anschließend *nicht* mehr vorhanden. begrenzte Lebenszeit der Daten

In vielen Anwendungsfällen sollen aber die Daten nach dem Ende einer Methode noch vorhanden sein, da mehrere Methoden nacheinander auf die Daten zugreifen. Die Daten gehören also *nicht* zu einer Methode, sondern gehören allen Methoden gemeinsam. gemeinsame Daten

In Java ist es möglich, Variablen und Konstanten der Klasse zuzuordnen und nicht einer einzelnen Methode. Jede Methode der Klasse kann auf die Variablen- und Konstantenwerte zugreifen. Die Werte bleiben solange erhalten, solange das Programm läuft. Zuordnung der Daten zur Klasse

Es soll die Verkehrssteuerung für einen Tunnel (pro Fahrtrichtung eine Tunnelröhre mit einspuriger Verkehrsführung) vorgenommen werden. Folgende Anforderungen sollen berücksichtigt werden: Beispiel 1a

An der Einfahrt jeder Tunnelröhre steht eine Kamera, die die Kennzeichen der einfahrenden Fahrzeuge erfasst. In /1/

der Simulation kann zunächst von ganzen Zahlen ausgegangen werden.

/2/ Im Tunnel können nur eine bestimmte Anzahl Fahrzeuge gleichzeitig sein.

/3/ Am Tunnelausgang wird jedes ausfahrende Fahrzeug gezählt.

/4/ Für Notfälle muss es möglich sein, die im Tunnel befindlichen Fahrzeuge mit ihren Kennzeichen auszugeben, wobei die Reihenfolge der Einfahrtreihenfolge entsprechen muss.

/5/ Ist die Kapazität des Tunnels erschöpft, dann ist am Tunneleingang eine Ampel auf Rot zu schalten.

Abstraktion

Bei konkreten Problemstellungen ist immer zuerst zu überlegen, ob man von der konkreten Situation abstrahieren kann, um zu einer allgemeineren Problemstellung zu gelangen, deren Lösung vielleicht für verschiedene Anwendungen geeignet ist. Vielleicht gibt es für die allgemeinere Problemstellung auch bereits eine Lösung.

Warteschlange

Abstrakt betrachtet handelt es ich hier um eine sogenannte Warteschlangenverwaltung – ein bekanntes Problem in der Informatik. Eine **Warteschlange** *(queue)* speichert Elemente, wobei neu zu speichernde Elemente hinten an die Warteschlange angehängt werden (Methode Einfügen) und zu löschende Elemente vorne aus der Warteschlange (Methode Entfernen) entfernt werden (Abb. 7.13-1). Eine Warteschlange arbeitet also nach dem **FIFO-Prinzip** *(first in – first out).*

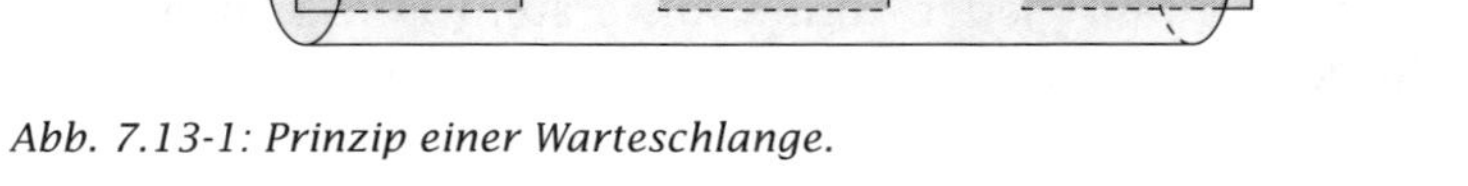

Abb. 7.13-1: Prinzip einer Warteschlange.

Basistext

Beispiel 1b

Zur Realisierung benötigt man in Java eine Klasse mit den beiden Methoden `Einfügen` und `Entfernen` sowie einem Hauptprogramm für die Funktionsauswahl und Ausgabe der Warteschlange. Für die Laufzeit des Programms müssen die Daten, d.h. die Inhalte der Warteschlange, in einer Variablen gespeichert werden, die bei der Klasse angeordnet wird – und nicht bei einer einzelnen Methode. Zur Speicherung der Warteschlange kann ein sogenannter Ringpuffer verwendet werden, d.h. ein Feld, das man sich als Ring vorstellt (Abb. 7.13-2). In einer Variablen `Anfang` wird sich gemerkt, wo die Warteschlange anfängt. In einer weiteren Variablen `Ende` wird sich gemerkt, wo nächste Element angehängt wird.

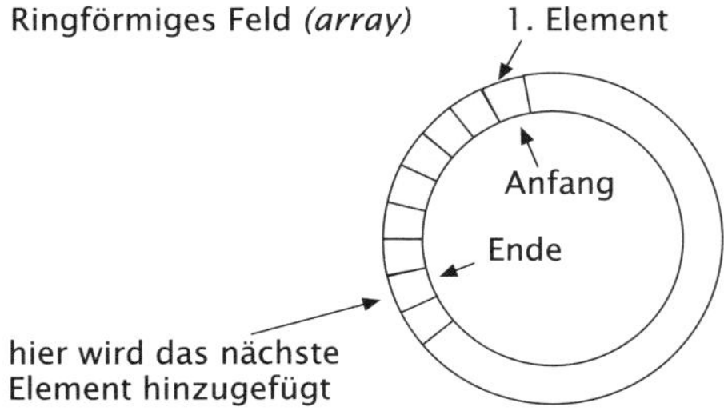

Abb. 7.13-2: Prinzip eines Ringspeichers.

Es ergibt sich folgendes Programm:

```
// Beispiel für eine Datenabstraktion
import ConsoleInOut.*;
public class Warteschlange
{
    static final int LAENGE = 3;
    //Internes Gedächtnis
    static int [] Warteschlange = new int [LAENGE];
    static int Anfang = 0; // hier wird entfernt
    static int Ende = 0; // hier wird angefügt
    static int Anzahl = 0;
```

```
static void einfuegen(int Element)
{
    if (Anfang == (Ende + 1) % (LAENGE + 1))
        System.out.println("Warteschlange ist voll");
    else
    {
        Warteschlange[Ende % LAENGE] = Element;
        Anzahl++;
        Ende = (Ende+1)%(LAENGE + 1);
    }
}
static int entfernen()
{
    if (Anfang == Ende)
    {
        System.out.println("Warteschlange ist leer");
        return 0;
    }
    else
    {
        int Element = Warteschlange[Anfang % LAENGE];
        Anzahl--;
        Anfang = (Anfang+1)%(LAENGE + 1);
        return Element;
    }
}
//Hauptprogramm
public static void main (String args[])
{
 int Element;
 char Auswahl;
 do
 {
  System.out.print
   ("Funktion Einfügen: 1 Entfernen: 2 ");
  System.out.println("Anzeigen: 3 Ende: 9");
  Auswahl = Console.console_in_char();
  if (Auswahl == '9') break;
  switch (Auswahl)
  {
    case '1': System.out.print("Nummer des Elements: ");
              Element = Console.console_in_int();
              einfuegen(Element);
              break;
```

```
        case '2': System.out.print("Entferntes Element: ");
                  Element = entfernen();
                  System.out.println(Element);
                  break;
        case '3': System.out.println
                     ("Inhalt der Warteschlange:");
                  System.out.print("Anfang ");
                  for (int i = Anfang;
                                  i < (Anfang + Anzahl); i++)
                  {
                     int Inhalt = Warteschlange[i % LAENGE];
                     System.out.print(Inhalt + " ");
                  }
                  System.out.println(" Ende");
                  break;
        default: System.out.println
                        ("Auswahl wurde abgebrochen");
      }
    } while ( Auswahl >= '1' && Auswahl <='3');
  }
}
```

Ein Programmlauf sieht wie folgt aus:

```
Funktion Einfügen: 1 Entfernen: 2 Anzeigen: 3 Ende: 9
1
Nummer des Elements: 11
Funktion Einfügen: 1 Entfernen: 2 Anzeigen: 3 Ende: 9
1
Nummer des Elements: 12
Funktion Einfügen: 1 Entfernen: 2 Anzeigen: 3 Ende: 9
1
Nummer des Elements: 13
Funktion Einfügen: 1 Entfernen: 2 Anzeigen: 3 Ende: 9
1
Nummer des Elements: 14
Warteschlange ist voll Funktion
Einfügen: 1 Entfernen: 2 Anzeigen: 3 Ende: 9
3
Inhalt der Warteschlange:
Anfang 11 12 13  Ende
Funktion Einfügen: 1 Entfernen: 2 Anzeigen: 3 Ende: 9
2
Entferntes Element: 11
Funktion Einfügen: 1 Entfernen: 2 Anzeigen: 3 Ende: 9
```

```
3
Inhalt der Warteschlange:
Anfang 12 13  Ende
Funktion Einfügen: 1 Entfernen: 2 Anzeigen: 3 Ende: 9
```

1 Gehen Sie das Programm bitte Schritt für Schritt durch. Zeichnen Sie den Ringspeicher auf und tragen Sie für Beispiele die Werte ein. Machen Sie sich klar wie die Modulo-Operationen funktionieren.

2 Passen Sie das Programm an die Problemstellung Verkehrssteuerung an (Speichern von Nummernschildern, Ampel auf Rot bzw. Grün usw.).

Java-Syntax

Die Java-Syntax für eine Klasse mit gemeinsamen Variablen und Konstanten zeigt die Abb. 7.13-3.

Programm-Schema

Das Programmschema einer Klasse mit gemeinsamen Variablen und Konstanten zeigt die Abb. 7.13-4.

Datenabstraktion

In der Informatik bezeichnet man Daten, die von mehreren Methoden gemeinsam genutzt werden, als **Datenabstraktion**.

In der UML-Notation wird eine Klasse mit Datenabstraktion durch ein dreigeteiltes Rechteck dargestellt, wobei im obersten Rechteck der Klassenname, im mittleren Rechteck die gemeinsamen Variablen und Konstanten und im unteren Teil die Methoden aufgeführt sind. Die gemeinsamen Variablen und Konstanten werden unterstrichen dargestellt und heißen **Klassenvariablen** und Klassenkonstanten. In der UML werden gemeinsame Variablen und Konstanten zusammengefasst als Attribute bezeichnet. Die Notation für das Beispiel zeigt die Abb. 7.13-5.

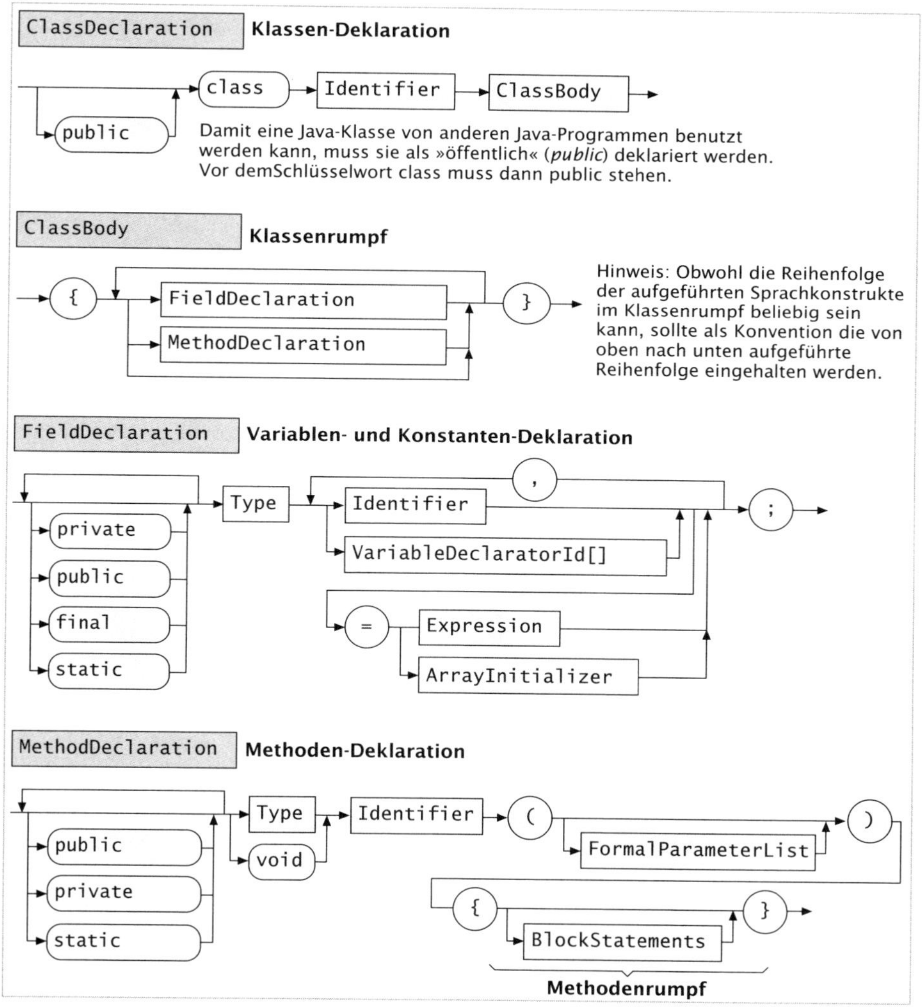

Abb. 7.13-3: Syntax einer Java-Klasse (Ausschnitt).

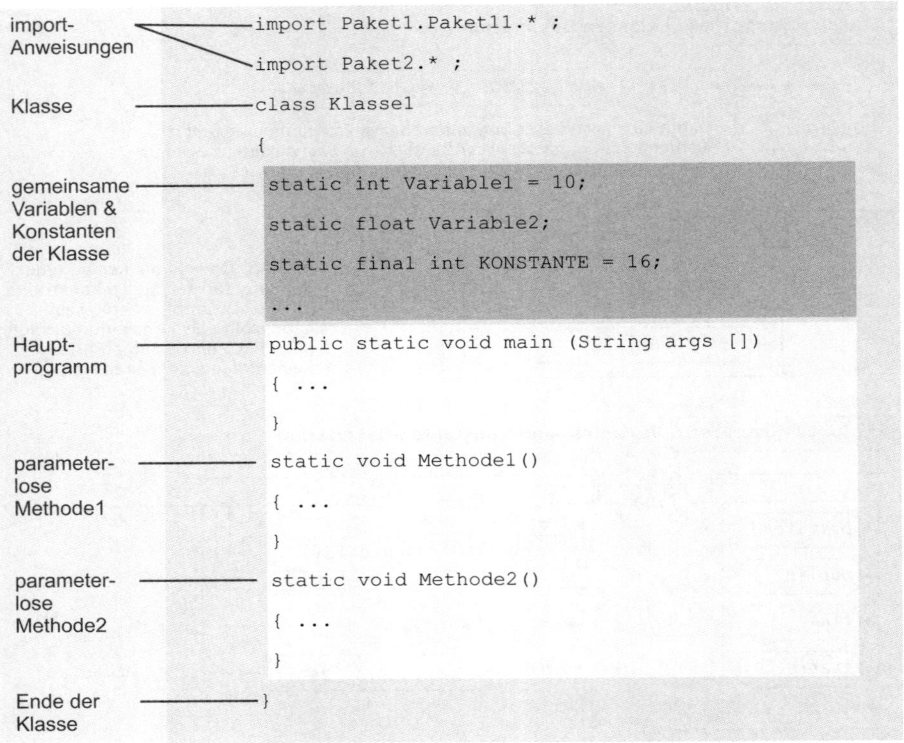

Abb. 7.13-4: Programmschema einer Klasse mit gemeinsamen Variablen und Konstanten sowie mehreren Methoden, die die gemeinsamen Variablen und Konstanten benutzen können.

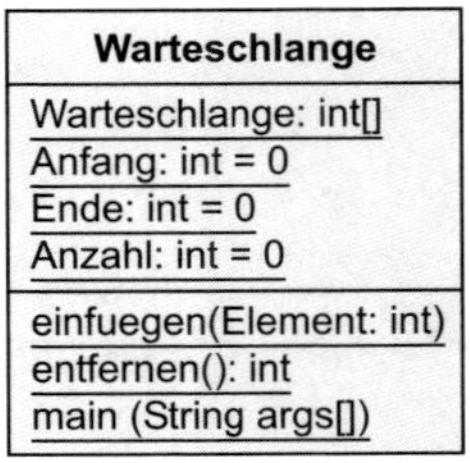

Abb. 7.13-5: UML-Darstellung einer Klasse, die eine Warteschlange realisiert.

Glossar

Warteschlange *(queue)* Datenstruktur mit den Operationen Einfügen und Entfernen; realisiert das FIFO-Prinzip.

7.14 OptiTravel: Gesamtlösung *

Die Anwendungs-Entwicklerin der Firma WebSoft, Frau Anton, erklärt der Junior-Programmiererin, Frau Jung, nochmals das Prinzip der Datenabstraktion. Sie bittet Frau Jung, die bisherigen Methoden, die für die Software `OptiTravel` entwickelt wurden, in einer Klasse zusammenzufassen. Die bereits erstellten Tabellen sind als Konstanten und Variablen der Klasse zu deklarieren.

neue Anforderungen

Frau Jung will gerade anfangen, als ihr der Projektleiter, Herr Pilot, mitteilt, dass die Firma ProManagement noch einige Änderungen der bisherigen Anforderungen (siehe »OptiTravel: 1. Gespräch« (S. 65)) sowie einige neue Wünsche per E-Mail mitgeteilt hat:

/1/ In einem Balkendiagramm sollen alle Zeiten, d.h. Auto zügig, Auto normal, Auto gemäßigt, Zug und Flug in aufsteigender Reihenfolge dargestellt werden. Die Darstellung soll etwa wie folgt aussehen:

```
Reisezeiten im Vergleich:

Flug : 2 h 45 min       |+++++++++++++
AutoZ: 3 h 25 min       |++++++++++++++++
AutoN: 4 h 6 min        |++++++++++++++++++++
Zug  : 4 h 10 min       |++++++++++++++++++++
AutoG: 4 h 47 min       |+++++++++++++++++++++++
```

/2/ Der Benutzer soll für sein Auto seinen Benzin-/Dieselverbrauch pro 100 km sowie den aktuellen Preis pro Liter Benzin/Diesel angeben können. Fehlt die Angabe, dann sollen Voreinstellungswerte verwendet werden.

/3/ Der Benutzer soll sich alle Tabellen ansehen können.

Benutzungsoberfläche

Zuerst überlegt sich Frau Jung, wie die Bedienung für den Endbenutzer aussehen soll, auch wenn die Ein- und Ausgabemedien noch nicht feststehen. Da die Firma WebSoft über einen Mitarbeiter, Herrn Kaiser, verfügt, der für die **Software-Ergonomie** zuständig ist, bittet Frau Jung Herrn Kaiser um Rat. In einem Gespräch ermitteln sie folgende Lösung:
Der Benutzer soll aus folgenden drei Funktionen wählen können:

```
1: Transportmittel von A nach B
2: Autodaten erfassen
3: Tabellen ausgeben
```

Dabei soll er die Funktionen in beliebiger Reihenfolge aufrufen und auch mehrfach ausführen können, bis er das Programm abbricht.

Wiederverwendung

Bevor Frau Jung mit dem Entwurf des Programms anfängt, sieht sie sich alle bisher für `OptiTravel` bereits erstellten Teilprogramme sowie die im Produktarchiv von WebSoft vorhandenen Programme an:

- `OptiTravelTabellen` (siehe: »OptiTravel: Tabellen« (S. 257): Die Tabellen können übernommen werden. Sie werden jedoch der Klasse zugeordnet, so dass alle Methoden darauf zugreifen können. Die Anweisungen für die Ausgabe der Tabellen fasst Frau Jung in einer neuen Methode `TabellenAusgeben()` zusammen. Mit Hilfe von `DecimalFormat` (siehe »Java-Funktionen nutzen« (S. 300)) verbessert sie noch das Ausgabeformat.
- `Funktionsauswahl` (siehe »OptiTravel: Funktionsauswahl« (S. 210): Dieses Programm kann fast unverändert übernommen werden. Es müssen nur die konkreten Funktionen beschrieben werden. In der `switch`-Anweisung erfolgen die

Aufrufe der entsprechenden Methoden. Dieses Programm wird zum Hauptprogramm.

- `SortAuswahl` (siehe »Einfaches Sortieren« (S. 265)):
  Da nur fünf Werte sortiert werden müssen, entscheidet sich Frau Jung für den Einsatz dieses Programms. Es muss jedoch auf den Vergleich zwischen ganzen Zahlen umgestellt werden. Zusätzlich wird in einer zweiten Dimension mitgeführt, auf was sich der jeweilige Wert bezieht (AutoZ, AutoN, AutoG, Zug, Flug). Die Werte in der zweiten Dimension werden ebenfalls mit umsortiert. Das ursprünglich für diesen Zweck vorgesehene Programm `Vergleich` (siehe »OptiTravel: Zeitvergleich« (S. 208)) ist nicht geeignet, da es sich nicht sinnvoll auf fünf Vergleichswerte erweitern lässt.

- `Balkendiagramm` (siehe »OptiTravel: Balkendiagramm« (S. 243)):
  Frau Jung stellt fest, dass sie die Grundstruktur dieses Programms übernehmen kann. Da die Firma ProManagement jedoch drei Fahrstile bei den Autofahrern unterscheiden will (Auto zügig, Auto normal, Auto gemäßigt) ergeben sich zusammen mit Flug und Zug fünf Vergleichswerte, die als Balkendiagramm dargestellt werden müssen. Das bisherige Programm ist nur auf drei Vergleichswerte ausgelegt. Sie legt folgenden Prozedurkopf fest:

  ```
  private static void Balkendiagramm
  (int[ ][ ] ZeitenSortiert)
  ```

  Das Feld ist jetzt zweidimensional, da in der zweiten Dimension mitgeführt wird, um welche Zeiten es sich handelt (AutoZ, AutoN, AutoG, Zug, Flug).

Als Konsequenz aus dieser Bedienung ergibt sich für Frau Jung, dass sie für die Autodaten, d.h. Benzinverbrauch und Benzinkosten, Voreinstellungen vorsehen muss. Entwurf

Überlegen Sie warum?

Außerdem müssen diese Variablen der Klasse zugeordnet werden und *nicht* der Funktion `Autodaten_erfassen`, da die Funktion 1 nach dem Ende der Funktion 2 noch diese Daten benötigt. Die Entfernungs- und Zeittabellen müssen ebenfalls der Klasse zugeordnet werden, da verschiedene Methoden diese Daten benötigen.

Frau Jung stellt alle Konstanten und Variablen, die der Klasse zugeordnet werden, und alle benötigten Methoden mit ihren Parametern zusammen und zeichnet ein UML-Klassendiagramm (Abb. 7.14-1).

Abb. 7.14-1: Klassendiagramm für das Programm OptiTravelGeamt.

Programm

Frau Jung kopiert alle bereits vorhandenen Methoden sowie die Tabellen in die Klasse `OptiTravelGesamt`, nimmt die notwendigen Anpassungen vor und programmiert noch fehlende Teile hinzu. Das Programm wird bereits sehr umfangreich (über 500 Codezeilen). Ein Ausschnitt sieht wie folgt aus:

```
/*************************************************
OptiTravel-Gesamt: Berechnung der Reisezeit
*************************************************/
import ConsoleInOut.*;
import java.text.DecimalFormat;
class OptiTravelGesamt
{
  static private float VerbrauchPro100KM = 10.0f,
   PreisProLiter = 1.2f;
  static private final int Berlin = 0, Hamburg = 1,
   Muenchen = 2, Koeln = 3, Frankfurt = 4,
   Dortmund = 5, Stuttgart = 6,
   Essen = 7, Duesseldorf = 8, Bremen = 9;
  static private final String [] Staedte =
   {"Ber","Ham","Mue","Koe","Fra","Dor","Stu","Ess",
    "Due","Brm"};
   //Alle Tabellen ***********************************
   //....
   //Hauptprogramm***********************************
   public static void main (String args[])
   {
   char Auswahl;
   for(;;)
    {
     System.out.println("Bitte Funktion auswählen:");
     System.out.println("1: Transportmittel von A nach B");
     System.out.println("2: Autodaten erfassen");
     System.out.println("3: Tabellen ausgeben");
     System.out.println("Abbruch: 9");
     System.out.println
        ("Bitte Ziffer 1, 2, 3 oder 9 eingeben:");
     //Aufruf der Methode console_in_char()
     Auswahl = Console.console_in_char();
     if (Auswahl =='9') break;
     switch (Auswahl)
     {
      case '1': Transportmittel(); break;
      case '2': AutodatenErfassen(); break;
      case '3': TabellenAusgeben(); break;
      default: System.out.println("Fehlerhafte Eingabe: " +
               "Bitte nur 1, 2, 3 oder 9 eingeben");
               continue;
      }
    }
    System.out.println("Ende des Programms");
 }//Ende Hauptprogramm*******************************
```

```
private static void Transportmittel()
 {
    final String [] Staedte =
     {"Berlin","Hamburg","München","Köln","Frankfurt",
      "Dortmund","Stuttgart","Essen","Düsseldorf","Bremen"};
    int Startort, Zielort;

    for(;;)
    {
      System.out.println
       ("Berlin = 0, Hamburg = 1, Muenchen = 2,"+
       "\nKoeln = 3, Frankfurt = 4, Dortmund = 5, Stuttgart = 6,"+
       "\nEssen = 7, Duesseldorf = 8, Bremen = 9");

      System.out.println("Bitte Startort eingeben (als Ziffer): ");
      Startort = Console.console_in_int();
      if(!(Startort >= 0 && Startort <= 9))
      {
        System.out.print
         ("Fehlerhafte Eingabe: Nur Ziffer 0 bis 9 eingeben!");
        continue;
      }
      System.out.println("Bitte Zielort eingeben (als Ziffer): ");
      Zielort = Console.console_in_int();
      if(!(Zielort >= 0 && Zielort <= 9))
      {
        System.out.println
         ("Fehlerhafte Eingabe: Nur Ziffer 0 bis 9 eingeben!");
        continue;
      }

      if(Zielort == Startort)
      {
        System.out.println
         ("Fehlerhafte Eingabe: Startort ist gleich Zielort!");
        continue;
      }
      break;
    }

    System.out.println
     ("\nFolgende Transportmittel gibt es von " +
     Staedte[Startort] + " nach " + Staedte[Zielort]);
```

Fallstudie

```
//Wegen Dreieckstabellen
int Startort2 = Startort;
int Zielort2 = Zielort;

if (Zielort < Startort)
{
    //Vertauschen für Dreieckstabellen
    Zielort2 = Startort;
    Startort2 = Zielort;
}

//Zugverbindung
int ZugInMinuten = Zug[Zielort2][Startort2];
//System.out.println("Zug: " + ZugInMinuten);//test
int StundenUndMinuten[] = MinutenInStunden(ZugInMinuten);
System.out.println("Zug: " + StundenUndMinuten[0] +
 " Stunden " + StundenUndMinuten[1] + " Minuten");
System.out.println();

//Flugverbindung
final int CheckInZeitInMinuten = 45;
int FlugInMinuten = Flug[Startort][Zielort][0];

int AutoanfahrtInMinuten = Flug[Startort][Zielort][1];
int FlugGesamtzeitInMinuten = FlugInMinuten +
  AutoanfahrtInMinuten + CheckInZeitInMinuten;
//System.out.println("Flug: " + FlugInMinuten);//test
StundenUndMinuten = MinutenInStunden(FlugInMinuten);

if (FlugInMinuten == 0)
{
 System.out.println("Keine Flugverbindung vorhanden");
 FlugGesamtzeitInMinuten = 0;
}
else
{
 System.out.println("Flug: " + StundenUndMinuten[0] +
 " Stunden " + StundenUndMinuten[1] + " Minuten");
 if (Flug[Startort][Zielort][2]!= -1)
  System.out.println("Flughafen: " +
     Staedte[Flug[Startort][Zielort][2]]);

  StundenUndMinuten =
    MinutenInStunden(AutoanfahrtInMinuten);
```

Fallstudie

```
System.out.println
 ("Autoanfahrt zum Flughafen (von der Innenstadt aus): "
  + StundenUndMinuten[0] +
  " Stunden " + StundenUndMinuten[1] + " Minuten");

StundenUndMinuten =
 MinutenInStunden(FlugGesamtzeitInMinuten);
System.out.println
 ("Gesamtzeit Flug: " + StundenUndMinuten[0] +
  " Stunden " + StundenUndMinuten[1] +
  " Minuten einschl. Check-in-Zeit von. " +
  CheckInZeitInMinuten + " Minuten");
}
System.out.println();

//Autoverbindung
int AutoInKM = Auto[Zielort2][Startort2][0];
int Autobahn130InKM = Auto[Zielort2][Startort2][1];
int AutobahnFreiInKM = Auto[Zielort2][Startort2][2];
int BundesstrInKM = Auto[Zielort2][Startort2][3];
int LandstrInKM = Auto[Zielort2][Startort2][4];
int StadtInKM = Auto[Zielort2][Startort2][5];

System.out.println("Autoentfernung: "
 + AutoInKM + " km ("
 + KMinMeilen(AutoInKM)+ " Meilen)");

//Reisezeiten berechnen
int[]AutoZeiten = ReisezeitAuto
  (AutoInKM, Autobahn130InKM, AutobahnFreiInKM,
  BundesstrInKM, LandstrInKM, StadtInKM);
  //Aufruf ReisezeitAuto
System.out.println();
System.out.println("Reisezeiten im Vergleich:");

//Sortieren vor Ausgabe
final int AutoZ = 0, AutoN = 1, AutoG = 2,
 Zug = 3, Flug = 4;
int [][] Zeiten={{AutoZeiten[0], AutoZ},
{AutoZeiten[1],AutoN},
{AutoZeiten[2],AutoG}, {ZugInMinuten,Zug},
{FlugGesamtzeitInMinuten, Flug}};
Sortieren(Zeiten); //Aufruf Sortieren

//Grafische Ausgabe als Balkendiagramm
Balkendiagramm (Zeiten);
```

Fallstudie

```
        //Kosten Autofahrt
        System.out.println("Kosten für die Autobenutzung:");
        System.out.println
         ("Preis pro Liter (pro Gallone): " + PreisProLiter +
         " (" + LiterinGallonen(PreisProLiter) + ")");
        System.out.println("Verbrauch pro 100 km: "
         + VerbrauchPro100KM + " Liter");
        System.out.println("Kosten für "
         + AutoInKM + " km: "
         + ((int)((AutoInKM / 100.0f * VerbrauchPro100KM
              * PreisProLiter)*100)) /100 + " Euro");
        System.out.println();
    }
    // Alle anderen Methoden ******************************
    //...
```

Frau Jung zeichnet noch einige Sequenzdiagramme, um sich über den zeitlichen Ablauf der Methoden Aufschluss zu verschaffen (Abb. 7.14-2).

Hinweis

Konsistenzprüfung

Im UML-Sequenzdiagramm dürfen nur Methoden auftreten, die auch im UML-Klassendiagramm vorhanden sind. Die Umkehrung gilt nicht.

Warum können in einem UML-Klassendiagramm mehr Methoden vorhanden sein, als in einem zugehörigen Sequenzdiagramm?

Test

Anschließend plant sie, das Programm systematisch zu testen, indem sie jeweils einen Startort wählt und dann alle anderen Zielorte angibt.

Wieviele Möglichkeiten gibt es?

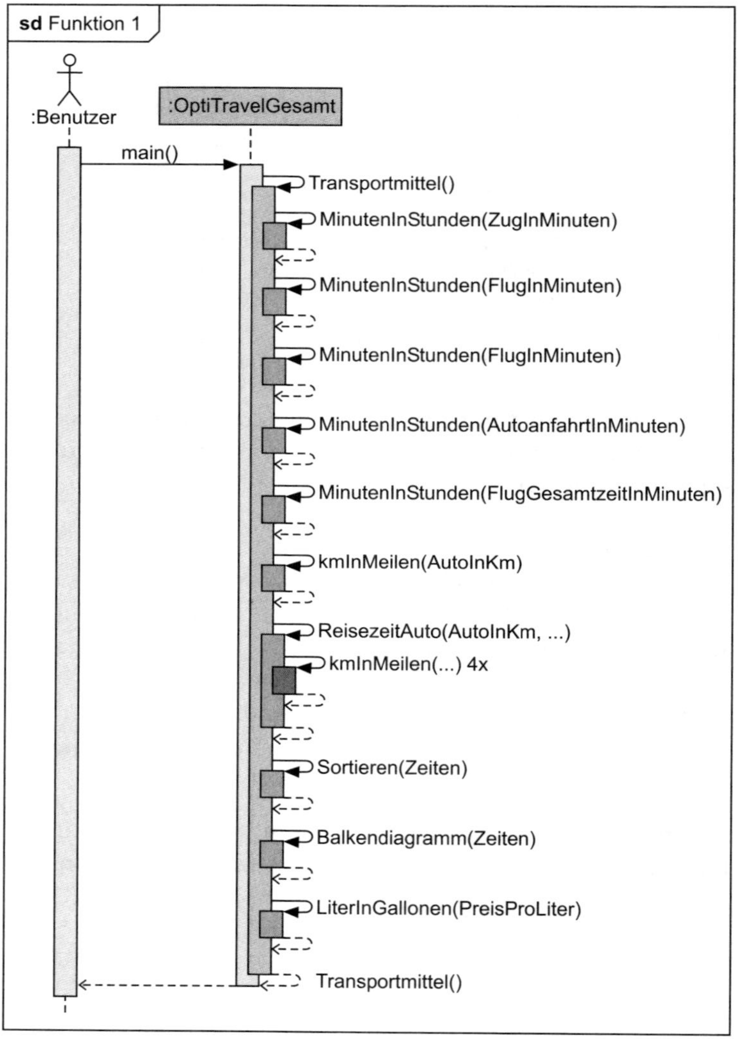

Abb. 7.14-2: Ablauf der Funktion 1 von `OptiTravelGesamt`*, dargestellt als UML-Sequenzdiagramm.*

Fallstudie

Ein typischer Programmlauf (Ausschnitt) sieht wie folgt aus:

```
Bitte Funktion auswählen:
1: Transportmittel von A nach B
2: Autodaten erfassen
3: Tabellen ausgeben
Abbruch: 9
Bitte Ziffer 1, 2, 3 oder 9 eingeben:
1
Berlin = 0, Hamburg = 1, Muenchen = 2,
Koeln = 3, Frankfurt = 4, Dortmund = 5, Stuttgart = 6,
Essen = 7, Duesseldorf = 8, Bremen = 9
Bitte Startort eingeben (als Ziffer):
7
Bitte Zielort eingeben (als Ziffer):
2

Folgende Transportmittel gibt es von Essen nach München
Zug: 5 Stunden 30 Minuten

Flug: 1 Stunden 10 Minuten
Flughafen: Düsseldorf
Autoanfahrt zum Flughafen (von der Innenstadt aus):
  0 Stunden 30 Minuten
Gesamtzeit Flug: 2 Stunden 25 Minuten einschl.
  Check-in-Zeit von 45 Minuten

Autoentfernung: 530 km (329.32675 Meilen)
Autobahn mit 130 km/h Beschränkung:
  200 km (124.27424 Meilen)
Autobahn ohne Geschw.-Beschränkung:
  300 km (186.41136 Meilen)
Bundestraße: 0 km (0.0 Meilen)
Landstraße: 0 km (0.0 Meilen)
Stadtverkehr: 30 km (18.641136 Meilen)

Reisezeiten im Vergleich:

Flug : 2 h 25 min       |++++++++++
AutoZ: 3 h 48 min       |++++++++++++++++
AutoN: 4 h 33 min       |++++++++++++++++++++
AutoG: 5 h 19 min       |+++++++++++++++++++++++
Zug  : 5 h 30 min       |++++++++++++++++++++++++
```

```
Legende:
AutoZ =  Autofahren zügig
AutoN = Autofahren normal (+ 20%)
AutoG = Autofahren gemässigt (+ 40% gegenüber AutoZ)

Kosten für die Autobenutzung:
Preis pro Liter (pro Gallone): 1.2 (0.31704003)
Verbrauch pro 100 km: 10.0 Liter
Kosten für 530 km: 63 Euro
```

Lassen Sie das Programm auf Ihrem Computersystem laufen und rufen Sie die verschiedenen Funktionen auf. Sehen Sie sich dazu den entsprechenden Programmcode an.

Glossar

Software-Ergonomie *(usability, software ergonomics)* Menschengerechte Gestaltung eines Software-Arbeitsplatzes, d.h. der Anwendungssoftware und der Arbeitsoberfläche.

Fallstudie

Literatur

/Böhm, Jacopini 66/
Böhm, C.; Jacopini, G.; *Flow Diagrams, turing machines and languages with only two formations rules.*

/Dijkstra 69/
Dijkstra , H. W.; *Structured Programming*, New York, Petrocelli.

/Dijkstra 72/
Dijkstra, H. W.; *Notes on Structured Programming, in: Structured Programming, S. 1-82*, London, Academic Press.

/DIN 66001/
Sinnbilder und ihre Anwendung, Berlin, Beuth-Verlag, 1983.

/DIN 66261/
Sinnbilder für Struktogramme nach Nassi-Shneiderman, Berlin, Beuth-Verlag, 1985.

/DIN EN 28631/
Programmkonstrukte und Regeln für ihre Anwendung, Berlin, Beuth-Verlag, 1994.

/Messer, Marshall 86/
Messer, P.; Marshall, I.; *Modula-2: Constructive Program Development*, Oxford, Blackwell Scientific Publications, 1986.

/Nassi, Sheiderman 73/
Nassi I.; Shneiderman B.; *Flowchart Techniques for Structured Programming*, in: SIGPLAN, August 1973, S. 12-26.

Namens- und Organisationsindex

Sachindex